KB248496

아시아로 간 **삼성**

Labour in Globalising Asian Corporations: A Portrait of Struggle
Editor Dae-oup Chang

Copyright©2006 by Asia Monitor Resource Centre
All rights reserved.
Korean Translation Copyright©Humanitas Publishing Company

아시아로 간 삼성: 초국적기업 삼성과 아시아 노동자

1판1쇄 펴냄 2008년 6월 20일

공동 기획 | 국제민주연대 · 아시아노동정보센터
엮은이 | 장대업
옮긴이 | 강은지, 문연진, 손민정

펴낸이 | 정민용
주간 | 박상훈
편집장 | 안중철
책임편집 | 박미경, 최미정
편집 | 박후란, 성지희
디자인 | 서진
경영지원 | 김용운
제작·영업 | 김재선, 박경춘

펴낸곳 | 도서출판 후마니타스
등록 | 2002년 2월 19일 제6-0449호
주소 | 서울 종로구 홍파동 42-1 신한빌딩 2층(110-092)
편집 | 02-739-9929·9930 제작·영업 | 02-722-9960 팩스 | 02-733-9910

값 13,000원

ⓒ 국제민주연대, 2008
ISBN 978-89-90106-64-3 03300

이 도서의 국립중앙도서관 출판시도서목록(CIP)은 e-CIP홈페이지(http://www.nl.go.kr/ecip)에서
이용하실 수 있습니다(CIP 제어번호: CIP2008001822).

아시아로 간 삼성

초국적기업 삼성과 아시아 노동자

국제민주연대·아시아노동정보센터 공동 기획
장대업 엮음
강은지·손민정·문연진 옮김

후마니타스

차례

서문

　이 책은 한국을 대표하는 기업 삼성이 아시아에서 어떤 방식으로 생산을 조직하고 기업을 운영하는가 하는 문제를 노동 인권의 관점에서 다루고 있다. 본론에 들어가기에 앞서, 초국적기업에 대한 인권 감시가 왜 중요한 과제인가를 이 책을 공동 기획한 국제민주연대와 아시아노동정보센터Asia Monitor Resource Centre, AMRC가 갖고 있는 문제의식을 통해 소개하는 것이 필요할 듯하다.

1

　자본의 이동이라는 측면에서 국경이 무의미해진 세계화 시대, 다른 나라의 기업이 국경을 넘어 우리에게 들어오는 것만이 아니라, 한국의 자본과 기업도 다른 나라의 국경을 넘어 나간 지 이미 오래다. 웬만한 한국 기업은 이제 2개국 이상에서 활동하고 있는 초국적기업으로, 아시아는 물론이고 멀리 중남미나 아프리카까지 진출해 있다.

　이들 나라에서 한국 기업은 어떤 모습일까? 산업화와 경제성장을 도와주는 기업 또는 투자자인가? 신기술의 전수자 혹은 합리적인 기업 문화의 이식자인가? 민주화된 한국 사회가 성취한 인권의 가치와 기준을 적용함으

로써 이들 나라의 민주주의 발전에 기여하는 선구자인가? 한국 기업들의
홍보 내용과 실제 현실은 매우 큰 거리가 있다.

인권의 역사로 보면, 과거 20세기는 주로 비민주적 국가권력에 의한 인
권침해가 문제였고 이를 막기 위한 움직임이 한 국가 내에서 그리고 세계적
으로도 이루어졌다. 그런데 신자유주의의 세계화와 함께 기업의 이윤 추구
가 과도하게 허용되면서 국가권력보다 경제권력의 문제가 점차 중요해졌
고, 기업의 발언권과 영향력을 어떻게 통제할 것이냐가 인권 분야에서 중심
과제로 제기되었다.

경제문제가 우리의 삶에 깊숙이 들어오게 되면서, 이제 기업은 인권 분
야에서도 중요한 변수이자 행위자가 되었다. 그런데 매우 우려스럽게도 지
금까지 나타난 기업의 모습은 인권을 준수·존중하는 것이 아니라 인권침해
의 가해자 자리에 가깝게 서 있다. 특히 비민주적 정치체제를 가진 나라들
에서 이윤 추구에만 주력하는 기업 활동은 노동자들의 상황을 최악으로 만
들 뿐만 아니라 종종 독재 권력을 지원하는 역할까지 함으로써 그 나라의
미래 또한 암울하게 만들고 있다.

버마의 사례는 군사독재 정권과 인권 의식 없는 외국기업이 만났을 때
얼마나 극단적인 인권침해를 가져올 수 있는지를 잘 보여 준다. 버마에서
46년이라는 오랜 기간 군사정부가 집권할 수 있었던 주요 배경 가운데 하
나는 버마의 천연자원을 구매하는 해외 초국적기업 때문이다. 버마 군부가
해외 초국적기업의 사업을 위해 지역 주민들을 강제 이주시키고 강제노동
의 대상으로 전락시킨 사실은 이미 잘 알려져 있다.

요컨대 인권 문제에 대한 관심은 일국적 관점을 넘어서야 하고 그 대상
역시 국가권력뿐만 아니라 기업의 경제권력으로 확대되는 것이 절실히 요
청되는 때다.

2

국제민주연대가 해외에 나가 있는 한국 기업에 대한 감시 활동을 해온 지 10년 가까이 되었다. 우리가 해외 한국 기업에 대한 감시 활동을 시작할 즈음, 국제적으로는 이미 초국적기업에 대한 감시가 활발하게 벌어지고 있었다. 예컨대 의류와 스포츠 부문의 거대 초국적 브랜드는 하청 생산방식을 통해 제3세계에서 저임금과 인간 이하의 노동조건, 때로는 불법적인 아동노동으로 막대한 이윤을 벌어들이는 경우가 많다(이들 하청 노동자들의 노동조건을 살펴보고 노동을 착취하는 브랜드를 감시하는 '깨끗한 옷입기 캠페인'Clean Cloth Campaign은 우리에게도 잘 알려져 있다).

1968년 처음 시작된 한국 기업의 해외투자는 점점 늘어나 현재 한국 기업이 활동하고 있는 나라는 모두 150개국에 이르렀다. 지금까지 가장 많은 해외투자가 이뤄진 지역은 아시아로 한국 기업의 전체 해외투자 건수의 67퍼센트, 투자 금액의 40퍼센트를 차지했고, 투자 건수로는 중소기업이 62.3퍼센트, 대기업은 15.4퍼센트를 차지했다. 투자 금액 측면에서 기업 규모별 해외투자를 비교하면, 대기업이 전체 투자액의 76.0퍼센트를 차지했고, 중소기업은 21.7퍼센트를 차지했다.[1]

그동안 국제민주연대의 해외 한국 기업 감시는 주로 중소기업에 초점이 맞춰져 있었는데 그 이유는 임금 체불, 노동자 폭행 등의 열악한 인권침해가 상대적으로 규모가 작은 기업에서 많이 나타났기 때문이다. 나아가, 전 세계 자본의 이동이 더욱 자유로워지면서 노동자와 관련 단체들이 기업의 인권 탄압에 항의하거나 노동권 준수를 요구할 경우, 공장 폐쇄·이전 등을

---

1 윤효원, "한국 기업 해외투자의 현황과 특징," 국제민주연대, 『해외 한국 기업 인권현황 백서』, 2003.

통해 결국 노동자들이 일자리를 잃게 되는 고용 불안정 문제도 나타났다. 최근 베트남, 중국, 중남미 등 한국 기업이 활동할 수 있는 새로운 지역이 생기면서 임금 미지급, 갑작스런 공장 폐쇄, 야반도주 등의 새로운 문제도 나타나고 있다.

자본의 규모가 상대적으로 큰 대기업과 연관된 인권 문제는 직접적이고 가시적이기보다는 좀 더 체계적이기 때문에 잘 드러나지 않는다. 하지만 대기업이 이들 나라에서 노동 인권에 미치는 영향은 더 크고 광범위하다. 근본적으로 그들은 현지 국가권력과 정부를 움직일 수 있는 영향력을 갖고 있기 때문이다.

최근의 예로 방글라데시 수출자유지역에서 노동자들의 단결권을 보장하도록 하는 법 개정에 한국인 기업주들이 단체로 반발해 방글라데시 정부가 법 개정을 재고하는 사례까지 있었다. 해외 한국 기업주들이 현지의 노동법이 개선되는 데 '과감하게' 반대 의사를 표명하는 등 노동권과 민주주의에 반하는 모습을 분명하게 보이고 있는 것이다. 특히 민주주의와 노동운동이 발전하지 못해 기업들의 반인권적인 행태에 저항하고 통제할 힘이 약한 아시아 지역에서 한국 기업의 행태는 현지 정부와 그들의 경제·사회에 큰 영향을 미치고 있다.

인권 단체로서 국제 연대 활동을 하다 보면 해외 현지 사회단체로부터 한국 기업의 인권침해 행위를 고발하는 문제 제기를 자주 받는다. 아시아 이웃 국가들의 눈에 한국 기업은 이미 인권침해를 일으키는 가해자의 모습으로도 비치고 있었다. 해외 현지 인권 운동가들은 '한국 기업이 다른 아시아 기업에 비해 폭력적·군사적'이라고 평가한다. 이 같은 상황이 지속되는 것은 물론이거니와 그런 상황을 방치하고 있는 것 역시 부끄러운 일이 아닐 수 없다.

아시아 지역에 있는 한국 대기업에 대한 인권 감시 활동을 지금보다 훨씬 더 강화하지 않으면 안 된다.

3

이 책의 한국어판 출간은 국내에 활동 거점을 두고 있는 국제민주연대와 홍콩에 사무소를 두고 있는 아시아노동정보센터의 공동 노력으로 이루어졌다. 아시아노동정보센터는 아시아·태평양 지역의 노동운동을 지원하고자 설립된 단체로, 노동자들이 스스로 참여하고 만들어 가는 아시아의 미래를 지향하며 자료 수집 및 조사, 연구, 출판, 네트워크 구성 지원 등 다양한 활동을 해왔다. 2001년에는 노동자들의 역량 강화를 목적으로 아시아 지역 단체와 노동자 연대 조직인 아시아초국적기업감시연대Asian Transnational Corporations Monitoring Network를 결성했다. 이 모임은 아시아 지역의 초국적기업이 아시아 지역 내에서 노동자들에게 어떤 영향을 미치는지를 감시하면서 대표적인 아시아 기업의 모습을 연구해 보기로 뜻을 모았다(국제민주연대 역시 기획 회의부터 참여했다).

연구는 한국의 삼성, 일본의 도요타와 대만의 타퉁TATUNG 기업을 대상으로 진행되었고, 이 연구 보고서는 2006년 『지구화하는 아시아 기업에서의 노동: 투쟁의 초상』*Labour in Globalising Asian Corporations: A Portrait of Struggle*이라는 제목으로 묶여 나왔다. 이 책 『아시아로 간 삼성』은 이 연구 보고서 가운데 '삼성' 부분을 한국어로 옮긴 것이다. 한국과 일본, 대만의 대표적인 세 기업의 사례를 모두 다루는 것도 방법이겠지만, 아직까지는 개별 사례에 대한 조사 연구일 뿐 비교 연구의 수준까지 나아간 것은 아니기에 훗날을 기약하기로 했다.

　이 연구의 기획회의를 방콕에서 처음 했을 때 연구가 완성되면 한국어로 번역해 국내에 소개하는 기회를 꼭 만들 수 있었으면 좋겠다는 바람을 가졌다. 그 바람이 이제 현실이 되었다. 아시아 각국의 노동인권단체에서 일하면서 현장과 연구 경험 둘 다를 가진 현지 필자들이 아니었으면 이 책은 나오기 어려웠을 것이다. 정보 접근도 어려운 불모지에서 처음 작업을 해주신 필자들과 이를 지원하고 이끌어 낸 아시아노동정보센터에 감사한다. 그리고 이 책의 출간을 가능케 해준 장대업 박사에게 감사 드린다. 마지막으로 귀중한 시간과 노력을 내어 준 번역자 강은지, 손민정, 문연진에게 특별히 감사의 마음을 전한다.

2008년 6월
인권과 평화를 위한 국제민주연대

한국어판 서문

1

이미 1970년대부터 아시아 지역에 해외투자를 확대해 온 일본 자본의 경우는 말할 것도 없거니와, 대만과 한국 등 소위 신흥공업국들의 아시아 지역에 대한 직접투자는 1980년대 이후 꾸준히 성장해 왔다. 이들이 값싼 노동력을 찾아 움직이는 것은 어찌 보면 당연한 일이다. 과거 대만과 한국, 홍콩, 싱가포르 등은 통제된 노동을 바탕으로 값싸게 생산한 상품을 주로 북미 시장에 수출함으로써 신흥공업국 대열에 낄 수 있었다. 하지만, 1980년대에 이르러 상황은 달라지기 시작했다. 홍콩이나 싱가포르 등 도시국가들은 지리적 한계로 저임금 산업화가 포화 상태에 이르렀고 한국과 대만은 민주화라는 장애물에 봉착했다.

일본을 제외한 아시아의 해외투자는 1990년대 들어와 급증해서 2004년에는 870억 달러에 달했다. 이 가운데 75퍼센트가 홍콩, 한국, 대만, 싱가포르 등 신흥공업국으로부터 나온 것이다. 이들 투자 가운데 상당 부분은 중국을 비롯한 아시아 개발도상국들로 갔다. 예컨대 2000년 한국과 대만의 해외투자 허가액의 37퍼센트와 45퍼센트가 각각 아시아 지역에 투자되었다. 2004년 기준으로 아시아 지역으로 유입되는 초국적자본의 직접투자 가운데 약 40퍼센트 정도가 아시아 지역에서 나왔다.

따라서 우리가 흔히 생각하는 '서구 자본에 의한 아시아인의 종속'이라는 이미지는 이제 점차 '아시아 자본에 의한 아시아 개발도상국 노동자들의 종속'으로 바뀌어 가고 있는 것이다. 그리고 이들 초국적자본이 아시아 개발도상국의 노동자들을 지구적 공장으로 편입시키면서 공업화와 세계화의 주요한 추진력이 되고 있다.

아시아 개발도상국에서 자본주의적 사회관계를 형성하는 데 있어서 아시아 자본의 영향력은 투자량이 가리키는 것보다 훨씬 크다. 아시아 자본은 노동 집약적 산업에 집중되어 있고 이곳에 산업 노동자 대다수가 고용되어 있기 때문이다. 의류 공장의 노동문제를 다룬 풍부한 문헌이 보여 주듯, 아시아 지역의 해외투자는 더 싼 임금, 더 싼 세금을 쫓아 '바닥을 향한 경쟁'을 추동하는 힘이 되어 왔다. 따라서 자본주의적 생산에 새롭게 통합된 노동자들이 초국적기업의 고용주에 맞설 수 있는 권리는 매우 취약하다.

아시아에서 온 초국적기업들은 노동권과 노동조합을 인정하길 꺼려 하는 한편, 모든 수단을 통해 노동비용을 최소화하려고 노력한다. 더욱 나쁜 것은 앞서 지적했듯이 이들 기업이 노동 집약적 산업에 집중되어 있다는 것인데, 따라서 기업 간 경쟁은 효율적인 생산수단을 도입하기보다는 노동비용을 절감하는 결과로 이어졌다. 그러므로 이들 '아시아 착취 공장'에서 발생하는 대부분의 노동문제는 해외투자의 단순한 부산물이 아니라 그 불가피한 결과라 할 수 있다.

1980년대에서 1990년대를 거치면서 많은 아시아 개발도상국들에서 독재정권과 군사정권이 무너지고 민주화가 이루어졌다. 그 과정에서 기본적인 노동권이 도입되기도 했다. 하지만 민주주의와 노동권은 형식에 불과했을 뿐 사회적으로 안착되지 못했다. 이들 나라에서 신자유주의 세계화의 영향력은 절대적이었다.

저개발 국가들은 투자 유치를 위해 열악한 노동 인권을 오히려 이점으로 내세웠다. 초국적기업뿐만 아니라 현지 정부와 언론 역시 틈만 나면 '과도한' 노동권이 외국자본 철수와 투자 위축을 부추긴다고 떠들었다. 세계노동인구의 거의 절반을 차지하는 중국과 인도가 본격적으로 아시아 노동시장에 참여함으로써 아시아 지역의 노동권은 더욱 위협받았다. 그 결과 이 지역의 전통적 노동운동은 큰 어려움에 직면하게 되었다.

전통적 노동운동이 이런 어려움에 대항하지 못하자 기업의 사회적 책임 Corporate Social Responsibility, CSR이라는 새로운 개념이 재빠르게 등장했다. 기업이 노동환경 개선을 위해 더 힘써야 한다는 것은 분명 당연한 요구이지만, 실제에 있어서 기업의 사회적 책임론은 기업 이미지 구축이라는 홍보 활동으로 귀결되었다. 그 결과 '비즈니스'로서 기업의 사회적 책임 활동은 계속 증가했지만, '사회운동'으로서 기업의 사회적 책임은 작업장 환경 개선을 제외하고는 그 목적을 상실하고 있다. 이처럼 전통적 방식의 노동운동이 위기에 봉착한 사이 조직과 대표의 방식에서 노동운동의 새로운 시도가 늘고 있다.

아시아초국적기업감시연대는 새로운 노동운동의 기초를 연구하고 실천하는 작업의 일환으로 지난 6년 동안 자본 이동의 문제와 정규직 고용 형태의 약화 현상에 주목해 왔다. 감시연대가 해온 일련의 공동 연구는 아시아 개발도상국에서 초국적기업의 지역 내 영향력 확대와 관련해서 현재 노동이 겪고 있는 변화를 이해하는 것을 목적으로 하고 있다. 특히 우리가 주목하고자 하는 것은 일본, 한국, 홍콩, 대만 등 아시아의 자본 수출 국가의 초국적기업들이 어떻게 아시아 개발도상국의 노동력을 세계화된 생산 시장에 편입시키면서 특정한 형태의 고용과 노동 체제를 발전시키고 있는가에 대한 문제다.

미국과 같은 제국주의적 강대국의 횡포에 맞서기도 힘든데 무슨 아시아 자본을 감시하는 데 힘을 소진하느냐는 의견이 있을 수 있다. 하지만 그것은 아시아 지역의 초국적기업에 의한 심각한 노동인권 침해 현실에 대해 눈을 감는 것이자, 계속해서 '피해자'로만 남고 싶어 하는 변형된 민족주의적 정서일 뿐이다. 저발전국 내지 개발도상국에서 아시아 초국적기업이 만들어 내는 노동 문제에 대한 관심은 더 이상 회피될 수 없다.

3

아시아초국적기업감시연대는 지난 2005년에 첫 보고서를 출판했다. 당시에는 직접투자의 흐름과 다양한 형태의 자본 이동에 대한 전반적 이해를 돕는 한편, 아시아의 초국적자본의 증가로 인해 더할 나위 없이 중요해지는 아시아 지역 국가들의 노동자 간의 연대가 갖는 중요성을 강조하고자 했다. 반면 이 책에서는 아시아의 '움직이는 자본'에 의해 노동이 어떻게 재구성되는지를 아시아의 대표적 초국적기업 가운데 하나인 삼성과 지역 노동자들의 관계를 따라가면서 관찰하고자 했다.

본론에서도 다시 강조하겠지만, 이 글은 아시아 노동자들에 관한 책에서 대부분의 독자가 상상하는 끔찍하고 자극적인 착취의 이야기를 의도적으로 부각해 다루지는 않았다. 물론 삼성의 하청망 안에서 비인간적인 인권침해 사례는 얼마든지 존재한다. 삼성에 직접 고용된 노동자들조차 삼성이 지급하는 월급으로 가족의 생계를 유지하는 것이 힘겨울 수도 있다. 그런 사례가 인도와 중국, 태국과 말레이시아 편에서 종종 등장하기는 하지만 이 책은 재벌에 의한 개별 노동자들의 착취에 초점을 맞추기보다는 초국적기업 노동자들의 삶과 노동이 어떻게 한국, 태국, 말레이시아, 인도, 중국에서 초국적자본의 확산과 활동 속에서 '하나로' 통합되고 '불평등하게' 조직되는가 하는 문제에 초점을 맞추고 있다. 좀 더 구조적이고 세련된 노동 통제와 착취의 체제를 분석해 내고 싶었기 때문이다.

그간 많은 사람은 삼성이 노동자들에게 월등한 경제적 보상을 통해 소비의 물질적 기반을 충족시켜 줌으로써 삼성 노동자들의 영혼을 어떻게 서서히 장악해 왔는지를 강조했다. 물론 월등한 경제적 보상은 삼성의 중심부에서나 일어나는 일이며 치열한 경쟁의 승자에게만 주어지는 선물이다. 삼성의 중심부에서 볼 수 있는 삼성 노동 관리의 핵심은 경쟁과 경제적 보상을 밀접하게 연결시켜 헌신적인 노동을 이끌어 내는 데 있다.

그러나 아시아 주변부 지역에서는 월등한 경제적 보상을 크게 기대하기 어렵다. 본론의 중국 사례에서 모나나 웡이 지적하고 있듯, 주변부인 아시아 지역에서의 취약한 경제적 보상 체계는 그저 그런 성과급 중심의 인사고과로 나타나는 원인이 된다. 인도와 태국, 그리고 말레이시아와 같은 개발도상국에서 삼성이 노동에 분배하는 몫을 늘리는 데는 애초부터 한계가 있다. 따라서 이들 나라에서 삼성의 노동자들은 한국의 노동자들과 달리 커다란 소속감을 가지고 있지 않다. 자발적 충성심에 의존할 수 없기 때문에 이들 주변부 노동자들로부터 복종을 이끌어 내는 방식은 경제적 보상과 경쟁이라는 시장적 장치 외에 기존 권위 관계나 국가권력에 더욱 의존하는 경향이 있다. 따라서 삼성과 현지 권력의 유착은 투자자로서 갖는 합리적이고 공식적인 절차에 기반을 두기보다 비공식적인 수혜-후원 관계를 통해 이루어질 때가 많다.

이 책의 본론은 1938년 한국의 삼성 노동자로 시작해서 2006년 아시아 지역 삼성 노동자의 모습으로 끝난다. 분명 삼성이 거둔 커다란 경제적 성공은 현대 아시아 자본주의가 이루어 낸 성공의 일부다. 말할 것도 없이 삼성은 또한 '한국' 자본주의의 첨병으로서 한국 사회가 지난 수십 년의 근대화 과정에서 안고 살아온 다양한 전통적 모순과 1990년대 이후 빠르게 확산된 세계화의 모순을 고스란히 담고 있다.

이런 삼성이 과연 한국 자본주의의 미래, 나아가서 지구적 자본주의의 미래가 될 수 있을까? 삼성은 기업 경영의 여러 가지 측면에서 선진적인 기업임이 틀림없으나, 노동을 통제하는 방식은 지극히 후진적이다. 아시아의 주변부 국가에서 노동자들이 정치화되고 조직화하게 된다면 삼성의 노동 통제 방식이 갖는 한계는 곧바로 드러날 것이다. 앞서도 지적했듯 노동 집약적인 산업에 진출해 있는 삼성이 양보할 수 있는 경제적 보상의 정도는 크지 않다. 더욱 많은 노동쟁의가 발생할 것이고 삼성으로서는 국제적 망신과 위험을 무릅쓰고 노조 파괴에 나서는 것 외에 달리 선택의 여지가 별로 없어 보인다.

그러나 이 과정에서 삼성의 신화도 파괴될 가능성이 크다. 무엇보다도 아시아의 노동자들은 그리 녹녹한 상대가 아니기 때문이다. 그들은 식민주의와 인종 분열, 군사독재, 그리고 광주를 능가하는 민간인 학살, 초국적기업의 횡포들을 모두 버텨 왔고 끈질기게 노동계급으로 스스로를 재구성해왔다. 만일 누군가가 이런 전망이 매국적인 것이라고 비난한다면, 우리는 아시아 노동자들의 인간적 존엄성이 알량한 애국적 기업주의보다 훨씬 중요하다고 답하고 싶다. 삼성을 위한 아시아적 자본주의가 우리의 미래라면 삼성의 미래는 없는 편이 나을지도 모른다.

4

이 책은 2001년 아시아노동정보센터가 제안하고 다수의 아시아 지역 노동단체가 결성한 아시아초국적기업감시연대의 연구 결과물이다. 감시연대는 현재 12개국에서 초국적기업 감시 활동을 하고 있는 단체들의 네트워크이다. 2006년까지 아시아노동정보센터에 네트워크 코디네이터를 두고 있었다. 2006년 총회에서는 좀 더 독립적인 구조에 합의해 현재는 캠페인과 연구, 교육 코디네이터를 각기 다른 세 개의 조직이 맡고 있다. 총 23개 단체가 참여하고 있으며 기본적인 네트워크의 목적은 회원 단체 사이의 활발한 정보 교환과 공동 연구 등 연대 사업을 통해 좀 더 효율적으로 아시아 초국적기업들의 노동권 침해 사례를 감시하고 이를 바로잡도록 노동조합, 진보적인 사회단체들과 함께 공동 캠페인을 벌이는 것이다.

네트워크의 참여 단체들은 궁극적인 초국적기업의 감시는 바로 현지 노동자 자신들에 의해서만 수행될 수 있으며 이들 기업의 노동권 침해는 노동자들의 조직화를 통해서 궁극적으로 방지될 수 있다고 생각한다. 따라서 초국적기업 감시 활동은 단순히 사례를 수집하고 사례에 대한 항의를 조직하는 기존의 감시 활동과는 다른 접근방식을 취하고 있다. 감시 활동은 크게 네 가지 활동을 포괄하는데 연구, 교육과 훈련, 캠페인 그리고 출판으로 이루어진다. 참여 단체들은 아시아 초국적기업 현황에 대한 연구 자료를 기반으로 노동조합이나 풀뿌리 노동단체들에 대한 각종 교육, 훈련 프로그램을 개발하고 이에 필요한 자료들을 생산한다. 모든 사업은 노동자들의 조직화를 돕고 아시아 지역 노동자 간의 연대를 증진하는 방향으로 설계되고 실행된다.

2003년 초에 최초의 보고서를 생산한 이후로 2003년 7월부터 본격적으로 활동을 강화하기 시작했고 이후에 아시아 초국적기업 감시 활동 연구자 회의(2003/07), 아시아 자동차산업 노동자에 관한 워크숍(2003/11), 아시아 지역 노동 캠페이너 트레이닝(2004/01), 세계 사회포럼 아시아 초국적기업 감시 워크숍, 새로운 노동운동 포럼(2005/01), 비정규 노동 조직 활동가 교환(2005/11), 전자산업 활동가 교환(2005/11), 인터아시아 노동자 연대 포럼(2007/04) 등의 공동 활동을 펼쳐 왔다. 또한 다양한 연대 캠페인을 통해 아시아 지역 투자국과 투자 유치국 간의 연대활동을 지원해 왔다. 그 외에도 네트워크는 초국적기업의 주요 투자처 별로(남아시아, 동북아시아, 동남아시아, 중국) 담당 현지 연구원을 두고 현지에서 벌어지는 초국적기업의 활동에 대한 공동 연구를 진행해서 두 차례에 걸쳐 보고서를 발표했다. 이 책은 그 두 번째 보고서 가운데 삼성 부분을 번역한 것이다.

이 두 번째 보고서는 첫 번째 보고서보다 더 어렵고 힘들었다. 집단 연구로서의 조사 디자인이나 방법, 리뷰 등 조사 과정에 대한 고민은 많은 연구원의 참여 속에 전보다 더 적절히 이루어졌다. 그러나 또한 단점도 있다. 이 책의 영문판은 계획보다 6개월이나 늦게 출판되었고 작업 과정에서 많은 우여곡절을 겪었다. 나는 아시아초국적기업감시연대가 과거 조사연구의 경험과 배움을 기초로 다음의 공동 연구에서는 많은 단점을 보완하기를 바란다.

이 책의 완성을 위해 도움을 주신 분들이 많이 있다. 아시아초국적기업감시연대의 활동가 연구자들의 큰 헌신이 없었다면 이 책은 나올 수 없었다. 특히 카네코 후미오 Kaneko Fumio, 모니나 윙 Monina Wong, 데니스 아놀드

Dennis Arnold, 토노 하루히Tono Haruhi, 소빈 조지Sobin George, 크리샤 셰카 랄다스Krishina Shekhar Lal Das, 이만 라마나Iman Rahmana, 심 수치타Sim Soucheata, 차이 찌 찌에Tsai Chi-Chieh, 케이 샨K Shan, 상아 리Sangah Lee 그리고 현지조사에 참여했던 많은 분들에게 감사 드린다. 또한 기에르모 로겔Guillermo Rogel 과 힐데 반 레겐모탈Hilde van Regenmortal의 계속적인 지지에 감사 드린다. 마지막으로, 무엇보다도 아시아노동정보센터 동료인 아포 렁Apo Leung, 산지브 판디타Sanjiv Pandita, 오마나 조지Omana George, 메이 웡May Wong, 도리스 리Doris Lee, 아 킹Ah King, 위니 웡Winnie Wong, 뮤리엘 영Muriel Yeung의 지지와 독려에 감사를 드리고 싶다. 마지막 교정 작업에 땀을 흘렸던 에드 쉐퍼드Ed Shepherd에게도 특별한 감사를 보낸다.

아시아초국적기업감시연대는 한국어판 발행의 기회를 빌어 한국의 초국적기업이 연일 일으키는 갖가지 노동문제에 대응하며 피해 노동자들의 연대에 헌신하고 있는 국제민주연대 활동가들 그리고 노동운동의 어려운 상황 속에서 한국 노동운동의 국제 연대에 관한 고민을 계속하고 있는 모든 동료들에게 감사를 드린다.

2008년 6월

장대업

변화하는 삼성 : 재벌에서 초국적기업으로 제1장

장대업

1. 잿더미 속에서 일어나다
2. 개발주의에 편승한 삼성
3. 수출 역군되기 그리고 노동 전사로 살아남기
4. 삼성의 세계화와 노동의 시장화
5. 글로벌 삼성 만들기
6. 삼성 '주인' 혹은 '노예'의 눈물과 기쁨
7. 도전 받는 무노조 정책

'삼성'이라는 기업은 시장, 노동, 국가, 그리고 사회 전체와의 끊임없는 갈등 속에 커왔다. 이 글은 삼성의 성장의 과정을 추적한다. 특히 현대적 경영과 기업 전략의 측면에서 매우 '혁신적인' 한 기업이 어떻게 인간의 땀, 영혼, 그리고 삶을 포함해 사회적 자원을 흡수하고 이를 기업 경영의 에너지로 전환했는지, 그리고 이를 통해 어떻게 엄청난 부를 축적할 수 있었는지를 중심으로 살펴볼 것이다.

이 글은 한 기업의 약사이긴 하지만, 노동의 언어로 쓰인 기업의 역사이기도 하다. 다시 말해 노동과의 관계를 통해 살펴본 기업의 역사인 것이다. 특히 삼성이라는 초국적기업 역사의 또 다른 측면, 즉 아시아 지역에서 노동이 삼성에 의해 어떻게 재구성되는지에 초점을 맞춰 다국적기업과 지역 노동자와 상호 작용을 분석할 것이다. 삼성의 역사는 1938년 한국 노동자와의 관계에서 시작해 2008년 아시아 노동자와의 관계로 이어졌다. 삼성은 한편으로 노동자들에게 상대적으로 월등한 경제적 보상이라는 개인적인 소망을 실현해 주고, 다른 한편 노동자들이 빼앗긴 영혼을 되찾지 못하도록 억압함으로써 국내 노동자들의 영혼을 지배했다. 나아가 한국, 인도네시아, 대만, 말레이시아, 인도, 중국에서 이윤을 최대화하고 기업의 꿈을 실현시키기 위해 노동자들을 생산의 위계조직 안으로 조직했다.

독자의 오해를 줄이기 위해 미리 언급해 두면, 여기에서 다루고자 하는 중심 내용은 무능력하고 근시안적인 기업이 사용하는 일반적인 전략에 대한 것이 아니다. 그보다는 삼성이 어떻게 노동자들을 '핵심' 노동자(스스로 삼성의 영혼이 될 준비가 된 노동자)와 '주변부' 노동자(하루하루 먹고살기 위해 고군분투하는 노동자)로 분열시키는지 하는 문제에 집중할 것이다.

마지막으로, 우리는 아시아인들이 삼성이라는 초국적자본의 활동과 확장에 통합되면서 그들의 생활과 노동의 세계가 어떻게 변화되었는지를 이해하게 될 것이다. 이를 통해 점증하고 있는 자본 유동성이 일국적 발전의 경로에 미치는 영향도 밝힐 것이다.

1. 잿더미 속에서 일어나다

삼성의 탄생과 식민지 시대

삼성의 기업사를 다루면서 20세기 초 일본 자본주의 발전의 위기를 언급하는 것이 다소 이상하게 여겨질지도 모르겠다. 그러나 적어도 초기 삼성의 자본축적은 일본 자본주의 발전의 위기와 관련이 있다.

서유럽 국가들이 제1차 세계대전의 소용돌이에 휘말려 있는 동안 일본은 갑작스런 국제 무역 특수를 누렸다. 1910년대의 호황 덕분에 일본 자본은 급속히 팽창할 수 있었다. 세계대전으로 서구의 생산력이 감소하면서 특히 서구의 생산에 의존해 왔던 일본은 아시아 지역에서 독점적인 시장을 확보하게 되었고, 중공업과 섬유산업에서 막대한 수출 증가를 누렸다.[1] 그러나 세계대전 특수는 일본에 또 다른 과제를 남겼다. 성장을 유지하기 위해 산업의 규모를 계속 확대해 나가야만 했으며 다른 한편으로는 종전 이후 다시 등장한 서구 자본과의 경쟁에 맞서기 위해 새로운 생산방식을 도입해야만 했던 것이다. 이를 위해서는 막대한 자본을 투자해야만 했는데

---

1 1913년에서 1918년 사이 특히 면직 의류 수출은 185퍼센트나 증가했다(Lockwood 1968, 38).

이는 신용 대출의 확장을 통해서만 가능했다. 다시 말해 더 많은 투자를 위해 더 많은 자금을 은행으로부터 대출받아야만 했다.

일본은 1919년에 이미 인플레이션의 조짐을 보이고 있었다. 제1차 대전 동안 너무 많은 자금이 시장에 풀렸던 것이다. 신용의 팽창을 통해 지속적으로 생산이 증가했으며 자본가들은 자본축적에 낙관적인 전망을 가지게 되었지만, 그것은 자본의 과도한 축적을 낳았다. 즉, 생산력이 지나치게 높아진 것이다. 일단 이런 문제가 특정 생산 부문에서 상품의 과잉생산과 가격 하락의 형태로 드러나면 자본은 신용을 더 확대할 필요에 직면하게 되고, 다른 자본들과 사용 가능한 신용을 놓고 치열하게 경쟁한다. 일본은 1920년대 초반 중앙은행과 국가의 후한 대출 정책 때문에 심화된 금융 불안정으로 고통받기 시작했다. 1923년과 1927년 일본 자본주의는 금융 위기에 맞닥뜨렸고 1929년 대공황과 함께 상황은 더욱 악화되었다. 게다가 1920년대 일본에서는 호황 기간에 극적으로 성장한 생산력에 수반해 노동조합이 등장하고, 파업의 물결이 급증했다.

금융 불안과 격화된 계급투쟁으로 일본에서는 경제·사회적 위기가 나타났다. 초기 일본의 경제발전은 1차 대전 기간의 호황을 가져왔던 노동시간 연장과 강도 높은 노동을 비롯한 가혹한 착취에 기반을 둔 것이었다. 그러나 제국주의 국가의 혹독한 노동 통제와 노동 현장에서 개별 자본가들의 폭력적 착취는 더는 효과적이지 못한 것처럼 보였다. 1911년 일본은 최초의 공장법factory law을 제정할 수밖에 없었다. 일본 자본은 한편으로는 새로운 생산 수단을 도입함으로써, 또 다른 한편으로는 노동자계급에 값싼 생계 수단을 공급함으로써 이런 장애물을 극복하고자 노력했다.

1920년대부터 이루어진 식민지 정책에도 일본 자본주의의 위기 극복을 위한 시도가 반영되었다. 1920년대 이후 한반도에서 일본 식민지 정책은 일본 자본을 위한 상품 시장 개발, 특히 거대 복합기업이라 할 수 있는 일본 자이바쯔財閥의 대對한반도 산업 투자 장려, 그리고 일본 노동자들의 노동 비용을 감소시킬 수 있도록 저렴한 쌀 생산 장려를 중심으로 이루어졌다.

조선의 소규모 공산품 생산업자들은 1910년대와 1920년대 일본 자본에 의해 생산·거래되는 상품 유입으로 급속하게 붕괴됐다. 일본 정부는 이 과정을 더욱 촉진하기 위해 조선의 생산수단을 압수·징발했다. 자급자족의 조건이 위협받고 세금을 현금으로 납부하는 제도가 도입되면서 사람들은 시장에서의 화폐 거래에 의존해야만 했다. 게다가 일본 정부가 주요 식민지 정책의 하나로 대일본 쌀 수출 증가를 강제(산미 증식 계획)함으로써 농업 생산 역시 점점 더 상품화되었다. 소규모 농민들이 다른 필수품을 구매하기 위해 잉여 생산물을 판매했다면, 지주가 소작농에게 소작료로 거둬들인 엄청난 양의 쌀은 거의 전적으로 상품화되었다. 1937년에는 쌀 생산량의 70퍼센트가 판매될 정도로 농업의 상업화가 이루어졌음을 알 수 있다(김윤환 1983, 87).

실제로, 일본으로 쌀을 수출하기 위해서는 조선인 소작농들의 희생이 필요했다. 일본 정부는 지주계급의 권력을 빼앗지 않았고, 오히려 지주계급의 사회적 통제력을 이용해 조선의 농업과 대다수 조선인을 통제하는 데 활용했다(Kohli 1994, 1277). 전통적인 토지 소유권의 기반이 사라졌음에도 불구하고 국가는 강제로 토지 소유 관계를 유지했고 더 나아가 지방 통치에서 이들을 활용해 농촌에 대한 통제력을 유지했다(Kohli 1994, 1277). 지주들은 소작료를 점점 더 늘렸고 소작료를 갚지 못한 반-소작 농부들의 땅을 빼앗아 토지를 늘려 나갔다. 결국 소작농 계급은 소규모 소작 농토를 일궈 살아가면서 상품 수매를 위해 생산한 곡식을 판매해야 했으며, 동시에 점점 더 늘어나는 소작료로 생활은 악화되었다. 많은 소작농이 굶어 죽는 것을 피하기 위해 고향을 떠나 도시나 탄광 지역에서 임금노동자가 되거나 만주·일본·한반도 등의 북쪽 지방으로 이주했다.

일본 자본의 대한반도 투자(외국 직접투자의 초기 형태)는 급격히 늘어났다. 1920년에서 1929년 사이, 한반도에 대한 산업자본 투자는 세 배로 늘어났다. 특히 한반도에 중국 침략을 위한 군수물자 공급 기지를 세우기 위해 중공업에 대한 자본 투자가 급속하게 증가했다. 1919년 일본 제국주의에 저항하는 민중 봉기가 일어난 후, 일본 정부는 한편으로 일본이 초기 경제개발 전략과 유사한 일정 정도의 자본주의 발전을 장려함으로써, 그리고 조선 기업의 설립을 허용하거나 심지어 선택적으로 지원하기까지 하면서 한반도를 '서서히' 일본의 일부로 만들고자 했다. 이를 위해 조선총독부는 일본식 제도를 모방한 경제 기반을 구축하고자 했는데, 국가 경제개발 정책에 따라 기업에 대출을 해주는 조선은행이나 한국산업은행과 같은 국책은행들이 그런 것들이었다. '최소한의 사업 소득세'와 무엇보다도 저렴한 노동력, 총독부의 전폭적인 노동 통제 지원 덕분에 1940년에 이르러서는 미쓰이三井, 닛산日産, 스미토모住友를 비롯한 일본 자이바쯔의 자본 투자가 총 투자액의 75퍼센트를 차지했다(Cumings 1997, 168). 한편 전통적인 지주계급과는 다른, 한국 자본가계급의 맹아적 형태 역시 국책은행인 한국산업은행에서 받은 융자 지원을 바탕으로 출현했다.

행운아, 건어물, 그리고 한국전쟁

이병철은 1910년 경상도에서 지주의 둘째 아들로 태어났다. 일제강점기 아래서도 사회적 기득권을 유지할 수 있는 부유한 가정에서 자란 그는 일본의 와세다대학에서 정치학과 경제학을 공부했다. 1936년에 그가 처음으로 시작한 사업은 경상도의 곡창 지대인 마산에 설립한 협동정비소(굶주린 수백만 소작농들의 희생을 대가로 일본에 수출할 쌀을 쌓아 두는 곳)였다. 이병철이 사업을 시작할 수 있었던 초기 투자 대부분은 한국산업은행 마산 지점에서 나왔다. 이렇듯 삼성은 대부분의 기업 창립자들이 일본 소유의 회사에서 하급 관리자나 심지어는 육체노동자로 시작한 것과는 달랐다. 이병철이 한국산업은행의 대출을 받을 수 있었다는 사실은 그가 이미 청년 실업가로, 부유한 지주의 아들로서 인정받고 있음을 보여 준다. 그는 운송업에 투자해 사업을 확장하고 나중에는 한국산업은행의 융자로 부동산 투기를 시작했다. 그의 '부동산업'은 '너무 순탄'해서 '한국산업은행의 금고가 자기 것으로 여겨질 정도'였다. 부동산업 덕분에 그는 일 년 만에 100만 평의 땅을 소유한 거대 지주로 부상했다(이성태 1990, 68-92).

1938년에 이병철은 대구에 삼성상회를 설립했다. 그는 일본군이 중국으로 향하게 되면 중국과 무역 거래를 할 가능성이 생긴다고 판단하고(이한구 1997) 만주와 베이징에 건어물과 건과를 수출했다. 동시에 국수 제조업과 조선양조 등으로 사업을 확장했는데 탁주와 청량음료 사이다를 생산했던 조선양조는 특히 많은 이윤을 냈다. '그의 탁월한 경영 능력'(호암재단 1997) 덕분에 수출업이 잘 굴러가면서 이병철은 서울로 옮겨 삼성물산공사를 설립했다. 실질적인 의미에서 한국 최초의 국제무역회사였다. 삼성물산공사는 홍콩, 마카오, 싱가포르와 무역을 했는데 건어물을 수출하고 설탕, 면사, 재봉틀, 의약품, 철판, 비료를 수입했다(호암재단 1997). 삼성은 얼마 지나지 않아 이런 '귀한' 상품 시장을 독점할 수 있었고 많은 돈을 벌어들였다. 그러나 1950년 한국전쟁이 발발하면서 삼성은 서울에서의 활동을 접을 수밖에 없었다.

인민군이 남하하면서 삼성도 사업을 이전할 수밖에 없었지만 그렇다고 사업이 침체한 것은 결코 아니었다. 수백만 피난민이 정착한 부산에 자리 잡은 삼성물산공사는 재활용 철강을 일본에 수출하고 설탕, 비료를 비롯해 공급이 절대적으로 부족했던 필수품들을 수입했다. 한국은 전쟁 당시에 기본 소비재 부족으로 극심한 어려움을 겪고 있었기 때문에 무역업자들이 일방적으로 가격을 정할 수 있었다. 이렇듯 소비재를 거래함으로써 삼성은 1953년 초부터 일찍이 주요 기업으로 자리 잡을 수 있었다.

전후 개발과 삼성의 기회

해방 정국에서, 미군정과 그 뒤를 이은 이승만 정부는 남한의 자본주의 발전에서 중요한 역할을 했다. 정부 주도로 이뤄진 이런 새로운 발전은 정부가 노동자·농민 운동(봉건적인 자본 관계와 소작농-지주 관계를 기반으로 한 식민지 착취에 대한 대항 운동으로 발전했던)을 말 그대로 짓밟음으로써 시작되었다. 한국 정부는 일본인들이 남기고 간 귀속재산(적산)을 선별된 소수 한국 기업인에게 불하하고 노동자·농민 운동을 무력화함으로써 발전의 토대를 더욱 갈고 닦았다. 그러나 한국 자본주의 발전의 틀이 본격적으로 형성된 것은 한국전쟁 시기와 그 이후였다. 한국전쟁은 노동운동의 해체, 지주계급의 결정적 쇠퇴, 국가와 몇몇 자본가들의 유착을 낳았다. 이 과정에서 국가가 생산수단과 원자재를 할당하는 절대 권력을 보유하면서 자본주의 발전을 재구성할 수 있는 힘을 획득하게 되었다. 경제개발은 정치적 결정의 대상이었고 국가가 개별 자본과 노동자계급을 통제하는 중요한 역할을 했다. 소수 자본가가 이승만의 자유당에 자금을 대고 그 대가로 국민총생산GNP의

20퍼센트 이상을 차지했던 미국 원조 물자를 독점적으로 할당받는 식의 정경유착의 형태로 정치화된 자본주의 발전의 초기 형태가 등장했다.

이 시기에 한국의 자본축적은 '미국 원조로 제공된 원자재를 과대평가된 공식 환율로 구매'할 수 있었던 국내 기업의 발전에 기반을 두고 있었다. 경쟁 상대가 없는 국내시장에서 막대한 이윤을 독점했다(Haggard 1990, 57). 외국 원조로 제공된 원자재의 종류에 따라 자본축적은 대부분 제당업, 정미업, 방적·방직 등과 같은 경공업에서 이루어졌다. 원자재와 융자를 확보하기 위해서 자본가들은 해외 원조와 수입 곡물을 독점적으로 통제했던 이승만 정부와 자유당에 정치 헌금을 헌납하는 등 적극적으로 구애해야 했다(Haggard 1990, 57). 국가와 상호 수혜-후원 관계를 맺고 있던 국내 기업 역시 국가가 소유한 생산수단과 토지를 할인된 가격에 구입할 수 있는 기회를 얻었다.

여러 한국 재벌들이 이 기간에 자본축적의 토대를 닦았다. 삼성과 현대는 국가로부터 생산수단과 부동산을 불하받을 수 있었고 금성(현 LG/GS)이나 다른 재벌들은 해외 원조의 일정 몫을 획득함으로써 기반을 닦았다. 게다가 삼성은 흥업은행(총 지분의 83퍼센트), 조흥은행(50퍼센트), 한국상업은행(50퍼센트)과 같은 민간은행의 국가 소유 지분을 매입함으로써 금융자본에 대한 영향력을 확대할 수 있었다. 1957년 한국 주식시장이 개장한 이래 상장된 네 개의 민간은행 가운데 세 개 은행의 지분을 삼성이 확보했다는 사실은 한국 자본주의 발달의 초기 단계에서 삼성의 비중이 얼마나 컸는지를 보여 준다.

이 시기 삼성은 설탕 제조업에 투자함으로써 미국 원조를 기반으로 한 산업화의 기회를 잘 활용했다. 다시 한 번 이승만 정부가 새로운 공장 설립에 필요한 18만 달러를 보장해 주었다. 초기 영업 자금은 상공은행이 제공했다(이한구 1997). 이승만 정부의 전폭적인 지원 아래 영업을 시작한 제일 제당은 하루 25톤의 설탕을 생산했다. '제일제당'은 한국 최초의 제당 회사였다. 제당 산업에서의 엄청난 시장 지배력을 기반으로 제일제당은 1957년에는 제분업에도 손을 뻗쳐 또 한 번 미국 원조로 제공되는 풍부한 밀 공급의 혜택을 만끽했다. 1956년에는 제일모직이 설립되었다. 이승만 정부는 미국의 해외 원조 자금US Foreign Operation Aid 가운데 100만 달러를 삼성에 할당해 주었으며 나중에는 모직 수입 규제를 통해 삼성이 독점 시장을 확보하도록 해주었다(이한구 1997). 1950년대 말에 이르면 삼성은 16개의 자회사를 거느린 한국 최대 재벌로 성장했다.

그러나 이승만의 자유당에 정치자금을 지원하는 몇몇 국내 기업에 국가가 나서서 해외 원조를 할당해 주는 방식은 그리 오래가지 못했다. 자본 투자가 미국에서 제공되는 원자재를 가지고 생산할 수 있는 특정 상품에 집중적으로 몰리면서 국내시장은 포화 상태에 이르렀고, 이에 따라 대규모 침체를 피할 수 없었다. 게다가 미국은 대한 원조를 감축하기 시작했다.

그 결과 기업들은 원자재를 확보하는 데 점점 더 어려움을 겪게 되었다. 생산 투자에서 이윤을 얻기가 어려워지면서 많은 자금이 부동산 투기에 몰렸고 이로 인해 인플레이션이 심화되었다. 설상가상으로 고용주들은 노동 강도를 높이고 노동시간을 늘리는 등 노동자들의 희생을 통해 이 침체 국면을 극복하려 했고 이로 말미암아 노동자들의 불만이 높아졌다.

노동자들은 저임금, 장시간 시간, 폭력적 노사관계로 고통을 겪었음에도 불구하고 1950년대 노동운동은 활성화된다. 정부가 설립한 노조 지도부인 대한독립촉성전국노동총동맹(약칭 대한노총)은 노동운동을 개별 공장 차원으로 제한하는 역할을 했다. 따라서 1950년대 내내 작업장 수준에서는 점점 더 많은 갈등이 발생했지만 노조가 조직한 유의미한 투쟁은 거의 없었다.

민주 노조 운동의 초기적 형태는 4·19로 이승만 정권이 물러난 이후 출현하게 된다. 어용 지도부라 할 수 있는 대한노총에 반대하는 투쟁은 1959년 전국노동조합협의회(약칭 전국노협) 결성 시도에서 정점을 이뤘다. 311개 노조와 14만 명의 노동자를 회원으로 하는 전국노협의 설립은 기존 대한노총이 국가 기구에 불과하다는 것을 보여 준 투쟁의 결과물이었다. 삼성 역시 더 나은 삶을 향한 노동자들의 열망에서 자유로울 수 없었다. 1960년 삼성에서 처음으로 파업이 일어났다.

제일모직 여성 노동자의 저항에 직면한 삼성

수백만 노동자들을 열악한 노동조건과 생활환경으로 몰아넣은 정경유착의 중심에 삼성이 자리하고 있음에도 불구하고, 당시 삼성에 직접 고용된 노동자들이 다른 기업 노동자들보다 열악한 처우를 받았다는 증거는 없다. 오히려 삼성은 다른 기업들보다 노동자들을 더 낮게 대우했거나 적어도 다른 기업들만큼은 대우했던 것으로 보인다. 삼성의 기업 광고에서도 종종 볼 수 있듯이, 제일모직에는 현대식 정원과 세탁실, 독서실, 화장실 등을 갖춘 신축 여성 노동자 기숙사가 있었다. 실제로 1950년대 생산직 노동자들이 이런 시설을 갖는다는 것은 드문 일이었기 때문에 사람들은 이곳을 '제일대학'이라 불렀다(호암재단 1997). 이병철에 따르면, "모직은 고가품이다. 모직을 생산하는 노동자들은 그만큼 훌륭한 자질을 갖춰야만 하며 자신의 일에 강한 자부심을 가져야만 한다"(호암재단 1997). 이를 위해서 "기업은 그들에게 최상의 노동환경을 제공해야만 한다"(호암재단 1997). 근무 환경뿐만 아니라 임금 또한 다른 기업들보다 훨씬 높았기 때문에 취업 경쟁이 매우 높았다(호암재단 1997). 오늘날 삼성 노동자들의 노동환경과 마찬가지로, 1950년대 삼성 노동자들의 임금은 다른 회사들, 특히 다른 중소기업보다 상대적으로 나았을 것이다.[2] 그러나 대기업 노동자들의 노동시간은 다른 중소기업 노동자들의 노동시간과 마찬가지로 길었다. 당시 삼성 노동자들이 적게 일하고도 많은 돈을 받아서 1950년대 일반적인 노동자들이 겪어야 했던 생활과 노동조건으로부터 완전히 자유로웠다고 생각한다면 그것은 사실이 아니다. 삼성 노동자라고 해도 이들 역시 일차적으로 1950년대의 공장노동자였을 뿐이다.

1950년대 노동조건은 전반적으로 열악했다. 휴식 시간도 거의 없이 10시간 이상을 일하고도 철야 작업을 하는 것은 흔한 일이었다. 극도로 반복적인 작업 과정에서 젊은 노동자들은 다른 어떤 전망도 없이 기계처럼 일하다 결혼할 배우자를 만나곤 했다. 긴 하루를 끝낸 노동자들을 기다리는 것은 오늘과 똑같은 내일이었다.

이 같은 노동 현실은 당시 고양되고 있던 전국적인 노동운동의 재등장과 함께 제일모직의 젊은 노동자들로 하여금 그들에게 '대학교 같은 기숙사'를 제공해 준 회사에 맞서 투쟁하게 했다. 제일모직에 노조가 설립되자 삼성은 그렇게 '잘 대해 주었음에도' 노동자들이 노조를 조직했다는 사실을 용납할 수 없었다. 그들은 노조를 확실하게 친기업적으로 만들거나, 가능한 한 곧 와해시키려고 했다. 공장 내외에서 노동자들의 정치적 열망이 높아

---

2 1960년대에는 아직 위계적으로 통합된 하청 고리가 없었기 때문에 대규모 공장과 중소 규모 공장노동자들 사이에는 큰 차이가 없었다. 특히 섬유산업에서는 그러했다(김형기 1988, 200). 일반적으로 1960년대 대기업 임금이 중소기업보다 높았다고 하는 것은, 대기업 사무직 노동자와 중소기업 생산직 노동자의 차이를 말하는 것이다.

짐에 따라 삼성은 마침내 극단적인 조치를 취하기에 이르렀다. 152명의 노동자에게 정직 처분을 내리고 영업을 중지한 것이다. 삼성의 400여 명 '가족' 노동자들이 자칭 '자애로운' 아버지에 맞서 단식투쟁에 들어간 것은 바로 이때였다. 1960년 6월 14일 노조는 부당 노동 행위 중지, 152명 노동자에 대한 불법 정직 처분 취소, 불법적인 공장 폐쇄 철회를 요구하고 나섰다. 그러나 삼성이 아무런 조치도 취하지 않자, 노동자들은 공장 건물을 점거하고 7월 4일부터 농성에 돌입했다. 농성 당일, 경찰이 곧바로 공장을 급습했고 8월 10일 합의안이 발표됐다. 첫째, 구노조(생산직 노동자 중심)와 신파(사무직 노동자 중심으로 구성되어 사측의 지휘를 받는 노조 내의 친 삼성 세력)는 노조 단일화를 위해 해산한다. 둘째, 노조 해산 사흘 후 회사 측은 조업을 재개할 것이며 셋째, 공장 영업 재개 40일 내에 노동자들은 단일 통합 노조를 결성해야 한다는 것이었다(한국노동조합총연맹 1979). 이 최종 합의안은 전국노협, 정부, 그리고 삼성 사이의 정치적 협상의 결과였다. 제일모직 노조는 1960년 12월 삼성 경영진이 의도한 대로 해산되고 말았다. 제일모직 노동자들의 투쟁은 실패로 끝났고 삼성은 여전히 무노조 기업으로 남았다.

삼성이 처음으로 겪었던 노사 갈등은 삼성 경영진에게 깊은 인상을 남겼으며, 삼성의 노무관리 원칙, 즉 무노조 경영의 원칙을 형성하는 데 큰 영향을 미쳤다. 제일모직 노동자들의 파업은 임금이나 노동조건과 같은 문제보다 결사의 자유에 초점을 맞춘 투쟁이었다. 이 파업을 통해 삼성은 더 많은 경제적 보상이나 복지를 제공함으로써 쌓은 노동자들의 회사에 대한 애정이 노동조합 결성을 위한 열망에 의해 '손상'될 수 있으며 또 기업 자체에 해를 끼칠 수 있다는 사실을 깨닫게 된 것으로 보인다. 이후, 삼성은 노동자들과 단체 협상을 할 여지를 영구적으로 제거하고자 했고, 대신 삼성은 무노조 정책, 복지, 분열, 양극화, 경쟁에 기반을 둔 정교한 노무관리 체계를 개발했다.

2. 개발주의에 편승한 삼성

군사정권과 삼성

삼성이 실제로 제일모직의 노동자 파업을 무력화하는 데 성공했지만 대신 삼성은 정치적 외풍에 맞닥뜨렸다. 이번에는 정치적 압력을 극복할 수가 없었다. 삼성이 맞닥뜨린 상대는 군대였기 때문이다. 1961년 박정희 군사 쿠데타 이후 '정치화된 경제발전'은 새로운 국면으로 접어들었다. 기업과 정부의 직접적 유착과는 달리, 박정희 정부에서 국가는 개별 자본에 제도적 지배력을 행사하게 되었던 것이었다. 국가가 자본에 대한 정치적 협상력을 높이는 가장 효과적인 방식은 국유화된 은행과 금융기관을 이용하는 것이었다. 이를 위해 군사 쿠데타 이후 군사정권이 최우선적으로 한 일은 개별 주주들이 소유한 국내 은행의 지분을 몰수함으로써 국내 민간은행을 국가 통제 아래 두는 것이었다(Haggard 1990, 65).

민간은행 총 지분의 약 3분의 1을 소유한 최대 주주로 등극한 국가는 주요 민간 주주들이 이사회에서 의결권을 행사하지 못하도록 하고 민간은행장을 국가가 선임하고 새로운 국책은행을 설립함으로써 민간은행의 경영까지 지배했다. 게다가 군사정부는 한국은행을 재무부 산하에 종속시키고 외환 거래나 국내 자본 유입을 규제할 수 있는 독점 권력까지 행사했다. 더나아가 경제기획원을 설립해 경제 계획과 예산 수립의 책임을 부여했다. 1961년에 외자 도입에 관한 법률이 개정된 후로는 외자 승인 권한까지 경제기획원이 독점적으로 행사했다. 국익에 더 도움이 된다며 자본 유입을 엄격하게 통제해 일부 분야에 우선적으로 투자할 것을 개별 자본에 강제함으로써, 국가가 경제개발의 핵심 중추로 등장했다. 개별 자본들, 특히 초기 재벌들은 직접적인 정치 영역에서 강제로 배제되었다.

1960년대 초, 주도적 재벌 가운데 하나였던 삼성 역시 국가의 규제를 피할 수 없었다. 군사 쿠데타의 정당성을 확보하기 위해 스스로 4월 혁명의 계승자를 자처한 박정희는 이승만 정권과 직접적인 유착 관계를 맺고 있던 기업들을 처벌하기 시작했다. 그는 재벌들의 전 재산을 몰수하고 재벌 총수들을 구속시켰다. 박정희는 이것이 "4·19와 5·16혁명으로 표출된 국민적 이상을 현실화하는 위대한 혁신 운동"의 하나라고 말했다(Park 1970, 286). 정경유착의 핵심 인물이었던 이병철은 구속을 피해 일본으로 잠시 도망쳤다가, 결국에는 귀국해 자진 출두했다. 군부의 수사 결과, 삼성이 이승만의 자유당에 천문학적인 액수의 자금을 불법적으로 제공했으며 이승만 정부 또한 삼성의 거액 탈세를 눈감아 주었다는 사실이 밝혀졌다. 그러나 군부는 재벌을 처벌하기보다 '경제적 현대화'를 달성하는 데 주요 재벌을 활용하기로 했다.

그렇게 해서 석방된 재벌 총수들은 삼성 이병철을 회장으로 하는 전국경제인연합회(약칭 전경련)를 결성했으며, 이를 통해 부패 혐의로 부과된 벌금의 납부 방법에 대해 군사정부와 추가 협상을 벌였다. 그 결과 이들에 대한 벌금은 대부분 감면되었다. 이후 협상에서는 기소된 자본가들이 신흥 산업 단지인 울산에 공장을 건설하고 자신들의 지분을 국가에 양도한다는 계획을 내놓지만 내용적으로는 자본가들이 얼마 안 되는 돈으로 공장을 소유하는 결과를 낳았다(서재진 1991, 218). 군사정부와 자본가 사이의 최종 협상 결과는 박정희 정권이 추구한 경제개발의 성격이 어떤 것이었는지를 반영하고 있다. 비록 개별 자본들은 국가의 헤게모니를 받아들여야 했지만, 국가 역시 개별 자본의 이해관계를 보호해 줌으로써 경제개발이라는 정책 목표를 실현했다. 그러면서 국가는 온갖 수단을 동원해 노동자들의 요구를 억압했다.

정부는 노동 현장에서 폭력적인 규율과 가부장적인 제도 아래서 고통받는 노동자들의 잠재적 힘을 반공주의로 억압했다. 박정희 정권은 자주적 노동운동을 금지했고 한국노총을 통해 체재 내로 통합하려 했다. 한국노총은 노동조합이 아닌 사실상 정부 기구였다. 이 새로운 노동조합 총연맹은 전국적인 차원에서 현장 차원에 이르기까지 국가가 노동자들을 효과적으로 통제할 수 있는 길을 열어 주었다(Haggard 1990, 64). 1970년대 들어서 국가는 개별 기업에 '노사협의회'를 두어 노동 현장 차원에서 노동자에 대한 국가의 통제력을 확보하려 했다. 무엇보다도 노동자들의 투쟁에는 여전히 안보 기구와 경찰이 직접 개입했다.

게다가 국가는 농업 정책을 통해 농촌 지역으로부터의 순조로운 노동력 공급을 담보해 줌으로써 초기 자본축적의 기반을 형성하는 데 이바지했다. 박정희 정권은 임금 인상을 억제하기 위한 농산물 수입과 강력한 규제를 통해 저곡가 정책을 유지했다. 농촌 지역과 농업 분야에 대한 투자가 별로 이루어지지 않은 것도 값싼 노동력 공급에 이바지했다. 결과적으로 농촌 인구의 대다수, 특히 소규모 농가의 젊은 세대 대부분이 일자리를 찾아 도시로 이주함에 따라, 1960년대 이후 임금노동자와 제조업 노동자의 수가 크게 증가했다.[3] 그 시기에 지방에서 올라온 노동자들은 저임금과 장시간 노동을 감수해야 했다.[4] 노동력의 무제한적인 공급과 풍부한 예비 노동자

---

3 임금노동자의 총 수는 1960년 241만4,000명에서 1970년 378만7,000명으로 증가했다. 특히 제조업 노동자의 수는 1960년에서 1970년 사이 두 배 증가(1960년 41만7,622명에서 1970년 99만5,981명)해 이런 흐름을 주도했다(Koo 1990, 673).

들의 존재는 경찰과 정보기관의 끊임없는 감시와 함께 가족주의적 규율과
위계질서에 기반을 둔 일방적 노사관계의 일차적인 토대가 되었다.

　기업들은 연공서열과 학력에 따른 육체노동자와 비육체노동자에 대한
차별적인 대우 및 어용 노동조합에 기반을 둔 전통적인 작업장 위계를 통
해 노동을 통제했다. 당시 기업들은 노동 통제나 노무관리를 담당하는 특
정 부서를 따로 두지 않고 있었다. 노동을 규제하는 법적·형식적 국가기관
인 노동청은 노동을 규제하는 데서는 상대적으로 작은 역할을 했다. 노동
청은 경찰이나 국가 안보 부서를 통한 노동 규제를 보충하는 역할로 스스
로를 제한했다.[5] 노동자에 대한 이와 같은 국가 통제는 1960년대 후반까지
잘 작동했다.

박정희 정권의 수출드라이브

　1960년대 내내 수출산업의 빠른 성장에 기반을 둔 한국의 경제개발은
놀라울 정도였다. 박정희 정권은 처음에는 수출주도 경제발전보다 수입대
체 산업화를 강조했다. 한국에 금융 자원을 제공한 미국은 박정희 정권이
설계한 초기 개발계획에 매우 회의적인 반응을 보였다. 사실 미국은 동아
시아에서 일본 중심의 발전 전략을 추구하고 있었다. 한국과 동아시아에서

4　섬유산업과 같은 노동 집약 산업으로 몰려든 노동자 대부분은 보통 시골에서 잉여노동력으로
　간주되던 젊은 여성 노동자들이었다.

5　1963년 노동청이 창설된 이래 제10대까지 청장 열 명 가운데 일곱 명이 경찰 요직 출신(김동욱
　1988, 40)이라는 사실은 노동 통제가 강제와 감시에 기반을 둔 직접 개입에 의존했다는 것을
　보여 준다.

미국의 영향력이나 자본주의 발달을 침해하지 않으면서도 대외 원조의 막중한 부담을 낮추는 것이 그 목표였다.

미국이 대외 원조를 줄임에 따라, 박정희 정권은 다른 자본 투자처를 찾기 위해 필사적으로 노력해야만 했다. 한국이 수입대체형 경제발전 모델에서 수출주도 발전 전략으로 전환하고 일본과 경제 관계를 정상화한 것은 이런 맥락에서였다. 일본 역시 안정적인 지역 시장(특히, 생산수단을 판매하기 위한)을 확보함으로써 국교 정상화의 혜택을 많이 보았다. 일본은 그 대가로 공공 차관, 기업 여신, 무상 원조 등의 형식으로 8억 달러 이상의 재정 지원을 약속했다(Hart-Landsberg 1993, 145).

미국과의 협상 끝에 수출 중심 개발을 촉진하기 위한 몇 가지 개혁안이 도입되었다. 1964년에는 극적인 원화 평가절하를 통해 한국의 수출 경쟁력을 강화했다. 또 국내 저축을 촉진하고 외국자본의 투자를 유도하기 위해 1965년에는 금리 개혁과 세제 개혁이 단행되기도 했다. 경제기획원은 외국 차관을 선별하고 할당함으로써 정부가 주도하는 개발 전략에 맞춰 개별 기업을 동원하고 통제했다. 이 점에서 경제기획원은 '국가에 의한 산업 투자 선별 촉진'의 제도적 기반이었다. 저축은행을 통해 마련된 국내 자금 역시 소위 정책 금리(통상적인 금리보다 훨씬 낮은)라는 이름으로 특정 산업과 기업에 할당되었다. 이는 수출 분야에 개별 자본을 끌어들이는 주요 정책 수단으로 기능했다. 무엇보다도 인프라와 제조업 분야에 대한 자본 투자가 집중적으로 이루어졌다. 국가 주도 산업화를 통해 한국의 산업은 수입대체 산업에서 수출주도 산업으로 전환되었다(Cummings 1987, 69). 그 결과 1961년에서 1970년 사이에 연간 평균 국내총생산GDP 성장률 8.45퍼센트, 수출 성장률 35.5퍼센트라는 놀라운 경제성장을 기록했다. 1960년대 말에 이르면 주요 수출 품목인 의류 및 섬유가 총 수출량의 약 40퍼센트를 차지할 정도였다.

삼성의 사업 다각화와 무노조 정책

1960년대 삼성의 경영 전략은 그런대로 꽤 성공적이었다. 삼성은 기존 사업과 신규 사업 사이에 별 상호 관련성 없이 사업을 다각화해 나갔다. 사실 거대 재벌들 사이에서 이런 방식이 일반적이었다. 삼성은 신상품과 신규 산업으로 사업 영역을 확장함으로써 특정 산업에서 반독점적 시장을 확보했다. 제일제당의 설립과 제일모직의 성공이 대표적인 사례다. 삼성의 이런 시도는 국가가 차관과 원자재 할당에서 특혜 대우를 하고 국내시장을 외부 경쟁으로부터 제도적으로 보호하는 등 다양한 지원을 제공함으로써 가능했다. 삼성은 다시 한 번 민간은행의 지분을 구입해 사업 전략을 공고히 하고 신규 사업 개척을 위해 필요한 자본의 안정적 유입 구조를 확보했다. 1960년대에 삼성은 수익성이 높은 기업을 손에 넣는 방식을 통해 새로운 사업 분야를 개척함으로써 사업 다각화를 시도했다. 1958년에는 안국화재해상보험(1993년 삼성화재해상보험)을, 1963년에는 동방생명보험(1989년 삼성생명보험)을 매입함으로써 금융 분야로도 확장했다. 또 1965년에는 중앙일보를 창간함으로써 미디어 산업에, 그리고 1966년에는 중앙개발에 투자함으로써 테마공원 사업에 뛰어드는 등 완전히 새로운 영역으로도 사업을 확장했다. 1965년에 새한제지를 매입한 것을 제외하면, 1960년대 중반까지 제조업에 대한 삼성의 투자는 그리 활발하지 않았다. 삼성의 이런 신규 투자는 첫째, 보호받는 국내시장에서 독점적인 지위를 누렸던 사업에서의 순조로운 자본축적, 둘째, 국책은행으로부터 배당받은 특혜 대출을 기반으로 가능했다.

이런 초기 다각화 전략의 성공은 실제로 삼성의 노사관계와 무노조 정책의 토대가 되었다. 다른 재벌들과 함께 삼성은 "선발 주자들은 제품 주기의 혁신을 통해 얻는 독점적 초과 이윤의 혜택을 누리기 때문에, 훨씬 더 관대하고 안정적인 노동-자본 협약을 제시할 만큼 충분히 자금을 갖고 있다"는 점을 활용했다(Silver 2003, 79). 노동자와 삼성 사이에 민주적인 협약이 있었던 것은 아니었지만, 다른 대기업과 마찬가지로 삼성은 노동자들에게 좀 더 융통성 있는 보상을 해줌으로써 파트너십 관계라는 신화를 구축할 수 있었다. 1960년대와 1970년대 삼성이나 다른 재벌들이 한국의 일반 자본에 비해 노동자들을 덜 착취하는 것처럼 보였던 것은 아마도 이들의 재정 능력 덕분이었을 것이다. 삼성과 다른 재벌들이 사업 다각화와 군사정부의 지속적인 지원을 통해 누린 반*독점적 상황이 이를 가능하게 했다.

'수출 전사'들의 저항

초기 경제개발계획을 통해 한국 경제는 놀랄 만한 자본축적을 이뤘지만, 1960년대 말에 이르러서는 자체의 결함으로 난관에 봉착하게 되었다. 노동자와 개별 자본에 대한 정치적 규제를 바탕으로 재생산되었던 초기의 자본주의적 발전은 사회 하층의 저항과 정치화를 촉발했다. 1960년대 후반, 도시 빈민들이 경찰서와 관청을 공격하는 일이 발생하기도 했다. 한편 산업화가 심화되고 군사정부가 노동자들에 대한 억압적 통제를 더 강화함에 따라 독립적인 노조를 건설하기 위한 노동자들의 투쟁이 다시 출현했다. 대부분의 투쟁은 도저히 참을 수 없는 노동조건, 임금 체불, 그리고 하루 12시간 이상씩 되던 장시간 노동 등에 대항해 일어난 즉흥적인 저항으로 촉발되었다. 대부분의 작업장에서 근로기준법은 무시되었고 설사 노동조합이 존재한다 하더라도 대개 경영진의 하위 부서쯤으로 이해되었다. 노조원들조차 대체로 노조 활동에 대해 알지 못하는 상황이 보통이었다. 대부분의 경우, 노동조합을 조직하려 하거나 기존 노조의 위계질서와 권위에 도전하려 드는 이들은 억류, 구타, 그리고 심지어는 살해의 위험을 감수해야 했다(한국기독교협의회 1984, 86-91).

이렇게 자연발생적으로 조직된 저항이 종종 자본의 폭력과 공장 폐쇄, 대량 해고 등으로 비참하게 끝났음에도 불구하고 노동자들의 투쟁은 계속되었다. 특히, 1960년대 '수출 전사'라 불렸던 섬유·의류 노동자들은 투쟁의 중심에 서 있었다. 한 일간신문은 어린 노동자들의 끔찍한 노동조건과 생활환경을 다음과 같이 묘사했다.

> 나이 어린 여자들이 좁은 방에서 하루 최고 16시간 동안이나 고된 일을 하며 보잘 것 없는 보수에 직업병까지 얻고 있어 근로기준법을 무색케하고 있다. …… 평화시장내의 피복 가공공장은 4백여 개나 되는데, 이들 대부분의 작업장은 건평 2평 정도에 재봉틀 등 기계와 함께 15명씩을 한데 넣고 작업을 해, 움직일 틈이 없을 정도로 작업장은 좁다. 더구나 작업장은 1층을 아래 위 둘로 나누어 천장의 높이가 겨우 1.6미터 정도밖에 안 돼 허리를 펼 수 없을 정도 …… 이들에 의하면 이런 환경 속에 하루 13~16시간의 고된 근무를 하고 있으며 첫째, 셋째 일요일을 제외하고는 휴일에도 작업장에 나와 일을 하고, 여성들이 받을 수 있는 생리휴가 등 특별휴가는 생각조차 못할 형편이라는 것이다(『경향신문』 1970/10/27).

전태일이 분신을 통해 맞서려 했던 것이 바로 이런 현실이었다. 전태일은 수출 호황의 중심 지역이자 소규모 섬유 공장들이 밀집해 있던 평화시장에서 일했다. 전태일과 그의 동료들은 노동부에 "평화시장 피복제품상 종업원 근로조건개선 진정서"를 제출하는 등 국가가 노동조건 개선에 개입해 줄 것을 촉구했다. 이 유례없는 사건은 논쟁을 불러일으켰고 주요 신문

들에 보도되었다. 그러나 이런 시도는 오히려 경찰의 감시를 강화한 국가
의 기만으로 끝났을 뿐이었다. 고용주와 국가를 상대로 시위를 조직하려던
여러 차례의 시도가 실패한 후 전태일은 1970년 11월 13일 동료 노동자들
과 함께 조직한 시위 도중 자신의 몸에 불을 붙였다. 전태일의 죽음 이후,
그의 가족과 평화시장 동료 노동자들의 격렬한 투쟁을 통해 청계피복노조
는 최초로 '인정된' 민주 노조가 되었다. 그의 저항은 한국의 수출 호황을
뒷받침하고 있던 끔찍한 노동조건의 현실을 폭로하고 공론화했다. 전태일
의 죽음은 민주 노조의 재등장으로 이어진 노동운동뿐만 아니라 지식인과
학생운동을 고무시켰다.

위기와 중공업화

국가 주도의 개발이 점점 더 거센 저항에 부딪치고 있는 동안, 다른 편에
서는 전 지구적 차원에서 자본축적의 조건 변화가 한국의 순조로운 자본축
적을 위협하기 시작했다. 해외 차관 확대에 기반을 둔 수출드라이브는 한
국에 엄청난 외채를 남겼다. 한국의 외채는 1964년 2억 달러에서 1971년
29억2,200만 달러로 열 배 이상 증가했다(Hart-Landsberg 1993, 174-175). 다
른 한편, 늘어나는 수출로 한국 기업들은 해외에서 생산수단을 구매해야만
했다. 게다가 이런 기계들은 고가였다. 그 결과, 무역 적자가 점점 늘어나서
1971년에는 10억4,500만 달러에 이르렀다. 순식간에 한국은 엄청난 외채
에 짓눌리게 되었다. 그보다 더 심각한 것은 세계경제가 침체기에 들어서
면서 경제 선진국들 사이에서 보호주의가 재등장했다는 것이다. 특히 1971
년 미국의 무역수지가 적자로 돌아서면서, 경공업에 기반을 둔 수출은 특

히 미국 시장의 높아지는 보호 장벽 때문에 어려움에 처했다. 미국은 총 수출량의 38퍼센트를 차지하는 "섬유산업에 대해 쌍방 거래 제한 협약을 체결할 것을 한국에 강제"했다(Hart-Landsberg 1993, 175). 세계시장의 암울한 전망과 함께 한국의 수출 성장 역시 침체되어 1967년 42퍼센트 성장을 기록한 것을 정점으로 1969년에는 37퍼센트, 1970년에는 34퍼센트, 그리고 1971년에는 28퍼센트로 줄었다. 박정희 정권은 1971년 6월 12.9퍼센트의 원화 평가절하를 통해 수출을 장려하고 수입을 억제하려 했으나 오히려 외부 재정의 절반 이상을 해외 차관에서 충당했던 한국 기업들에 상환 압력을 증가시키는 결과를 낳았다. 은행들은 인플레이션을 억제하기 위해 돈을 거둬들이기 시작했고 이는 상환 압력을 더욱 높이는 결과를 낳았다. 기업들은 단기 차관을 위해 비공식 시장으로 몰려들었고 이제 비공식 금융시장에 고금리의 사채를 상환하느라 어려움을 겪었다. 기업의 도산이 잇달았다.

이런 문제를 극복하기 위해 정부는 1969년 5월부터 효율성이 떨어지는 개별 자본들을 청산함으로써 경제에 직접적으로 개입했다. 한편 1972년에는 국가에 의해 "비공식 금융시장의 모든 대출에 대해 즉시 지급유예 조치를 취하고 은행 대출 이자율을 23퍼센트에서 15.5퍼센트까지 인하"하는 엄청난 규모의 기업 구제 프로젝트를 시행했다(조윤제 1998, 15).

노동과 자본의 흐름을 통제함으로써 자본주의 발전을 재활성화하려는 국가의 역할이 최고조에 달한 것은 중화학 공업화의 추진에서였다. 1973년 박정희 대통령이 중화학 공업화 계획을 선언한 것을 시작으로, 정부는 직접 자금 투자, 해외 차관 배당, 금리 인하, 인센티브 제공, 세금 감면 등의 지원을 했다. 해외 차관과 국내 대출은 1970년대 중후반 내내 중공업과 화학공업에 매우 선택적으로 배당되었다. 또한 정부는 '국민연금과 모든 은행 예금의 고정자산을 동원'해서 '이를 선정된 프로젝트와 분야에 엄청난 특혜

금리로 몰아주는' 대규모 "국민투자기금"을 설립했다(Haggard 1990, 132). 이 기금 투자의 약 67퍼센트가 같은 기간 중공업에 배정되었다. 더 나아가, 14개의 주요 산업이 70퍼센트 이상의 관세 감면 혜택과 더불어 국내 세금 감면의 50퍼센트 이상을 누렸다. 이런 유리한 조건의 혜택으로 한국 재벌들이 조선업, 자동차산업, 기계류, 정련, 철강, 석유화학 등의 중공업에 집중해 새로운 자본축적의 기반을 찾은 것도 이 시기였다.

중화학 공업화에 편승한 삼성

삼성이 그간 정부가 장려하고 보호하는 산업 부문에서 초과 이윤을 얻어 왔던 이력을 돌이켜 보면 삼성이 중공업에 진출한 것은 놀랄 일도 아니었다. 하지만 중공업 투자는 그간 삼성이 서비스 산업, 금융 산업, 경공업 상품 제조업에 의존했다는 사실에서 보면 분명 새로운 시도였다. 1974년에 설립된 삼성석유화학과 삼성중공업을 시작으로, 1972년에 16개이던 자회사가 1978년에는 33개로 늘어났고 1978년에 이르러서는 조선업을 포함한 거의 모든 중공업 분야에 진출했다. 1973년 발표된 삼성의 3개년 계획은 중공업·화학공업·석유화학 산업을 목표로 하고 있었다.

사실 삼성의 중공업 투자는 1950년대 이래로 삼성을 걸출한 재벌로 만들어 준 사업 다각화 전략과 맥을 같이하는 것이었다. 그러나 이런 전략이 항상 성공적인 것은 아니었다. 삼성의 다각화 전략은 많은 실패로 이어졌다. 이는 삼성이 이미 과열된 시장에 뛰어들거나, 국가의 지원을 별로 얻어 내지 못했기 때문이었다. 화학비료 산업이 후자의 경우였고 중공업화 과정에서 삼성이 현대와 같은 경쟁 재벌사에 비해 특출난 성과를 거두지 못한 것은 전자의 사례에 속한다(1990년대 후반에는 자동차산업에서도 이런 결과가 나왔다). 대표적인 사례가 1974년 조선업 진출에서 경험한 실패였다.

삼성이 나아갈 방향을 찾은 것은 전자산업에서 성공을 거둔 후부터였다. 삼성 역사상 처음으로 '경쟁 시장'에서 성공을 거둔 사례였다. 물론 이 역시 처음에는 국가의 지원을 집중적으로 받았다. 아무튼 전자산업의 성공은 나중에 삼성이 '출중한' 재벌로 성장하는 밑바탕이 되었다. 1968년에 설립된 삼성전자는 전자 부문에서는 후발 주자였다. 한국의 전자산업은 1950년대에 간단한 라디오 제조업으로 출발해서 1960년대에는 금성과 같은 한국 기업들이 알씨에이·샤프·필립스와 같은 외국 브랜드의 흑백텔레비전 주문자상표부착방식OEM의 생산을 시작했다. 외국기업, 특히 일본 기업과의 제휴로 기술 지원을 받아서였다. 1960년대 말에 이르면 삼성전자는 텔레비전 수상기를 100만 대나 수출했다. 1960년대 중반 박정희 정권은 이 산업의 잠재력을 보고 전자산업 진흥 계획을 마련했고, 일본의 산요 기업과 합작으로 삼성이 전자산업에 과감하게 뛰어든 것도 바로 이 시기였다. 삼성의 전자산업 진입은 금성을 제외하면 대부분 중소기업이 주도하던 전자산업 선발 주자들의 강력한 반발을 불러일으킬 것이 분명했다. 그러나 다른 어떤 기업도 아닌 삼성이었고 정부는 삼성의 진입을 막을 생각이 없었다.

대신 박정희 정권은 1969년 전자공업진흥법을 도입하고 전자산업을 주요 수출산업으로 장려하기 위해 전자공업진흥 8개년 계획을 시작했다(허상수 2004, 268). 이때 삼성이 핵심 파트너였다. 모든 관련 산업(전기전자 부품에서부터 최종생산물에 이르기까지)을 포괄하고, 따라서 수직 통합 산업구조를 형성한 삼성의 진입은 소규모 경쟁자들을 위협하기에 충분할 만큼 위력적이었다. 삼성전자공업주식회사(1984년 삼성전자로 변경)와 삼성-산요 전기는 1969년에 설립되었다. 1971년 박정희 정권은 전자와 조선 산업을 수출 전략 산업으로 선언했다. 1970년 삼성-엔이씨(삼성SDI의 전신)가 설립되었고 이후 1973년에는 삼성산요부품 주식회사(후에 삼성전기부품주식회사와 삼성전기주식회사로 상호 변경)와 삼성코닝이 설립되었다. 중소 규모 전자제품 제조업자들을 압도할 만한 상당량의 투자를 바탕으로 삼성은 곧 국내시장에서 상당한 점유율을 누리게 되었다. 한편 일본 브랜드를 단 삼성의 주문자상표부착방식 상품은 미국 시장으로 수출되기 시작했다. 1970년대 후반, 삼성이 미국 시장 수출 캠페인을 시작한 지 얼마 지나지 않아 삼성의 저렴한 컬러텔레비전이 미국의 저가 텔레비전 시장을 잠식했다. 한편 이 과정에서 삼성은 컬러텔레비전의 주요 부품을 점진적으로 국산화했다. 1978년 삼성의 수출량은 1억 달러에 도달했다. 이 무렵 삼성의 전자 부문 자회사들은 합작 투자사들과의 관계에서 주도권을 잡게 되었고, 이들 회사에 대한 소유권과 경영권을 확보했다. 삼성은 또한 한국반도체의 지분 50퍼센트를 확보함으로써 당시 한국에서는 최첨단 산업으로 여겨지던 반도체 산업에도 진출했다. 이후 1980년대에 이르면 반도체 산업은 삼성의 첨단 기술 산업의 탄탄한 기초가 되었다.

1970년대 중반의 중화학 공업 중심의 산업화는 무모한 계획이라는 일부의 우려에도 불구하고 성공적이었음이 틀림없다. 1970년대 내내, 제1차 석유파동이 초래한 1970년대 중반 약간의 침체를 제외하면 한국의 경제성장은 인상적이었다. 제1차 석유파동 이후, 경제성장은 곧 회복되어, 1976년과 비교해서 1978년에는 평균 12.33퍼센트 성장이라는 놀랄 만한 수치를 보여 주었다. 신규 투자를 위해 엄청난 해외 차관이 들어오고 이 때문에 인플레이션이 동반되기도 했지만 중공업에 집중된 자본 투자 전략은 효과적이었다. 전자, 철강, 조선, 기타 조립과 제조 산업은 세계시장에서 가격 경쟁력을 가지고 있었고 이것이 중공업 제품의 수출 증가를 이끌었다.

중공업화는 또한 거의 전적으로 수입에 의존했던 공업용 기계 생산을 가능케 했다. 실제로 1970년대 내내 중공업 분야에서 상대적으로 성공적이었던 노동 통제 덕분에 기업들은 값싼 노동력을 활용할 수 있었다. 중공업 분야의 대규모 기업에서는 1974년부터 1979년 사이 노동 분규가 단 네 건밖에 없었다. 급속한 성장 붐으로 노동자들이 계속 일할 수 있었던 것이다. 원유 가격 상승에도 불구하고 베트남전쟁과 중동의 건설 붐으로 벌어들인 외화 또한 성장을 지속시킨 요인이었다.

불만의 증폭과 발전주의의 위기

삼성을 비롯한 거대 재벌들이 1970년대 중공업화의 혜택을 받았지만[6] 이런 발전에는 더욱 억압적인 노동정책이 동반되었다. 민중은 여전히 낮은 임금과 생활고로 고통을 받았고, 정치화된 경제개발은 계급투쟁의 정치화를 더욱 자극했다. 점점 더 성장하는 노동자계급과 정부의 노동 통제 정책 사이의 긴장은 노동 집약 산업에서 점점 더 커졌다.

이런 불만은 정치화된 발전 전략이 위기를 맞고 있음을 알리는 징후였다. 1971년 4월 대통령 선거에서 박정희는 엄청난 부정 선거에도 불구하고 야당 후보 김대중을 가까스로 누를 수밖에 없었다. 박정희 정권은 이렇게 높아지는 불만을 1971년 10월 위수령 선포에 이은 국가 보위에 관한 특별법 제정과 1972년의 유신헌법, 그리고 이어서 1974년과 1975년의 긴급조

---

6 중공업 분야 신규 투자로 상위 30개 재벌이 소유한 계열사의 수는 1970년 126개에서 1979년 348개로 늘어났다.

치법과 같은 초헌법적 조치를 통해서만 통제할 수 있었다.

이는 국가 중심의 경제 발전 계획에 심각한 결함이 있음을 의미했다. 긴급조치법은 단기적으로 자본과 노동의 동원을 강제하는 데에는 충분히 효과적이었다. 그 결과로 1970년대 산업구조의 대규모 전환이 이루어졌다. 그럼에도 불구하고, 이런 조치들은 자본주의 발전을 위해 요구되는 사회적 조율의 기반 자체를 크게 손상했다. 그 결과는 명백했다. 재야운동 혹은 민중운동이 전국적으로 지지를 모으기 시작했고 노동자들은 작업장에서 저항을 시작했다.

여기에 제2차 석유파동이 최종 일격을 가했다. 대규모 해외 차관과 대량 수출에 의존한 수출드라이브 정책은 급등하는 유가에 취약했다. 특히 중공업 분야에서 순식간에 무역 적자가 누적되었다. 한국산 전자 소비재에 대해 쿼터제를 강요하는 등 유럽과 미국에서 보호무역주의가 강화되고(1978년부터 대미 수출 컬러텔레비전 쿼터제 등) 불황이 발생하면서 수출드라이브도 둔화되었다. 정부는 1979년 YH 여공들의 투쟁 이후 전국적인 반정부 투쟁에 맞닥뜨렸다. 당시 1,000여 명의 전투경찰이 동원되어 농성 중이던 노동자들을 급습해 노동자들과 야당 국회의원들을 구타했으며 결국 이 충돌로 스물한 살 김경숙이 목숨을 잃었다. 서울에서 벌어진 YH 노동자들에 대한 폭력 사건은 멀리 마산과 부산에서까지 민중들의 봉기를 촉발했다(Ogle 1990, 92). 마침내 박정희는 그의 가장 절친한 친구이자 충성스러운 동료였던 김재규에게 피살되었다.

박정희 정권이 갑작스럽게 붕괴되면서 한국은 처음으로 총체적인 위기에 직면하게 되었다. 박정희 암살 이후, 정치적 민주화를 요구하는 대중 시위가 전국적으로 벌어졌다. 1980년 봄까지 불과 몇 개월 사이에 노동자들의 파업이 무려 700건 이상 조직되었다. 이것은 억압적 노사관계의 종식뿐만 아니라 정치적 민주화에 대한 기대를 높였다. 그러나 5월, 또 다른 군사 쿠데타로 전두환의 군부 통치 아래 놓인 국가와 이에 저항하는 국민의 민주적 열망은 마침내 광주에서 충돌한다. 광주항쟁은 노동자, 학생, 주부, 기타 모든 민중이 참여했고 무장봉기로 발전했다. 이 봉기는 학살과 죽음으로 끝났다. 그러나 신군부가 정치권력을 장악했음에도 불구하고 기존의 자본주의적 생산의 조직 방식, 즉 국가가 노동자에 대해 통제력을 자유롭게 행사했던 방식은 이전처럼 재현되기 어려워졌다.

3. 수출 역군되기 그리고 노동 전사로 살아남기

금융자유화와 발전주의의 종언

1970년대 초의 위기 상황에서 국가는 기업가들의 부채를 탕감해 줌으로써 기업을 구제하는 중요한 역할을 했다. 그러나 개별 자본에 대한 지도력을 유지하고 경제 발전을 견인하는 주요 수단 가운데 하나였던 국가의 자본 흐름 통제는 점차 약화되었다. 1970년대의 위기에 따라 정부가 규제하는 민간은행에 기반을 둔 금융시장의 효율성과 역량에 대한 의구심이 개별 자본들 사이에 널리 확산되었다. 이와 함께 자본가들은 금융시장의 효율성을 강화하기 위해 혹은 더 노골적으로는 금융 분야에서 자신들의 영향력을 확대하기 위해 금융자유화의 필요성을 계속 주장했다(서재진 1991, 132-141).

마침내 국가는 민간은행에 대한 직접적인 통제와 금융 산업에의 진입 제한 조치를 완화하면서 금융시장의 부분적 자유화 조치를 도입했다. 그 결과 1983년 말, 민간은행은 민영화되어 개별 주주가 총 지분을 8퍼센트까지 소유할 수 있게 되었다. 1982년 은행법 개정 역시 거대 민간 주주들이 경영 이사회에서 의결권을 행사할 수 있도록 허용했다. 게다가 민간은행의 대출 금리 규제도 부분적으로 해제되었다. 무엇보다도 자본시장과 비은행 금융기관의 발전으로 기업들이 점차 국가의 금융 통제로부터 자유로워질 수 있게 되었다. 1974년, 비공식 장외 시장의 돈을 끌어들일 수 있는 수단의 하나로 처음 등장한 비은행 금융기관은 1980년대 초, 다시 한 번 큰 폭으로 자유화되어 1985년에는 개별 회사들 — 특히 실질적으로 이런 기관들을 소유하고 있던 거대 재벌들 — 에 전체 외부 자금의 20퍼센트 이상을 제공했다. 한편 민간 은행에 대한 이들 대기업들의 의존도는 금세 감소했다. 기업 어음, 회사채, 주식 발행 등을 통한 직접 자금 조달 역시 빠르게 증가해서, 1970년 총 외부 자금의 겨우 15.1퍼센트였던 것이 1985년에는 30.3퍼센트까지 늘어났다(이강국 1998, 16). 반면, 정부 보증 차관 역시 급속하게 감소했다. 자본 유입의 '민영화'로 인해 국가는 더는 자본 흐름 규제를 통해서 개별 자본에 절대적인 가이드라인을 강제하거나 자본주의 발전을 위해 박정희 정권이 사용했던 방식을 유지할 수 없게 되었다. 더 나아가, 외국계 은행의 영업 제한 역시 완화되었으며 상품 시장도 계속 되풀이된 한미 간의 무역 마찰과 1985년 우루과이라운드 이후 점점 더 현저하게 나타난 수입자유화로 점차 개방되었다.

몰려오는 폭풍

1980년대 내내, 노동운동은 노동자들의 단체행동으로부터 개별 자본을 보호해 온 국가권력을 위협했다. 1980년대 초의 억압적인 노동정책 때문에 노동조합의 수와 노조 조직률은 줄어들었지만, 1970년대 노동자들의 투쟁에 충격을 받은 수천 명의 대학생이 일반 노동자로 공장에 위장 취업해 미조직된 노동자들을 조직하기 시작했다. 이와 함께 '노학연대'라 불리는 노동자운동의 특별한 전통이 나타났다(Koo 1993, 148-151 참조). 한편 민주화운동은 전국 연대 조직을 구성하면서 점차 확대되기 시작했다. 정부는 1980년대 중반부터 노동자들의 단체행동에 대한 규제를 완화하는 것과 같은 정치적 유화 조치를 통해 이를 해소하고자 했다. 그러나 유화 조치만으로는 노동자들의 커져 가는 열망을 잠재울 수 없었다. 노동자들은 오히려 200여 개의 독립 노조를 설립했고(Koo 1993, 150) 노조 간의 지역 연대를 발전시켰다. 1980년대 중반, 대우자동차와 구로공단에서 벌어진 두 건의 파업은 노동자 투쟁의 새로운 발전을 상징하는 사건이었다.

대우자동차 공장 파업은 1970년대와 1980년대 내내 가장 집중적으로 투자가 이루어졌으나 상대적으로 조직화가 덜 되었던 대기업에서 새롭게 등장한 노동운동의 유형을 보여 주었다. 1970년대 대표적인 수출 중심지였던 구로공단에서 일어난 구로동맹파업은 민주화 운동의 지지를 받아 기층 독립 노조들 사이의 지역적 연대를 구축할 수 있는 가능성을 보여 주었다.

노동자 대투쟁과 새로운 위기

군사정권에 대항하는 투쟁은 1987년 박종철 고문치사사건 이후 가속화되었고 6·10 민주항쟁으로 이어졌다. 1987년 6월, 500만여 명의 시민들이 전국 주요 도시의 도로를 점거하고 시청과 관공서를 공격하고 전경들을 무

장 해제시켰다. 마침내 6월 29일, 집권 여당인 민정당 대표 노태우는 정부
가 1987년 대통령 직접 선거, 정치 활동 및 언론의 자유화, 대학 자율화, 그
리고 민주화 투쟁 기간 연행, 구속된 이들의 석방을 결정했다고 발표했다.
형식적인 6·29조치로 전국적인 민주화 운동은 잠재울 수 있었지만, 1987
년 여름 이어진 노동자들의 투쟁으로 사회경제적 위기는 더 심화되었다.
이 기간 작업장 수준에서 진행되던 일방적인 노사관계의 총체적인 기반은
해체되었다. 1987년 노동자 대투쟁은 한국 최대 중공업 집약 도시인 울산
에서 시작되었다.

7월 중순 이후 한 달 동안 대규모 시위를 벌이며 공장과 시청을 점거한
현대 노동자들이 울산시를 장악했다. 경영진과의 격렬한 투쟁을 통해 현대
기업의 노동자들은 무노조 현대의 30여 년 역사를 끝내고 두 달 만에 노동
자들의 높은 지지 아래 민주 노조를 건설하는 데 성공했다.

노동자 투쟁은 순식간에 한국 전역의 다른 산업 부문으로 확산되었다.
1987년 7월에서 9월 사이의 3개월 동안 총 3,311건의 노동쟁의가 벌어졌
으며 투쟁에 참가한 노동자의 수는 120만 명을 넘어섰다. 1987년 여름 투
쟁에서 노동자들의 주요 구호는 '임금 인상'이었지만 이 대투쟁 동안 노동
자들이 제기한 노사관계 문제는 비인간적인 처우 개선을 포함해 수없이 많
았다(전노협 1997, 162). 노동시간 단축, 복장 및 두발 자유화, 의무적인 아침
체조 근절, 조반장의 독단적인 업무 평가 폐지와 같은 이런 문제들은 중공
업 분야에 두드러지게 나타났던 현장 노동 통제의 속성을 반영하는 것이었
다(Koo 2001, 160). 대부분의 경우, 노동자들은 협상 절차를 거치지 않은 채
단체행동에 들어갔다. 1987년 대투쟁 동안 노동쟁의는 대개 선파업-후협
상의 형태를 취했다. 당시 노동쟁의의 5.9퍼센트만이 '합법적'인 것이었을
정도다(전노협 1997, 164). 수많은 노조가 노동쟁의 과정에서 세워졌고 일반

노조원들이 기존의 어용 노조 지도자를 불신임하는 일도 종종 벌어졌다. 자본의 통제력도, 정부의 권력도 1987년 대투쟁 노동자들의 민주 노조 열망을 저지하지 못했다.

그 여름의 삼성

거대 재벌들과 중소기업들이 이런 어려움에 봉착해 있는 동안 삼성이라고 해서 전국적인 파업의 소용돌이에서 자유로울 수 없었다. 경상남도 창원의 삼성중공업 제2공장 노동자들도 전국적인 노동쟁의에 동참하기 시작했다. 1987년 8월에 접어들면서 조직화를 시작했던 삼성중공업 노동자들은 삼성의 즉각적인 대응에 맞닥뜨리게 되었다. 노조 조직에 관여한 노동자들은 다른 부서나 다른 지역의 삼성 자회사로 전근 조치되었다. 노동자들은 창원 공장 마당에서 이에 저항하기 위한 농성을 조직했다. 그들의 요구는 "민주 노조 결성 방해 중지, 임금 20퍼센트 인상, 인사고과제 폐지"였다(김성환·이정미 2002, 21). 노조 조직을 방해하기 위해 삼성은 색다른 방식을 사용했는데 이는 그 이후로 노조 결성 시도에 대한 삼성의 대응 방식으로 활용되었다.

우선 삼성은 구사대를 조직해서 노조 조직가들과 노동자들을 구타하고 납치했으며, 복수 노조 설립을 금지하는 법을 활용해서 서류상의 노조를 세워 등록했다. 실제로, 창원시 당국은 삼성중공업 노동자들이 제출한 노조 설립 신고서를 거부했는데, "이미 하루 전에 등록된 노조가 있다"는 것이 그 이유였다(김성환·이정미 2002, 22). 노동자들은 공장과 지게차와 같은 작업 도구들을 점거해 구사대에 대응하는 무기로 활용했다. 협상이 시작되면서 노동자들의 요구는 대부분 받아들여졌으나 노동조합 설립 요구는 끝내 타결되지 못했다. 대신 삼성은 노사협의회를 민주화하겠다고 약속했다.

1년 후 삼성중공업 노동자들은 다시 한 번 노조 결성을 시도했다. 경영진은 이번에는 노조 조직가들에 대해 형사소송을 제기했고 이들은 구속 수감되었다. 이렇게 노조 결성의 첫 번째 시도는 실패로 끝났다. 한편 삼성의 심장부인 삼성SDI 노동자들 역시 1987년 여름에 노조 결성을 시도했다. 그러나 결과는 마찬가지였다. 수원 공장에서의 시도 역시 진압되었으며 부산 공장의 열흘간 파업도 노조 결성으로 이어지지 못했다.

삼성중공업 노동자들의 또 다른 시도는 대우조선 노동자들이 파업의 물결을 주도하던 거제도의 조선소에서 일어났다. 1988년 삼성조선소의 1,500여 노동자들은 임금 인상과 노동조합 결성을 요구하며 파업에 들어갔다. 하루 만에 700여 명의 서명을 받은 노동자들은 노조를 등록하기 위해 지방 관청 사무실로 행진했다. 이번에도 노동자들은 노조가 이미 등록되어 있다는 사실을, 그것도 이번에는 그들이 도착하기 겨우 10분 전에 등록되었다는 사실을 알게 되었다. 관할 관청에서 중재를 시도했음에도 삼성은 절대로 노동자들에게 노조를 허락하지 않았다. 노동자들은 다시 조선소 점거 농성에 들어갔고 구사대와 노동자들 사이의 충돌이 반복되면서 수많은 노동자가 부상을 입었다. 마침내 큰 폭의 임금 인상, 심지어 노조가 새로 결성된 인근 대우조선보다 높은 임금 인상 합의가 이뤄졌다. 그러나 창원에서와 마찬가지로 삼성은 노동조합을 인정하지 않았고 대신 노사협의회를 활성화하겠다고 약속했다.

삼성의 무노조 정책은 위력적이었다. 창원, 거제도, 제주도를 비롯한 삼성중공업의 여러 사업장에서 노동자들이 단결해서 노조 결성을 세 번, 네 번, 다섯 번씩 시도했음에도 이 정책은 살아남았다. 서울에서는 노동자들이 민주 노조를 요구하며 한국노총 본부를 점거하기도 했다. 그러나 삼성의 대응은 언제나 마찬가지다. 임금은 인상해 주지만 노조는 안 된다는 것이었다. 삼성은 '집단적' 노사관계가 성립되는 것을 허용하지 않으면서 개별화된 노동자들에게 관대한 보상을 제공하는 데는 적극적이었다. 삼성중공업 노동쟁의 이후, 삼성은 16~19퍼센트의 임금 인상을 제공했다(Song 2006, 19). 삼성중공업의 노조 활동가들은 공장 밖에서 비합법적·미등록 노조를 운영할 수밖에 없었다. 이 노조는 한동안 계속 활동했지만 몇 년 후 국가보안법으로 탄압당하고 말았다.

대기업 노동자들의 거듭된 파업과 연이은 노조 결성 시도는 중공업화를 통해 재벌이 누리던 상대적 우위가 더는 노동자들을 만족시킬 수 없다는 사실을 증명했다. 중공업이 수출과 경제성장의 주요 동력이 됨에 따라 더 강한 협상력을 갖춘 노동자들이 더 많은 경제적 보상뿐만 아니라 자신들의 권리를 민주적으로 표출할 수 있는 정치적 보상을 요구하기 시작했다. 중공업 부문 노동자들의 높아지는 열망으로 말미암아 재벌 사업장 역시 노동운동으로부터 더는 자유로울 수 없었다. 재벌들은 위기에 처한 듯했다. 단순히 다각화되고 독점적 사업에서 추가 이윤을 벌어들이는 재벌이라는 것만으로, 그리고 이 추가 이윤 가운데 일부를 노동자들과 나눈다는 것만으로 무노조 정책을 고수하기란 어려웠다. 국가 역시 무노조 정책을 더는 보장해 줄 수 없었다.

노동자 대투쟁은 한국 자본주의 발전의 토대를 크게 바꾸어 놓았다. 노조와 노조원의 수는 1986년과 1989년 사이 각각 2,658개에서 7,883개로 103만6,000명에서 193만2,000명으로 각각 증가했다(Koo 2000, 231). 1987년 이래로 10년 동안 연간 노동쟁의의 평균 건수는 1987년 이전 10년보다 다섯 배나 늘어 1977~86년 동안 174건이던 노동쟁의는 1987~96년 동안

846건으로 증가했다(Koo 2000, 231). 더욱 중요한 사실은 작업장에서의 노동쟁의가 '현장에서의 힘의 균형에 중대한 변화'가 일어났음을 보여 주었다는 것이다(Koo 2000, 232). 이제 단체 협상은 자본가들이 경영상의 결정을 실행하기 위해서는 반드시 거쳐야만 하는 필수 절차가 되었다. 이 과정에서 노조는 '해고·징계·전근 조치'를 비롯한 '다양한 인사관리 정책에 참여'함으로써 경영진의 의사 결정 과정에 참여하기 시작했다(Jeong 1997, 60). 수많은 노조가 유리한 노동조건뿐만 아니라 전례 없는 임금 인상을 쟁취하는 데 성공하면서, 억압적 노사관계의 사회적 비용 역시 급격히 증가했다.

1987년 여름에 이미 삼성 역시 무노조 정책의 비용이 급격히 증대하는 현실을 피할 수 없었다. 한 가지 차이가 있다면 다른 재벌들이 노동자 대표들과의 협상을 통해 노동자들의 임금과 복지를 향상시켜 주었다면 삼성은 노조와의 협상 없이 이를 시행했다는 것이다. 한국의 전투적 노동조합주의의 성장에서 삼성의 무노조 정책은 아주 특별한 것이었다. 삼성 노동자들이 정치적 권리를 누리지 못하는 대신 때문에 삼성은 무언가 더 나은 조치를 취해야만 했다. 투쟁적인 노조와 권위주의적인 기업 경영진 사이의 투쟁과 협상을 통해 노동자들의 임금이 인상되는 다른 재벌 기업과는 달리 삼성 노동자들은 단체행동 없이도 더 높은 임금을 누리고 있었다. 냉정하게 말해서 그것은 노조 활동가들이 강제 휴업·연행·구속이라는 고통을 겪으면서 가져다준 결과였다.

오늘날 삼성의 전매특허가 된 더 많은 경제적 보상과 사원 복지는 기업에 대한 노동자들의 충성심의 기반이 될 수 있었다. 이를 통해 노동자들은 스스로를 단순한 피고용인이 아니라 회사의 파트너로 바라보는 경향이 있었다. 이는 특정 자본이 자신의 자본주의적 이상을 현실적인 것으로 포장하는 데 도움이 된다. 자본주의적 이상에서는 노동자들과 자본가들 사이의

교환이 평등한 것처럼 여겨지며 자본과 노동력 상품 간의 자유 계약 관계
는 노동력 상품(상품으로 매매되는 노동력)과 화폐 상품을 소유한 서로 다른
두 개인 간의 자유로운 교환인 것처럼 여겨진다.

그러나 실제로는 노동조건, 노동시간, 노동강도와 관련된 결정은 대체
로 경영진에 의해서 일방적으로 이루어진다. 노동자는 여전히 노동자였고
자본가는 여전히 자본가였다. 노동조합의 존재는 고용관계의 이상이 비현
실적인 것이라는 것을 보여 주는 상징이며 노동자와 자본가가 동등한 위치
에 있지 않다는 사실에 대한 인정이다. 그러나 삼성은 이런 비현실적인 이
상에 대한 놀랄 만큼 강력한 믿음을 보여 준다. 이건희는 이렇게 말한다.

삼성이 인정하지 않는 것은 노조가 아니라, 노조의 필요성입니다. 다시 말하면 삼성
은 노조를 필요로 하지 않는 경영을 원칙으로 하고 있습니다. 삼성은 1938년 창업
이래 확고한 경영 이념을 바탕으로 기업 경영의 불모지였던 이 땅에 독자적인 경영
풍토를 만들어 왔고, 그중에서도 특히 공존공영의 원칙을 중시, 이를 노사 간, 회사
와 고객 간의 기본 원칙으로 삼아 왔습니다. 노사관계는 화합과 대화의 장이어야지
갈등과 대립의 관계여서는 안 된다고 생각합니다. 때문에 1960년 4·19혁명 이후,
미국, 일본 등의 노사관계와 노조 없이도 잘 운영되는 사례들을 면밀히 검토해 우리
현실에 맞는 사우회, 노사협의회, 고충처리제도, 경영 현황 발표회 등 각종 제도를
운영해 오고 있습니다(강준만 2005, 293-294에서 재인용).

이런 점에서 삼성의 무노조 정책은 노동자들에게 더 많은 것을 제공하
는 것을 피하기 위해 노조를 파괴하는 단순한 노조 파괴 정책과는 다르다.
삼성의 노동정책은 단순히 노동자들이 자신들의 노동에서 얻는 '어떤 것'을
줄이는 것을 목표로 하지 않는다. 오히려 삼성의 노조 정책은 노동자들이
자신들의 노동에서 자신들의 몫을 '어떻게' 얻는지에 초점을 맞춘다. 다시
말해서, 삼성은 노동자들의 집단적 요구에 대해서는 단 1원도 주지 않는 반

면, 개별 노동자들에게는 수백만 원을 자발적으로 제공할 수 있다는 것이다.

그러나 삼성은 노동조합이 기업의 이상을 강화하는 도구로도 기능할 수 있다는 것은 깨닫지 못한 모양이다. 일본 도요타가 좋은 비교 사례다. 삼성은 1950년대 일본의 노동운동에서 교훈을 얻었다고 한다. 불행히도 삼성은 일본의 노동조합이 경영진과 긴밀하게 협력하기 시작했던 1960년대 이후로는 일본 노동운동에서 전혀 배운 바가 없었다. 따라서 삼성의 노사관계는 경제적 보상과 정치적 보상에 모두 기반을 둔 도요타의 방식보다 질이 떨어진다. 대신 삼성은 노조 없는 기업을 유지하기 위해 주변적 노동인구뿐만 아니라 자신의 심장부의 핵심 노동자들에 대해서도 종종 폭력적인 방식을 동원해야 했다. 이런 거친 방식은 노동자들에게 경제적 보상을 제공하는 것에 기반을 둔 삼성의 신화를 위협해 왔다.

삼성의 무노조 정책으로 말미암아 삼성의 노동자들은 다른 기업의 노동자들과 구분되는 특성을 갖게 되었다. 집단적 노사관계의 형성을 허용하지 않기 위해 삼성은 정교한 내부 노동정책을 개발했는데, 이것은 삼성 노동자들이 다른 회사의 노동자들에 비해 '집단적 우월성'을 느끼면서 삼성 내에서 개별적으로 서로 경쟁하는 독특한 특성을 낳았다. 의도했건 의도하지 않았건 무노조 정책은 지금까지는 효과적이었음이 증명되었는데, 이는 무노조 덕분이 아니라 노사 간 단체 협상의 부재에 대한 보상으로 발전된 노무관리 정책과 그것이 가져온 삼성맨들의 헌신 덕분이었다. 실제로 삼성의 사업이 성공적이지 않았다면 노동자들이 그렇게 많은 월급을 받는 것은 불가능했다. 전국적으로 전투적 노조의 노동자들이 '전사'로 형성되고 있는 동안, 삼성의 노동자들은 그 어느 때보다도 최고의 수출 전사가 되었다.

1987년 이후 노동운동의 성장과 상승하는 노동비용에도 불구하고, 한국은 이른바 '3저' 호황(저유가, 특히 일본 엔화에 비해 낮은 원화 가치, 낮은 국제 금리) 덕분에 예상치 못했던 수출 붐을 맞았다. 덕분에 수출산업에서 엄청난 이윤이 창출되었고, 유례없는 경상수지 흑자를 가져왔다. 이런 수출 붐으로 개별 자본들은 한편으로는 고정자본 투자를 늘릴 수 있었으며 다른 한편으로는 엄청난 임금 인상을 감당할 수 있었다. 무엇보다도 이런 붐을 주도한 것은 삼성에서 현금 조달 역할을 주로 수행했던 전자산업이었다. 1989년 한국의 전자산업은 약 180억 달러 상당을 수출했다. 1990년에 이르면 전자산업은 총 수출의 26.5퍼센트를 차지하게 된다. 1990년에 전자산업 한 분야에 고용된 노동자만 한국의 총 제조업 노동인구의 15퍼센트에 달했다(김성희·박현미 1999, 27).

삼성의 수출드라이브에는 대형 컬러텔레비전용 브라운관과 같은 전자부품뿐만 아니라 삼성이라는 브랜드로 판매되는 와이드 평면 텔레비전, 전자레인지, 냉장고, 세탁기와 같은 다양한 가전제품들도 포함되어 있었다. 이렇게 한국의 전자산업이 미국과 유럽의 가전제품 시장의 시장 점유율을 높여가고 있는 동안, 삼성, LG, 현대와 같은 재벌들은 또한 반도체 산업에서도 영향력을 확대했다. 반도체는 곧 주요 수출 품목이 되었고 그중에서도 삼성의 반도체 산업 진입이 가장 활발했다. 1983년 2월 반도체 사업 확장을 선언한 이후, 삼성은 삼성반도체와 삼성전신을 설립했다. 그리고 이 분야에 진출한 지 겨우 10개월 만에 삼성은 64K 디램 개발에 성공해서 세계를 놀라게 했다. 1984년부터 대량생산을 시작한 삼성의 반도체 사업은 급속하게 성장, 2년 만에 256K 디램을 시장에 내놓았다. 이와 동시에 세계

반도체 시장은 과잉생산과 급격한 단가 하락으로 어려움을 겪었다. 인텔이나 주요 일본 기업을 비롯한 디램DRAM 생산 업체들은 생산량을 줄이거나 이 산업에서 빠져 나갔다. 그러나 삼성은 기술력을 높임으로써 위축되는 시장에 공격적으로 대처했다. 1987년 들어 디램 시장이 안정화되면서, 생산력이 확대된 삼성은 수요를 맞추기 위해 하루 24시간 작업해야만 했다. 비로소 삼성의 반도체 드라이브가 시작된 것이다. 삼성전자(1988년 삼성반도체와 삼성전신 병합)의 디램 생산은 계속 증가해서 1988년에는 세계시장의 전체 메모리칩의 5.6퍼센트를 생산했으며 1993년에 이르면 삼성전자의 세계시장 점유율은 10퍼센트를 넘어섰다(Kim 1996). 1992년 반도체는 자동차·섬유·철강 산업을 모두 제치고 한국의 제1일의 주요 수출품이 되었다.

비록 한국 자본이 이런 호황 덕분에 점점 늘어나는 노동의 사회적 비용을 충당할 수 있었다 할지라도, 한국의 자본 확장은 대부분 생산성을 높이고 고용을 감축하기 위해 새로운 생산수단을 도입하기보다는 흑자의 상당 부분을 생산 시설의 양적 확장에 투자함으로써 얻어진 생산량의 엄청난 증가로 특징지어졌다. 생산의 양적 증가를 위해 공장과 기계에 투자된 비용이 총 투자비의 거의 70퍼센트를 차지했다(이상철·유재헌 1993, 64). 1989년 말, 이런 확장의 한계가 나타났다. 확대된 상품생산 규모를 유지하고 늘어나는 노동 착취의 비용을 충당하기 위해 개별 자본은 성장에 투자할 자본을 끊임없이 필요로 했다. 이렇게 끊임없는 성장을 위해서는 또한 경쟁 시장에서의 끊임없는 판매 성장이 전제되어야 한다. 그러나 1989년 말부터 한국 자본은 임금과 복지 비용의 인상으로 인한 압력의 증가는 물론 세계 시장에서 경쟁의 압박을 받게 되었다. 이는 모두 대형화된 생산을 유지하기 위해 필수적인 수출 성장의 장애물로 작용했다.

이렇게 높아지는 시장의 경쟁 압력은 신흥공업국과 중국의 등장, 그리고 특히 미국과 같은 선진국에서 보호무역주의의 확대로 가속화되었다. 미국은 이 호황 기간에 한국과의 무역에서 엄청난 무역 적자로 고생한 이후 한국을 '불공정 무역국'으로 지목했다(Burkett and Hart-Landsberg 2000, 157). 신흥공업국들의 도전은 전자산업을 비롯해 한국의 수출산업을 압박했다. 일본 전자산업 역시 저비용 국가들, 특히 동남아시아의 국가들에 투자하기 시작하면서 곧 가격 경쟁력을 회복했다. 게다가 유럽과 미국의 보호무역주의가 강화되면서 국산 컬러텔레비전용 브라운관, 텔레비전, VCR, 전자레인지 등이 덤핑 방지 관세, 쿼터 제한, 수출 자율 규제 대상으로 규정되는 등 한국의 전자 제품 수출이 위협받았다(Lee 1993).

　결국 경상수지 계정은 1990년 적자로 돌아서 1991년에는 83억1,700만 달러의 적자를 기록했다. 지난 수십 년간 최악의 적자였다. 1992년에서 1993년 사이의 단기적인 후퇴 이후 한국의 기업들은 1993년부터 공격적인 투자에 나섰다. 1980년대 중반의 호황과 그 직후, 기업들은 그동안 확대된 전통 산업에서의 대량생산을 유지하고 반도체 등과 같은 새로운 산업에 진출하기 위해 자본 투자를 늘렸는데, 이는 호황 기간에 누렸던 엄청난 흑자를 기반으로 한 것이었다. 그러나 1993년 이후 한국 자본의 더욱 공격적인 투자(1994년 56.2퍼센트 그리고 1995년 43.5퍼센트로 총 투자액 증가)는 주로 해외 민간 차관에 기반을 둔 엄청난 신용 대출의 확대를 통해서 이루어진 것이었다. 민간 대출은 거대 기업이 강력한 영향력을 행사하는 다양한 금융기관들을 통해 이루어졌으며 이 기간 동안 대출은 78.6퍼센트 늘어났다. 삼성 역시 예외일 수 없었다. 이때 삼성의 부채 비율은 400퍼센트를 넘었다.

4. 삼성의 세계화와 노동의 시장화

새로운 삼성과 인적 자원 관리

심각한 위기의 전주곡처럼 여겨지는 이 기간 동안, 삼성은 반도체 사업에서 여전히 성장세를 누리고 있었다. 하지만 삼성은 '다가오는' 위기를 강조하면서 총체적인 그룹 구조조정에 착수했다. 이건희는 "아내와 아이들만 빼고 모두 바꾼다"며 '양적' 확장보다 '질적' 확장을 강조하는 '신경영'을 선포했다. 삼성은 새로운 성장 국면에 접어들었다. 이를 통해 삼성은 발군의 한국 재벌이 된 것은 말할 것도 없고 발군의 초국적기업TNC으로 변신했다. 먼저 삼성전자가 상품 다양화와 상품 간 인터페이스 극대화에 착수했다. 삼성전자는 이제 서로 다른 '사업 부문'으로 개편되었다. 1990년대 초, 삼성은 전통적인 가전제품과 반도체 생산 분야에 무선통신과 LCD-TFT(박막 트랜지스터 액정 표시 장치) 사업 분야를 추가했다. 1994년 삼성은 '애니콜' 개발에 성공했고 곧 모토로라의 한국 시장 점유율을 추월했다. 1997년부터 미국과 유럽 휴대폰 시장의 주요 국제 브랜드에 도전장을 내밀었고, 2000년대 초반에는 세계 휴대폰 시장에서 제3위의 대기업이 되었다. 이어서 CDMA 이동통신 분야에서의 성공은 통신사업을 삼성의 또 다른 효자 사업으로 만들어 주었다. 사업 구조조정과 더불어, 삼성은 또한 노무관리 시스템을 개혁하기 시작해 종신고용과 연공서열 기준 임금체계에 기반을 둔 전형적인 재벌의 인사관리 방식에서 각 부문별·개인별·성과별 내부 경쟁에 더 큰 비중을 두는 체계, 즉 좀 더 시장 지향적인 인적 자원 관리 체계로 전환했다.

삼성은 노동자들이 회사에 더 '헌신'하도록 장려하고 집단적 노사관계보다 개별화된 노사관계를 장려하는 시장 중심의 노무관리 체계를 도입한 선두 기업이다(이승협 2006, 74). 삼성은 1992년에 '생산성 격려금'Productive Incentive 을 도입했다. 이전까지의 임금체계는 근속연수에 따라 고정된 월급에 기초한 것이었다. 생산성 격려금의 도입으로 성과급 비중이 급격하게 높아졌고 이는 자회사 간, 사업 분야 간, 팀 간, 그리고 개인들 간의 경쟁을 불러왔다. 생산성 격려금은 정교한 평가 체계를 기반으로 했는데 개인의 성과는 첫째 각 자회사, 둘째 사업 분야, 셋째 각 분야 내 개별 팀의 성취도를 기준으로 계산했다. 각 범주별로 A부터 C까지 성적이 매겨졌다. 즉, 삼성 노동자들에게는 27개의 서로 다른 등급이 적용되었다(한국경제신문 특별취재팀 2002, 115). 임금에서 생산성 격려금의 비중이 점점 높아지면서 삼성에서 근무한다고 해서 자동적으로 다른 경쟁사의 노동자들보다 더 많은 임금을 받게 되는 것은 아니다. 그러나 높은 평가 점수를 받는다면, 생산성 격려금으로 인해 그 사람은 고액의 연봉자가 될 수 있다.

포인트제 도입으로 승진 제도 역시 달라졌다. 이제 근속연수에 따라서만 승진이 결정되는 것이 아니라 누적 평가 점수도 기준이 되었다. 결과적으로 삼성의 자회사 간, 다시 서로 다른 사업 분야 간(예를 들어 삼성전자 내의 반도체 사업부와 가전제품 사업부 간), 그리고 동일 사업부 내 팀 간 경쟁이 심해졌다. 최상의 사내 복지 제공으로 자신의 업무에 대한 노동자들의 헌신 역시 격려되었다. 삼성은 1990년대 중반 '삼성의료보험'을 도입했는데, 이를 통해 삼성 노동자들과 배우자는 무상 의료 서비스를 받을 수 있었다. 여기에 삼성은 7년 이상 근무한 삼성 노동자들의 자녀에게 보육원부터 대학까지 교육비 일체를 지원하기 시작했다(최인희 2006, 29). 또 '자기 개발 수당'도 도입되었는데 대부분의 노동자는 삼성의 피고용인으로서 자신의 가치를 높이기 위해 이를 사용했다.[7] 생산직 육체노동자들의 여가와 피로회복을 위한 시설도 획기적으로 개선되어 공장 내에 휴게실과 체력 단련실을 갖춰 놓았다.

차별화된 경제적 보상과 사내 복지가 삼성 노동자들을 유혹했지만, 그
중에서도 궁극적으로 각 노동자를 회사에 대한 헤아릴 수 없는 충성과 자
부심을 가진 '삼성맨'이라 불리는 '새로운' 인간으로 길러 낸 것은 삼성의 체
계적인 교육 시스템이었다. 삼성의 교육 시스템은 재벌들 사이에서도 최고
라고 정평이 나 있는데 신입 사원들이 '삼성의 가치'에 대해 배우는 한 달간
의 입사 교육 외에도 동료 간의 팀 정신을 고무하기 위해 진행되는 정기적
인 단체 연수가 있다. 육체노동자들은 삼성의 기업 정신 교육을 비롯해 열
흘간의 교육을 받는다. 이른바 '삼성 가치 공유 프로그램' 기간 동안, 삼성
사원들은 세상을 바라보는 특별한 관점, 즉 삼성 대 외부 세계라는 관점에
익숙해지게 된다. 집중 교육은 사원들이 '삼성'이라는 브랜드와 자신을 동
일시하는 데 중요한 역할을 한다. 어떤 삼성 사원들은 이런 관점에 지나치
게 몰입해서 어느 누구에게든, 심지어 가족이나 친구에게도 삼성에 대한
불만을 토로해서는 안 된다고 생각하기도 한다. 1990년대 중반에 이르러서
는 근면하고, 충성스럽고, 복종적이고, 일에서는 공격적이며 노력한 만큼
고임금을 누리는, 무엇보다도 초능력자에 가까운 '삼성맨' 이미지가 공고히
만들어졌다. 여기에 무노조 정책은 교육의 필수 요소 가운데 하나로, 삼성
에 노조가 없기 때문에 복지, 더 나은 근로조건, 그리고 회사의 번영이 가능
하다고 강조한다.

---

7 대부분의 경우, 일이 끝난 후 여가 시간은 영어 등 새로운 기술을 배워 자신을 상품화시키는 또
   다른 업무가 되어 버렸다.

아시아의 세계화와 삼성의 세계화

　　노동의 사회적 비용이 점차 증가하고 동남아시아 국가들과 중국과 같은 신흥 경제의 경쟁 압박으로 한국의 기업들은 자본을 이동시키기 위해 국경을 넘어서려 했다. 이에 따라 한국 자본의 해외투자가 국내의 외국인 직접투자를 추월했고 1990년대 중반에는 주로 다른 아시아 지역에서 엄청나게 증가하기 시작했다. 그 결과 아시아 국가에 대한 한국의 해외투자는 1994년에서 1996년 사이 거의 두 배로 증가, 1996년에는 누적액으로 62억 달러에 달했다(Kim, E M 2000, 113). 1996년 한 해에만 아시아에 1,080건, 18억 달러가 투자되었다.

　　삼성의 세계화는 포르투갈에 제조 자회사를 설립한 1982년으로 거슬러 올라간다. 삼성은 미국(1984년), 영국(1987년) 등 선진국에도 생산 시설을 세웠다. 대형 시장을 위해 쿼터제나 덤핑 금지 관세와 같은 수입 규제를 피하기 위한 시도였다. 그러나 대형 시장을 겨냥한 삼성의 초기 투자는 그다지 성공적이지 못했다. 한 예로, 미국 현지 컬러텔레비전 공장은 저가 텔레비전을 생산하기에는 상대적으로 높은 비용과 제한적인 현지 부품 제조 업체 장벽을 극복하지 못하고 멕시코로 이전해야만 했다. 삼성이 아시아 개발도상국들에 직접투자를 시작한 것은 일본 기업들이 동남아시아 국가들에 생산 설비를 이전함으로써 경쟁력을 회복한 것을 목격하고 난 이후였다. 일본 기업들이 1985년 이래 한국 전자산업 수출의 빠른 성장을 가능케 한 엔고 현상을 극복하기 위해 아시아 개발도상국들에서 상품을 생산하기 시작하면서 이들 신흥 개발도상국들의 생산력이 확대되기 시작했고 이들 국가, 특히 말레이시아에서 전자산업은 곧 주요 외화 획득 산업이 되었다. 신흥 공업국들의 급속한 성장에 압박을 받는 한국의 전자산업 제조 업체들도 일

<table>
<tr><td colspan="11">표 1-1 | 한국의 해외직접투자액과 누적 규모</td></tr>
<tr><td colspan="11" align="right">단위: 100만 달러</td></tr>
</table>

연도	1980	1985	1990	1992	1994	1996	1998	2000	2002	2004
투자액	26	591	1,052	1,162	2,461	4,670	4,740	4,999	2,617	4,792
누적액	127	461	2,301	4,425	7,471	13,828	20,293	26,833	31,102	39,319

출처: UNCTAD.

본 기업의 선례를 따랐다. 전자산업에 대한 직접투자는 1988년부터 서서히 증가하기 시작했다. 1991~95년 동안 373건의 투자(각 건당 평균 399만3,000 달러의 자본 투자)가 이루어졌다(서동혁 외 2004, 76). 투자는 대부분 아시아 지역에 이루어졌다. 1993년에 이르면 한국의 전자제품 제조 업체들은 전 세계 총 83개의 자회사 가운데 56개의 자회사를 아시아에 두고 있었다(이홍구 1993, 11). 1990년대 중후반에는 중국이 주요 투자 대상이 되었는데 1996년에서 2000년 사이 아세안 국가들에 대한 투자 총액 4억8,114만7,000달러의 거의 두 배인 8억468만 달러가 중국에 투자되었다.[8]

한국의 전자산업 분야 투자가 동남아시아와 중국에 집중된 이유는 이 국가들이 한국의 전자제품 제조 업체들에 너무나도 유리한 조건을 제공했기 때문이었다. 1980년대 초와 중반에 걸쳐 이들 후발 주자들은 수입대체 산업 전략에서 수출주도 산업 전략으로 전환했다. 1980년대에 이르자 국제 금융 흐름이 '민영화'되면서 공식 차관과 정부 보증 은행 차관을 기반으로

---

8 한국수출입은행 웹사이트 2006년 데이터베이스.

하는 성장 계획은 점점 더 실현 불가능한 것이 되어 갔다. 대부분의 동남아시아 국가는 금융 자원의 부족과 국제수지 균형의 압박을 받기 시작했다. 게다가 이들 국가의 독재 정권은 자신들의 정당성을 확보하기 위해 급속한 성장이 필요했다. 경제성장을 위한 필사적인 노력의 일환으로 이들 국가는 외국 투자자들에게 국내시장 및 산업을 폭넓게 개방하기 시작했다. 초국적 기업들의 아시아 개발도상국 진출은 관세 장벽과 기타 무역 규제들에 대한 개방 압력을 증가시켜, 투자시장의 개방을 더욱 촉진했다.

말레이시아 경제는 1980년대 중반부터 석유·주석·고무·코코아·팜유를 비롯한 주요 수출 상품의 가격이 급속하게 하락하면서 심각한 도전에 직면하게 되었다(Jomo and Gomez 1997, 77). 말레이시아 정부가 선택한 긴급 대처 방안은 대대적인 민영화였다. 이는 이후 1991년에 민영화종합계획으로 구체화되었다. 한편으로 말레이시아 정부는 투자촉진법(1986년)을 통해 외국 투자 자본에 일정 기간 면세를 허용하고, 수출지향 투자에 대해서는 개척자 지위pioneer status를 제공함으로써 해외 자본의 직접투자에 기반을 둔 성장 전략을 추진했다. 이에 덧붙여 말레이시아는 1990년 수출가공지역을 두어 '단체 협상 5년간 동결'을 비롯해 고용주의 이해관계를 보호해 주는 산업관계법의 든든한 지원 아래 투자자들이 모든 규제·관세·의무에서 부분적으로 혹은 완전히 면제를 받을 수 있도록 했다. 태국에서는 농업 상품의 가격 하락, 높은 환율, 국제수지 문제 때문에 1980년대 중반 투자청에서 직접투자 촉진 계획을 추진해 환율에 대한 평가절하를 시행하고 수출산업에 세금 면제와 관세 인하 특혜를 제공했다. 태국은 주로 외화를 벌어들임으로써 국가 경제를 부양할 수 있는 전자산업이나 의류산업과 같은 수출 분야를 주요 대상으로 했다. 태국 정부는 이어서 외국기업의 토지 소유를 허용하고 완전 면세와 리베이트를 제공하는 등 수출 분야에 대한 직접투자

우호 정책을 도입했다. 여기에 1990년대 초 금리 및 외환 거래 자유화 조치도 외국인 투자를 유도했다. 인도네시아의 경우에는 무엇보다도 원유가 하락 때문에 수출주도 산업화로 전환하게 되었다. 1980년대 중반 인도네시아 루피아화는 큰 폭으로 평가절하되어 1986년에는 45퍼센트까지 평가절하되었다. 무역과 투자 부문에서 단행된 대규모의 규제 철폐와 함께 수출 장려 정책이 추진되었는데, 수출 부문에 대한 외국인 투자 자유화와 주요 수출업자들에 대한 무관세 수입 특혜 등의 조치가 이루어졌다.

중국의 경우 직접투자에 기반을 둔 성장은 전자 부품 생산 회사와 같은 노동 집약 산업과 소규모 자본 집약 산업에 의해 시작되었다. 지금도 중국에 대한 외국인 직접투자의 대부분이 이 분야에서 이루어지고 있다. 수출 지향 노동 집약 산업의 재배치는 첫째, 저렴한 노동력, 둘째, 기업의 소득과 각종 활동에 부과되는 세금과 노동자들을 위한 건강보험, 연금, 산재보험 등의 형태로 들어가는 노동의 사회적 비용이 적을 것, 셋째, 외국의 생산자본이 개발도상국에 자유롭게 진출할 수 있는 투자에 대한 탈규제와 유인, 넷째, 원자재 수입과 완성품 수출 비용이 크지 않도록 해주는 무역 규제 철폐, 다섯째, 국제시장에의 쉬운 접근성을 필요조건으로 한다. 사실 이런 조건들은 전혀 새로운 것이 아니다. 이것들은 모두 제2세대 아시아 개발도상국들의 직접투자에 기반을 둔 수출 지향 성장 정책 패키지 안에 포함되어 있다. 한국을 비롯한 아시아 제1세대 개발도상국들의 제조업 자본이 중국에 쇄도하게 된 것도 중국의 자본주의 성장이 이들 아시아 초국적기업에 제공할 수 있었던 특별한 혜택과 관련이 있다. 무엇보다도 중국 인구의 막대한 소비력은 중국에서 활동하는 외국인 기업들이 과거 한 번도 접해 보지 못했던 최대의 국내시장을 열어 주었다. 이 경우 규모가 매우 중요하다. 노동자계급의 수입은 얼마 되지 않지만, 중국의 전체 소비력은 수많은 다른 여느 나라들의 소비력을 훨씬 뛰어넘는다. 비록 노동자들은 주요 초국적기업의 상품을 살 여력이 되지 않더라도, 전문직과 '중간계급'은 절대적으로 엄청난 시장을 제공한다. 이들 계층이 중국 인구에서 차지하는 비율은 낮지만 그럼에도 그 수는 유럽의 웬만한 크기의 국가 인구보다 훨씬 많다.

게다가 '공산주의적' 사회공학social engineering을 통해 '수출 전사'의 형성 과정을 사회적으로 통제한 점에 대해서도 주목할 필요가 있다. 수출주도 산업화로 전환한 국가들이 대부분 유사한 과정을 거치기는 했지만 중국은 다른 국가들보다 훨씬 효과적으로, 수천 배나 더 큰 규모로, 그리고 신자유주의적 시장화라는 세계화적 자본축적의 경향에 맞춰 시의적절하게 이 일을 수행했다. 1980년대 후반과 1990년대 초반 자본 이동의 급격한 증가는 개별 자본이 한 장소에서 다른 장소로 이동해 그 장소에 '정착'한다는 것을 의미하지 않았다. 거꾸로 이는 이들 자본이 최대의 유동성을 확보함으로써 '언제 어디로든' 이동할 준비가 되어 있다는 것을 의미했다. 고용주들이 자본을 재배치할 수 있다는 위협을 일상적으로 노동자들에게 가함에 따라, '투자신인도'investor confidence가 헌법이나 국내법보다 우선시되었다. 1980년대 말에서 1990년대 초에 걸쳐 이런 시장 규범이 굳건하게 만들어졌다. 이제 자본은 말 그대로 자유롭게 이동할 수 있으며 이런 이동성의 논리를 시장에 부과하기 위해서 실제로 자본은 끊임없이 움직여야만 한다. 중국이 특정 경제 체제로부터의 전환을 가속화해 전 세계 자본에 거대한 투자처를 제공했던 것은 바로 이런 맥락에서였다. 전 지구적 자본 이동의 새로운 발전 양상은 그 이행의 크기와 속도에서 전례가 없었던 중국의 급격한 전환과 동시에 일어났다.

이 전환 과정은 문화대혁명의 참혹한 파괴 이후 중국 공산주의가 맞닥뜨렸던 생산력 침체 문제를 해결하기 위한 중국공산당의 필사적인 노력으로 시작되었다. 문화대혁명은 사회주의의 이상이 현실의 조롱거리가 되어 버린 사건이었다. 도시 실업자가 증가하면서 사회가 불안해졌다. 이런 문제를 극복하기 위해 당과 국가는 '사회주의' 경제를 유지하는 가운데 부분적으로 시장화된 생산관리 정책을 도입했다. '중국 사회주의의 견지'라는 수사에도 불구하고, 일단 이 과정이 시작되자, 부분적 시장화라는 초기 전략은 중국을 완전히 자본주의 경제로 전환하는 좀 더 체계적인 전략으로 발전했다. '계약 경영제'를 통해 국유 기업의 소유와 관리가 분리됨으로써 국가와 기업의 관계도 변화하기 시작했다. 국가의 지시에 의해 생산이 이루어졌던 국유 기업은 이제 자체 계획을 수립할 수 있게 되었고 인사관리와 이윤 배당에서 자율권을 갖게 되었다. 국유 기업과 국가의 관계가 자본과 국가 관계로 바뀐 것이다. 이들은 민간은행 대출도 받을 수 있게 되었다. 국가는 국유 기업을 직접 관리하는 대신 정부가 관리하는 민간은행을 통해 국유 기업을 관리하려 했다. 국유 기업이 '자본주의'화되어 가면서 1987년 제13차 당대회 이후에는 민간기업이 장려되었다. 국가는 국유 기업의 사유화를 더욱 밀어붙였다. 1995년 말에 이르면 국유 기업과 도시지역 집체 기업[공공기업]에 고용된 노동자는 1980년에 비해 20퍼센트 이상 감소해 제조업 분야 총 노동인구의 절반도 채 되지 않았다. '조대방소'抓大放小(큰 것은 거머쥐고 작은 것은 방임한다는 정책으로, 대기업은 확실히 장악하고 소기업은 자유화한다는 의미) 정책 이후에는 더욱 전면적인 민영화가 이어졌다. 이제는 모든 소기업, 그리고 상당수 중간 규모의 기업들이 국내 투자자, 때로는 외국인 투자자에게 주식을 판매함으로써 어떤 형태로든 사유화의 대상이 되었다 (Hart-lansberg and Burkett 2004, 46-47).

한편 전통적인 노동자와 기업의 관계도 자본주의적인 노동과 자본 관계로 바뀌고 있었다. 1980년 상하이에서는 새로 채용된 국유 기업 노동자들에게 자본주의와 유사한 '노동계약 체계'를 도입했으며, 1986년에는 이를 국유 기업의 모든 신규 노동자에게 확대 적용했다. 1990년에 이르자 계약 체결 노동자가 1,700만 명에 이르렀다. 1995년 제정된 첫 번째 노동법에서는 마침내 계약고용이 제1순위 고용 형태로 등장했다. 이제 고용주는 노동 조건을 설정하고, 더 중요하게는 자기 뜻에 따라 고용 관계를 종식시킬 수 있는 자본가와 다를 바 없어졌다.

당연히 '과잉 고용된' 국유 기업은 군살 빼기 작업을 시작했다. 군살 빼기는 대부분 국유 기업의 이른바 잉여노동자들을 정리해고하는 방식으로 진행됐다. 1997년부터 이는 공식적으로 샤강下崗이라 불렀다(Zhang 2003).[9] 2002년 말까지 샤강 프로젝트로 2,700만 노동자들이 해고당했다(Zhang 2002). 구조조정 이후, 2001년까지 국유 기업들은 제조업 분야에서 총 노동인구의 겨우 14.8퍼센트만을 고용했다. 1980년에 국유 기업이 고용에 기여했던 정도와 비교하면 겨우 3분의 1밖에 되지 않았다. 더 심각한 것은 도시 지역의 집체 기업의 고용 현황으로 1980년 제조업 노동자의 약 23퍼센트를 고용했던 이들이 2001년에는 제조업 분야 고용의 약 5퍼센트밖에 고용하지 않았다(Chinese Bureau of National Statistics 2002).

한편 중국 내 이주 노동자들 — 젊은 사람들, 특히 여성 — 이 산업 도시로 몰려들기 시작했는데 이는 인구의 지리적 이동을 규제했던 중국 가구

---

9 이론적으로 샤강 지위의 노동자들은 여전히 기업에 고용된 상태로 기본 수당과 의료 수당을 받으며 국가의 훈련 센터에서 3년간의 재취업 훈련을 받을 수 있다. 샤강 지위는 3년 동안으로 이 기간 내에 일자리를 찾지 못한 노동자들은 공식적으로 실업으로 분류된다. 그러나 이론과는 달리, 대다수 샤강 노동자들은 이런 보호를 받지 못한다. 회사가 이런 권리를 종종 묵살하고 비용을 대주어야 할 지방정부에는 이를 위한 예산이 없는 경우가 많기 때문이다. 때문에 대부분은 비정규직으로 끝나게 된다.

등록 시스템인 호구제戶口制가 1984년 이후 완화되면서부터였다. 이주 노동
자들은 도시 노동자들에 비해 훨씬 열악한 생활환경으로 고통받던 시골 사
람들이었다. 호구제의 완화로 이런 국내 이주민들이 거대 산업도시에서 일
할 수 있게 되었지만, 그렇다고 이들에게 영주권이나 그 도시의 사회적 혜
택을 누릴 수 있는 권리가 주어진 것은 아니었다. 따라서 그들은 심각한 착
취에 노출될 수밖에 없었다. 더 심각한 것은 도시지역과 시골 지역 생활수
준의 차이가 그 어느 때보다 컸기 때문에 도시로 이주하고자 하는 노동자
들이 수백만 명이나 된다는 것이다. 이런 이주 노동자들은 2004년에 9,400
만 명 정도로 추산됐다(China Labour Bulletin 2004). 이는 신규 투자에 우호
적인 환경을 제공했다. 이들 이주 노동자의 대규모 유입은 규제되지 않은
자본과 보호받지 못하는 이동을 결합시키는 역할을 했다. 1990년대 내내
중국의 노동력은 거의 완전히 상품화되어서 민간기업들에 매우 저렴하고
마음대로 고용하고 해고할 수 있는 자본주의적 노동자를 제공했다.

이 과정에서 자본주의 성장의 불평등한 성격에 항의하는 노동자들의 저
항이 벌어졌지만 정부의 철저한 탄압으로 큰 주목을 받지는 못했다.[10] 자본
주의적 사회관계 성장의 초기에 나타나는 이런 특성은 중국의 당국가가 외
국자본을 적극적으로 끌어들여야 할 필요 때문이었다. 외국자본 도입의 전
과정은 당국가가 주도했는데, 이 과정에서 당국가는 아래로부터의 정치적
압력을 적극적으로 완화하려 했다. 이들은 수출가공지역을 개발하고 외국
인 투자자를 위한 여러 가지 혜택을 고안해 내기 시작했다. 외국자본을 유
인하기 위한 20여 년간의 시도 끝에 중국은 전 국토를 다양한 유형의 2,000

---

10 중국노동조합총연맹은 노동자 보호에 주도적인 역할을 하기는커녕 별다른 역할을 하지 못했
   다. 연맹은 노동자들을 대변하기보다는 정부의 구조조정 프로그램을 승인했다.

연도	1989	1990	1991	1992	1993	1994	1995
태국	컬러텔레비전 (51% 합작)				VCR 튜너, 가전제품 부품(100%)		세탁기 생산 및 판매
인도네시아		냉장고 (50% 합작)	VCR, 오디오 (80% 합작)				컬러텔레비전 생산 및 판매
말레이시아			전자레인지 (100%)		브라운관용 유리(합작)		모니터 (100%)
싱가포르			해외 조달				지역 본사
중국				오디오 부품, 키보드, VCR 부품	VCR(50% 합작), VCR 부품(80% 합작)	튜너, VCR 헤드, 모터 교환기	컬러텔레비전 (50% 합작) 전자제품 (50% 합작)
베트남							컬러텔레비전 (100%)
인도							컬러텔레비전 (51% 합작)

출처: 서동혁 외(2004, 165).

개 이상 수출가공지역으로 바꾸어 놓았다. 이곳에서 외국자본은 세금 우대, 관세 감면과 같은 다양한 특권을 누릴 수 있었다.[11] 중국 내부 이주 노동자들이 신흥산업지역으로 몰려들었고, 이들 수출가공지역에서 이 이주 노동자들을 고용한 것은 대부분 아시아 다른 국가들에서 온 자본들이었다.

1990년대 초 태국, 말레이시아, 인도네시아, 중국과 같은 아시아 개발도상국들은 대부분 성장의 주요 자금원으로서 직접투자에 의존했고 투자자들에게 최대의 우대 조건을 제공했다. 이는 삼성을 비롯한 한국 전자제품

---

11 세계무역기구(WTO)에 가입한 후 중국 정부는 외국인 투자 규제를 더욱 완화해서 장려 산업 분야는 186개에서 262개로 늘어났고 제한 분야는 112개에서 75개로 감소했다.

제조 업체들에게도 하나의 기회였다. 수출시장과 내수시장을 동시에 공략하는 태국의 컬러텔레비전 생산 공장을 시작으로 삼성은 1990년대 초반, 아시아 개발도상국들로 적극적으로 이동했다. 삼성은 인도네시아, 말레이시아, 싱가포르, 중국, 베트남, 인도를 삼성의 글로벌 네트워크로 통합시켰다.

이렇게 함으로써, 삼성은 더 저렴한 상품을 생산할 수 있었고 세계시장에서 가격 경쟁력을 강화할 수 있었다. 이는 또한 삼성이 이미 그 지역에 생산 공장을 이전한 일본 기업들에 자사 생산품을 효율적으로 공급할 수 있도록 해주었다. 1990년대 중반 삼성은 삼성전자, 삼성SDI, 삼성코닝, 삼성전기와 같은 전자 계열사들을 통합함으로써 말레이시아와 중국에 수직적으로 통합된 산업구조를 구축하는 데 성공했다. 말레이시아의 살렘방, 중국의 톈진, 멕시코의 티후아나, 영국의 벨링엄, 브라질의 마나우스 등 주요 투자 대상국에 복합 산업 단지를 세움으로써 이런 수직적 통합이 완성되었다. 삼성의 계열사들이 이들 지역으로 이전하면서 트랜지스터, 스피커, 튜너, 컬러수상관 등 삼성에 부품을 공급하는 중소 규모 제조 업체들 역시 삼성의 뒤를 따라감으로써 수직 통합이 최종적으로 완성되었다. 삼성의 전자 계열사들과 부품 업체의 이런 통합적이고 집중적인 투자로 삼성은 해당 국가의 중앙정부 및 지방정부를 대상으로 더욱 강력한 협상력을 행사할 수 있었고, 이를 통해 더 많은 타협과 인센티브를 얻어 낼 수 있었다. 오늘날 아시아의 모든 계열사들은 1995년 싱가포르에 설립된 물류센터를 통해서 '네트워크화'되어 있다. 이런 네트워크를 통해, 예컨대 태국 공장에서 생산된 부품이 중국의 텔레비전 조립 공장에 적시에 운송될 수 있다. 삼성은 또한 1995년에 싱가포르·미국·중국·유럽에 지역 본사를 개설해 지역 내 네트워크를 강화했다. 이런 생산 시설 확장과 함께 삼성은 선진국의 하이테크 산업에 투자함으로써 새로운 기술도 적극적으로 획득했다. 1993년에 삼성은 디지털 프로세스 칩 기술을 획득하기 위해 미국의 어레이 마이크로시스템즈Array Microsystems의 지분 20퍼센트를 사들였다. 1994년에는 미국의 인티그레이티드 텔레콤 테크놀로지Integrated Telecom Technology, 일본의 룩스LUX(오디오 테크놀로지), 그리고 미국의 콘트롤 오토메이션Control Automation의 지분을 각각 100퍼센트, 51퍼센트, 그리고 51퍼센트 확보함으로써 지배권을 획득했다. 이듬해에는 미국의 해리스 마이크로웨이브 반도체Harris Microwave Semiconductor를 손에 넣었다(Seo et al. 161). 삼성은 하이테크 위주의 성장뿐만 아니라 세계적 네트워크 구축에서도 훌쩍 도약했던 것이다. 그러나 한국 초국적기업의 화려한 성장과는 달리, 이 시기 한국 경제는 별로 좋지 않았다. 국내적으로는 물가 인상과 대외적으로 점점 심해지는 경쟁 압박으로 말미암아 신용 대출이 엄청나게 늘어났고 자본가들은 계속해서 투기적으로 자본을 투자했다. 부채에 기반을 둔 확장의 문제점들이 드디어 폭발하기 시작한 것은 1996년이었다.

한국 경제 내부 모순의 심화

재벌의 신경영 전략이 노사관계 개별화에 집중하고 있는 동안 새로 결성된 노조에 대한 더욱 가혹하고 직접적인 공격 역시 계속되었다. 노동조합의 확장을 저지하기 위해 대기업들에서는 '무노동무임금'이 노무관리의 주요 원칙이 되었다. 사용자들은 종종 단체교섭을 거부했고 노동쟁의 기간에 대체 근로를 활용했다. 그러나 기업들은 노조의 존재를 더는 무시할 수 없었다. 오히려 그들은 협조적인 노동자들을 금전적·조직적으로 지원함으로써 이들이 노조의 지도부를 장악하도록 조장했다. 따라서 이들 협조적인 노동자들은 특권을 누릴 수 있었고, 이를 통해 반노조 활동을 조직할 수 있었다. 한편 민주 노조 지도자들은 감시와 징계에 시달렸다.

1987~88년의 격동의 시기 이후 국가는 노동운동에 더욱 공격적으로 대처하기 시작했다. 한편으로 국가 안보를 빌미로 노동운동가들을 탄압했다. 1987년 이후의 진전된 상황을 반영한 새로운 노동법을 제정하기 위해 1989년 여소야대 국회에서 발의된 법안에 거부권을 행사하기도 했다. 그 덕분에 제3자 개입 금지, 노조의 정치활동 금지, 공무원의 노조 결성 금지 등 한국 노동법의 악명 높은 조항들이 그대로 유지되었다. 3당 합당으로 거대 보수정당인 민주자유당(약칭 민자당)이 탄생하면서 여소야대 정국도 종결되었고 보수 강경의 움직임이 강화되었다.

그러나 어떤 경우든 1987년 이전의 노사관계로 돌아간다는 것은 불가능한 일이었다. 노동자들에 대한 권위주의적 통제는 오히려 민주 노조의 전투성을 고양시켰으며, 이를 통해 민주 노조는 지역적·전국적 연대를 형성·발전시키게 되었다. 1989년 말에 이르면 민주 노조 진영에는 25만여 노동자들을 포괄하는 총 11개의 지역노조협의회가 조직되었다(전국노동조합협의회 1997, 347-386). 동시에 보건·미디어·은행·학교·공익사업·시설관리·출판·대학 노동자들도 13개의 업종별 협의회를 결성해 17만3,000여 구성원을 포괄했다(Yu 2001, 174). 1990년 1월, 14개 지역별 노동조합협의회와 2개의 업종별 협의회(출판, 시설관리)가 마침내 전국노동조합협의회(약칭 전노협)를 결성했다. 전노협이 중소기업의 민주 노조 운동 성장의 상징이었다면, 재벌 대기업 노동자들은 현대그룹노동조합총연맹이나 대기업노조협의회와 같은 통합 노조를 결성했다. 또한 비제조업 분야 직업별 협의회들은 전국업종회의를 조직했다. 이 기간 동안 노동쟁의는 감소했지만 전투적 노조의 투쟁은 개별 자본가들이 새로 도입한 인사관리 전략에 따라 노동자들을 재조직화하는 것을 점점 더 어렵게 했다. 1994년 정부의 강압적인 통제에도 불구하고, 전노협과 업종회의 그리고 재벌 대기업 노조들이 통합해 마침내 민주 노조 연합체인 전국민주노동조합총연맹(약칭 민주노총)을 결성하는 데 성공했다. 한국 노동운동 역사상 처음으로 민주 노조가 민주노총이라는 단일 리더십 아래 마침내 단합된 것이었다.

그 결과 1994~96년 동안 실질임금은 연간 6.4퍼센트 인상되었다. 노동시장의 유연화 정책은 커다란 성과를 거두지 못하고 있었다. 자본가들이 고용 구조를 재편하기 위해 정리해고나 기타 유연화 조치들을 이미 암암리에 활용하기 시작했음에도 불구하고 개별 자본이 조직화된 노동자들에게 공식적으로 고강도의 유연성을 강제하기란 쉽지 않았다. 1996년 12월, 마침내 정부는 노조에 대한 규제와 노동시장의 유연성을 강화하는 새로운 노동법을 통과시킴으로써 노조를 무력화하기 위한 필사적인 노력을 기울였다. 그러나 이런 정부의 조치는 1948년 이래 최초로 통합적 계획과 지도 아래 진행된 전국적 규모의 총파업을 초래했다. 1996년 12월 26일, 민주노총 소속 14만3,695명의 노동자와 현총련과 산하 노조 7만 노동자가 파업에 동참했다. 서울에서는 수천 명의 노조 활동가·시민·학생이 시위를 벌였다. 대중교통·병원·자동차 제조업·조선소·섬유 공장노동자들도 이어서 파업에 참여했다. 보수 어용으로 알려져 있는 한국노총조차도 486개 사업장에서 15만6,000명 노동자들의 파업을 조직했다. 1997년 1월 3일부터 23만여 노동자들이 제2차 전국 총파업에 동참했다. 1월 15일부터 19일까지 계속된 제3차 총파업에는 총 35만 명의 노동자들이 저항 행렬에 가담했다. 이 파업은 3월 10일까지 계속되었다. 결국 노동법은 국회로 돌려보내졌고 3월에 수정안이 나왔다. 국회의원들은 반노조 조항들을 철회하고 기업 차원에서 5년간의 유예를 조건으로 전국적 그리고 산업별 차원에서 복수 노조 설립을 허용하고 노조의 정치활동을 허용하도록 법안을 수정했다. 그러나 이런 총파업으로도 탄력적 근로시간제와 정리해고를 통한 노동 유연화 추세를 멈출 수는 없었다.

예고된 파국, IMF 금융 위기

부채에 기반을 둔 투자 구조로 인해 불가피해진 외부 자금에 대한 엄청난 수요를 충당하기 위해 김영삼 정부는 세계화 정책을 추진하며 1990년대 중반 금융자유화를 더욱 가속화했다. 외채 규제는 더욱 완화되었고 특히 환율에 대한 통제와 투자 조정 역할이 약화되었다. 이런 자유화 정책은 마침내 급격한 외채 증가로 이어져 1993~96년 사이 외채가 두 배 이상으로 늘었다. 특히 단기 대출 의존도가 높아 1996년 총 외채의 58.3퍼센트가 단기 대출이었다(조윤제 1999, 15).

그러나 막대한 신용 대출 확대를 기반으로 공격적 투자를 했음에도 불구하고 한국 경제는 불황을 극복하지 못했다. 신용 대출 확대로 국내총생산은 1994년 8.5퍼센트에서 1995년 8.9퍼센트를 기록해 경제성장이 다소 회복되는 듯했지만 1995년 미·일 합의 결과 엔화가 평가절하되면서 경상수지 적자가 1995년에는 85억 달러, 1996년에는 230억 달러에 이르렀다(이병천 1999, 123). 채무 상환 압력이 높아지면서 제조업 분야 판매 순이익률은 1996년 전례 없이 낮은 0.53퍼센트를 기록했다(통계청 2002). 특히 단기 차관 중심으로 1990년 317억 달러에서 1996년 1,047억 달러로 증가한 외채 의존도가 임계점에 도달했던 것도 이때였다. 설상가상으로 1995년 총 수출량의 17.7퍼센트를 차지했던 메모리 반도체 가격이 폭락했다. 아시아 경제 위기가 도래하기 상당히 전부터 경제는 이미 붕괴하기 시작했다. 1997년 7월까지 한보철강·삼미·진로·대농·한신과 같은 대기업이 도산했다. 곧이어 재계 제8위인 기아가 파산했다. 대기업 도산은 금융 시스템에 연쇄 반응을 일으켜 은행들은 파산한 회사로 인한 손해를 상쇄하기 위해 기업들에 대출 상환을 요구하고 나섰다. 마침내 총체적 위기가 도래했다. 1994년 말 코스피 지수 1,027.4로 최고 지수를 기록했던 주가는 1997년 말 350.68로 폭락했다. 게다가 아시아 금융 불안으로 총체적 위기가 더욱 심화되었다. 은행들은 도산한 기업으로 인한 손해를 대출 회수로 극복하려 했고, 외국 금융기관들은 아시아에 대한 단기 채무 갱신을 거부하기 시작했다. 외환시장의 달러 수요가 급등하면서 외환 위기가 뒤따랐고 대규모 자본 청산을 촉진시켰다. 중앙은행은 금융기관들의 급등하는 외화 수요를 맞추려 노력했지만 11월 말에 이르자 외환 보유고가 거의 고갈되었다. 이런 외부의 압력 아래 국내 금융기관들도 개별 자본에 대한 압박을 높이기 시작했고 기업 도산의 속도는 더욱 빨라졌다. 외환시장에 대한 통제력을 잃은 한국 정부는 1997년 11월 21일 결국 외환시장과 금융시장의 긴박한 재정난을 덜어 주기 위해 국제통화기금IMF에 긴급 자금 수혈을 요청하기에 이르렀다.

5. 글로벌 삼성 만들기

IMF의 최대 희생자, 노동자

금융 위기 안정을 위한 IMF의 긴급 자금 원조 55억 달러를 시작으로 총

583억 달러의 자금 지원(IMF에서 210억 달러, 세계은행에서 100억 달러, 아시아개발은행에서 40억 달러, 미국 등 다른 국가들에서 233억 달러)이 결정되었다. 자금 지원에 대한 조건으로 한국 정부는 금융시장의 안정성을 회복·유지하기 위해 우선적으로 통화정책을 강화하기로 약속했다. 이에 따르면 안정화 기간 동안 상당 수준의 고금리를 유지해야 하며 통화량 증가는 5퍼센트 이하로 억제되어야 한다. 또한 긴축 재정도 약속했다. 금리는 두 배 이상 올라 1998년 1월에는 거의 30퍼센트에 이르며 최고치를 기록했다. 민간은행 역시 국제결제은행BIS 기준에 따른 자기자본비율을 유지해야 했고, 이에 따라 기업에 신규 자금 제공을 꺼려 하게 되었다. 1998년 말에 이르자 IMF에 긴급 구제를 요청해야만 했던 즉각적인 경제 위기는 상당 부분 해결된 것처럼 보였다. 1997년 말 39억 달러에 불과했던 외환 보유고가 1998년 말에는 485억 달러로 회복되었고, 1998년 말 달러 대비 원화 환율도 1,204원선에서 안정화되었다(대한민국 정부 1999). 그러나 그 '회복'에 든 비용은 엄청났다.

한국 기업들이 자본 투자와 단기 자본 순환을 위해 외채에 의존해 왔다는 점을 생각해 보면 기업의 추가 도산, 특히 재정난 극복 역량이 대기업에 비해 취약한 중소기업들의 추가 도산은 당연했다. 오히려 이는 시장 규율을 확인하는 필수적인 과정으로 간주되었다. 1998년 총 2만2,828개의 회사가 파산했는데, 그 대부분이 중소기업이었다. 재정난에서 살아남은 기업들도 여전히 투자를 줄이고 감량 경영을 해야만 했다. 한 해 사이에 실업률이 13퍼센트까지 치솟았다. 결과적으로 1998년 GDP 성장률은 마이너스 5.7 퍼센트를 기록했다. 금리를 경제 위기 이전 수준까지 인하하면서 긴축 통화정책이 완화된 것은 재정난을 겪던 자본과 금융기관들의 대규모 청산이 이루어진 후였다.

위기 와중에 정권을 잡은 김대중 정부는 구조조정 정책을 더욱 강력하게 추진했다. 금융 분야 개혁을 위해 정부는 1998년 총 1만260명의 직원을 거느린 다섯 개 은행을 폐점시켰으며 또 다른 다섯 개 은행은 재정적으로 '더 건실한' 은행과 합병시켰다. 1998년 말까지 30개 종합금융회사 가운데 16개가 문을 닫았다(대한민국 정부 1999). 기업 개혁과 관련해서는 1998년 연결재무제표 작성이 의무화되었다. 또한 재벌 계열사 간의 상호 지급 보증이 금지됐다. 외국인 직접투자에 대한 규제, 외국자본의 부동산 소유·합병·취득 제한이 폐기되면서 직접투자 규제도 완화되었다. 공정거래위원회와 금융감독위원회와 같은 정부 기구를 설립하고 권한을 부여한 것은 '시장 규율'을 확고히 하고 '정부의 강압적인 개입'을 '시장의 보이지 않는 손'으로 대체하려는 시도였다. 이들 기구는 개별 자본과 금융기관의 재정 건전성과 투명성을 조사함으로써 시장이 부실기업을 규율할 수 있도록 했다.

경제 위기로 가장 치명적인 타격을 입은 것은 노동자였다. 사용자들은 위기가 진행됨에 따라 명예퇴직, 정리해고, 아웃소싱 등을 늘려 나갔다. 1998년 상반기에만 약 100만 명이 일자리를 잃었다. 실업률은 급속히 치솟아서 1997년 2.8퍼센트에서 1998년 상반기 말에는 약 8퍼센트에 달했다. 이와 함께 실질임금도 1998년에 9퍼센트 이상 하락했다. 고용 조정, 즉 인력 감축이 응급조치라기보다는 일상적인 것이 되어 버렸고 높은 실업률도 계속되었다.

대규모 정리해고 바람이 휘몰아친 이후, 새로 채용된 노동자들의 대부분은 임시직, 일용계약직, 기타 '비공식' 고용 형태를 취했다. 이는 우선적으로 정규직 노동자들을 대거 해고하고 이들을 해고되기 전과 거의 똑같은 일을 하는 임시직이나 시간제 노동자로 재고용하는 고용 전략이 널리 이루어졌기 때문이다. 1998년 6월부터 1년 사이에 실업 상태에서 벗어난 노동자의 80퍼센트가 임시직이나 일용직으로 재고용되었다(이병희·황덕순 2000,

289). 은행과 금융 분야의 경우 전체 노동인구의 약 15퍼센트가 1998년 대량 해고로 실직했다(한국노동이론정책연구소 외 2000, 118). 1998년 6,612개의 신규 일자리 가운데 4,640개가 비정규직이었으며 1999년에는 5,501개 가운데 4,671개가 비정규직이었다(권혜자 2001, 91). 대부분은 임시 계약직이었다. 공공 부문에서도 정리해고된 정규직 노동자의 3분의 2가 시간제, 임시 계약직, 파견직, 하청 계약직과 같은 비정규 노동자로 재고용되었다. 경제 위기 이후 4년 동안 46.1퍼센트나 증가한 수치였다(공공연맹 2002, 9). 제조업 부문에서는 1998년 노동법 개정으로 임시 근로자 파견 업체가 허용되면서 대부분 임시직으로 고용계약을 맺는 파견이나 사내 하청 노동자들의 수가 증가했다. 사내 하청 노동자들의 대부분은 경제 위기 이전에 자신들이 일했던 기업에 고용되었다. 이들은 경제 위기 동안 자신들의 업무가 모회사로부터 분리되면서 하청 업체 직원이 된 것이었다. 그러나 대부분의 경우에 이렇게 분리된 회사에서 노동자들의 사용주는 여전히 과거 그들을 직접 고용했던 바로 그 모회사였다. 기업들은 수많은 소규모 하청 회사들과 파견 업체들을 둠으로써 간접 고용 형태를 활용했다. 이들의 생존은 모회사와 맺는 연간 혹은 월간 계약에 전적으로 달려 있다.

많은 경우 대기업들은 자신들이 직접 관리하는 하청 업체와 파견 업체들을 설립했다(안주엽 외 2001, 182-186). 이를 통해 고용관계를 간접고용의 형태로 전환함으로써 경영진은 직접 사용자나 고용주로서의 법적 책임을 피하거나 무시할 수 있고, 따라서 마음대로 노동자의 수를 조정할 수 있게 되었다. 비공식 고용 형태의 확산은 임금 삭감, 근로조건의 악화, 그리고 무노조 지속의 직접적인 원인이 되었다. 일시적이고 유동적인 특성 때문에 비정규 노동자들의 노조 조직률은 2002년 현재 1퍼센트도 채 되지 않는다(민주노총 2002, 6). 2001년 비정규 노동자들의 평균임금은 정규직 노동자들의 52.6퍼센트에 불과했던 반면, 노동시간은 정규직보다 길었다(김유선 2001).

1990년대 후반에 직면했던 자본주의적 생산관계의 심각한 재생산 위기는 이제 극복된 것처럼 보인다. 시장에 기반을 둔 개혁은 사회 양극화를 심화시키기는 했지만 어느 정도 경제 위기를 극복하고 새로운 자본축적의 기반을 창출해 내는 데 성공했다. 1989년 6.7퍼센트 마이너스 성장을 기록한 이후, 경제성장률은 다시 오르기 시작해 1999년에는 10.9퍼센트, 2000년에는 8.8퍼센트를 기록했다. 외환 보유고 부족으로 경제 위기가 가중되기도 했지만 위기 발생 4년 후에 외환 보유고는 전례 없는 977억6,000만 달러 수준에 도달했고 IMF 차관은 모두 상환했다. 민간 부문에서도 부채비율을 낮추는 데 성공한 것으로 보이며, 이를 통해 소위 '채권자의 신뢰'를 회복한 것으로 보인다.

삼성의 가혹한 구조조정

IMF 위기 상황에서 삼성은 그나마 사정이 나았지만, 삼성 역시 가혹한 구조조정에 들어갔다. 내부적으로는 1990년대 중반 메모리 시장의 붕괴로 재정 사정이 악화되었고, 외부적으로는 아시아 경제 위기 이후 국제 소비재 시장이 위축되고 금융시장이 얼어붙으면서 상황이 더욱 어려워졌다. 설상가상으로 지나치게 공격적으로 추진했던 자동차산업 신규 투자의 부담은 커졌다. 1995년 삼성은 삼성전자, 삼성SDI, 삼성전기, 삼성에버랜드를 비롯한 자사 계열사들에서 초기 투자 자금을 모아 야심차게 자동차산업에 뛰어들었다. 기존 자동차 제조사들이 거세게 반대했지만 김영삼 정부는 이를 허용했다. 삼성자동차는 1997년 5월부터 연간 50만 대 생산능력을 갖춘 부산 공장에서 승용차 생산을 시작했다. 그러나 삼성전자가 정부의 강력한 후원을 등에 업고 경쟁이 심한 전자제품 시장에 진입했던 1960년대 후반과는 근본적으로 상황이 달랐다. 경제가 사상 최악의 위기에 접어들고 있었기 때문에 시장 진입에는 최악의 시기였다. 공장 가동 겨우 몇 개월 만에 삼성자동차의 수익성에 대한 회의적인 전망이 높아지기 시작했다. 특히 삼성자동차의 제1 채권 은행이자 자신도 살아남기 위해 각고의 시간을 보내고 있던 한일은행을 비롯한 민간은행들이 그러했다. 경제 위기가 닥치자 삼성자동차는 국가적 구조조정 프로그램의 대상이 되었다.

삼성은 전자·금융·무역·서비스 산업에 집중하기로 결정했다. 이에 따라 삼성은 다른 부문의 계열사들을 합병하거나 매각함으로써 정리를 시작했다. 그러나 구조조정이 타겟 산업에만 한정된 것은 아니었다. 삼성은 집중 사업 부문에서도 사업을 '슬림화'하는 가혹한 워크아웃을 추진했다. 삼성은 이를 위해 가장 수익성이 높은 전략 산업만 집중해서 남기고 수익성이 낮은 비전략 부문은 잘라 냈다. 경영주의 싱크탱크로 자리 잡은 '구조조정본부'에서 주도한 2년간의 구조조정 끝에 삼성은 1998년 61개에 달하던 계열사를 2000년에는 45개로 감축했다(송원근 2006, 5). 많은 사업 분야가 독립적인 단위로 '분리'되었다. 이런 식으로 총 231개 사업이 삼성에서 분리되어 '별도의' 회사(물론 삼성은 이들 기업에 강력한 통제력을 행사하고 있다)가 되었다(송원근 2006, 6). 가장 수익성이 높은 계열사인 삼성전자 역시 추가 구조조정의 대상이었다. 삼성전자의 34개 사업과 가전제품 같은 52개의 저부가가치 상품은 해외 자회사로 이전되거나 삼성에서 분리되었다. 적자를 내는 해외 계열사들에게는 더 가혹한 구조조정이 기다리고 있었다. 삼성은 1998년부터 2년간 건실하고 경쟁력이 높은 계열사에는 13억 달러를 투입한 반면, 수익을 내지 못한 12개 계열사는 정리해 버렸다.

노동자 정책에서는 새로운 인적 자원 관리 계획이 계속해서 도입되었다. 임금체계는 다시 한 번 변경되어 노동자들, 계열사들, 사업 부문별 경쟁을 장려하는 성과급 체계로 바뀌었다. 1998년 대졸 사무직 노동자들에게 연봉제가 도입되었다. 이제 사무직 노동자들의 임금은 본봉 60퍼센트에 성과급이 40퍼센트를 차지했다. 관리직이 아닌 일반 노동자들이나 생산직의 육체노동자들에게 삼성은 (월급의) 최고 500퍼센트 보너스를 조절해 경쟁을 독려했다. 2000년에는 여기에 육체노동자와 관리직 모두에게 초과 이익 분배제profit sharing, PS가 도입되었다. 이 제도를 통해 연간 목표를 초과한 이윤을 낸 사업 부문 노동자들은 연봉의 절반 상한선까지 초과이윤의 20퍼센트를 배당받을 자격이 주어진다(한국경제신문 특별취재팀 2002, 114). 1990년대 중반에 도입된 생산성 격려금Productivity Incentive: PI에 초과이익 분배제가 결합되면서 삼성의 노동자는 동급의 다른 노동자보다 다섯 배 정도 많은 돈을 받을 수 있게 되었다. 생산직 노동자들의 경우에도 회사에 특별한 기여를 한 이들에게는 최대 3억 원의 '특별 성과금'이 주어졌다. 그러나 모든 삼성 노동자들이 일한 만큼 버는 시스템이나 초과이익 배분제와 생산성 격려금의 혜택을 '누릴 수' 있는 것은 아니었다.

1996~99년 동안 삼성의 노동인구는 16만7,000여 명에서 11만3,000여 명으로 줄었다. 거의 3분의 1에 달하는 인원이 퇴직금을 받고 정리해고되었거나 구조조정으로 삼성에서 분리된 삼성 '협력사' 노동자로 전환되었다.

제일 먼저 특정 생산과정을 담당했던 파견 노동자들이 쫓겨났다. 그리고 정규직들이 그 일을 맡았다. 마지막으로, 새로운 독립 회사(대체로 전직 삼성 관리자가 대표다)를 만들어 작업의 특정 생산과정을 삼성에서 분리했다.

연봉	월급	기본급 60%
		성과급 40%
	보너스 200%	
초과이익 분배금＋생산성 격려금		

출처: 삼성전자 웹사이트.

월급	기본급
	자기개발수당
	기타 수당
추가 수당	500% 보너스
	생산성 격려금＋초과이익 분배금

출처: 삼성전자 웹사이트.

이들 가운데 대다수는 여전히 같은 생산직에서 일하지만 임금도 적게 받고 사내 복지 혜택도 없으며 무엇보다도 삼성맨으로서의 자부심이 없다. 이들은 이제 삼성을 위해 일하지만 삼성의 피고용인은 아닌 셈이었다.

삼성전자 역시 대규모의 '인적 자원 구조조정'을 단행해 1996년 5만 9,000명이었던 국내 노동자 수를 1999년 초에는 4만 명 이하로 감축했다(김선희·박현미 1999, 57). 해외 계열사들 역시 감축 드라이브에 동참해 1996~98년 동안 전체 노동자의 약 40퍼센트에 해당하는 1만 명 이상의 노동자가 전 세계적으로 해고됐다.

표 1-5 | 삼성전자 노동인구 변화

단위: 명

	1996(말)			1997(말)			1998(말)			1999(상반기)	
생산직	사무직	총계	생산직	사무직	총계	생산직	사무직	총계	생산직	사무직	총계
25,436	33,650	59,086	22,097	35,702	57,817	13,546	28,608	42,154	21,126	18,353	39,479

출처: 김선희·박현미(1999).

글로벌 삼성 만들기

과거 삼성의 '주인'이었던 이들의 눈물을 뒤로 하고, 구조조정을 통해 슬림화된 삼성은 이후 폭발적인 성장을 보여 주었다. 1990년대 후반부터의 성공 덕분에 1993년 이후 10년 동안 삼성의 판매량은 3.4배 증가했으며 이윤은 무려 28배나 증가했다. 경제 위기 한가운데에서 대규모 '인적 자원 구조조정'을 통한 철저한 비용 절감과 정리해고를 피하려는 노동자들의 필사적인 초과 노동 덕분에 삼성전자는 1997년에 이어 1998년에도 큰 수익을 올릴 수 있었다. 1997년에는 순이익 8,726만 달러, 1998년에는 2억5,931만 달러를 기록했다. 이는 대기업들을 비롯해 수천 개의 기업이 속수무책으로 무너진 경제 위기 와중에서 실로 엄청난 성과였다. 그러나 이는 삼성의 전례 없는 질주의 시작에 불과했다.

2000년에 삼성전자는 47억6,000만 달러라는 사상 최고의 순이익을 달성했다. 2001년에 디램 가격이 대폭 하락하면서 일본 대기업 히타치·마쓰시타·도시바·엔이씨를 포함한 주요 칩 제조 업체 대부분이 엄청난 적자를 냈음에도 불구하고 삼성전자는 21억8,600만 달러의 순이익을 내서 경제 전문지들의 주목을 받았다. 삼성이 2001년의 디램 가격 폭락 위기에서 살아남을 수 있었던 이유 가운데 하나는 내적 다각화였다. 2001년 삼성의 디램 매출은 총매출의 15퍼센트에 불과했으며 이동통신과 디지털 부문이 거의 60퍼센트, 가전제품이 10퍼센트의 매출을 올렸다. 삼성이 시장의 주기적인 등락에도 끄떡없이 버틸 수 있었던 힘은 현재 디지털 미디어와 테크놀로지 부문을 비롯한 두 개의 사업 부문을 더 가진 삼성의 체계적인 다각화의 결과였다. 2004년 삼성은 103억 달러의 순이익을 얻었다. 이런 놀라운 경영 성과 덕분에 삼성의 부채비율은 1997년 296퍼센트에서 2001년에는 겨우 43퍼센트로, 그리고 2002년에는 마이너스 21.3퍼센트로 감소했다(삼성전자 2005). 삼성전자만 이렇게 놀라운 성과를 보인 것이 아니라 다른 계열사들 역시 성장 도약을 이룬 덕분에 2003년 삼성그룹은 삼성SDI와 삼성코닝처럼 시장을 주도하는 계열사들을 포함 23개의 계열사를 거느리고 국내시장을 지배했다(송원근 2006, 11). 2004년 삼성 계열사들은 한국 GDP의 17.4퍼센트를 생산하고 있다(『시사저널』 2005/09/20).

삼성의 수출드라이브 역시 대단했다. 삼성의 수출량은 2000년 한국의 총 수출량 1,722억 달러 가운데 312억 달러로, 18.1퍼센트를 점유했다. 2004년에 삼성은 527억 달러어치를 선적해 총 수출 2,538억 달러의 20.7퍼센트를 차지했다. 삼성전자 한 곳에서만 2004년에 416억 달러를 수출해 한국 총 수출의 16.3퍼센트를 차지했다. 삼성의 주요 수출품 가운데 하나인 디램은 1992년 세계시장 정상을 차지한 이래 한 번도 선두를 빼앗긴 적이 없으며 에스램과 LCD도 각각 1995년과 1998년부터 세계시장을 지배하기 시작했다. 2005년 현재 삼성전자는 디램(세계시장의 31퍼센트), 에스램(28퍼센트), TFT-LCD(22.1퍼센트), 컬러모니터(21퍼센트), CDMA 핸드폰(20.6퍼센트), 컬러텔레비전(9.9퍼센트), 플래시메모리(27퍼센트), LVDS 디스플레이 인터페이스(19퍼센트), 멀티 칩 패키지(29퍼센트)를 포함해 세계시장에서 우위를 점한 상품 품목이 아홉 개나 된다(『시사저널』 2005/09/20). 이런 놀라운 성과는 공격적인 '인적 자원 개발'의 뒷받침으로 이루어졌다. 삼성전자는 전 세계적으로 17개의 연구개발 센터를 포함해 2004년 연구개발에 46억 달러를 투자했다. 동시에 삼성은 전 세계에서 뛰어난 기술자들을 영입했다. 2004년 현재 삼성전자 사원의 약 20퍼센트에 해당하는 1만2,000여 명이 박사나 석사 학위 소지자였다.

대외적으로는 삼성의 적극적인 세계화가 계속 이어졌다. 2005년 현재 삼성은 48개 국가에 24개의 생산 및 판매 계열사, 40개의 판매 계열사, 15개의 지점, 그리고 13개의 연구개발센터를 거느리고 있으며 약 5만 명의 노동자를 고용하고 있다. 삼성은 북미·남미·유럽·서남아시아·중국·독립국가연합·중동·아프리카에 지역 본사를 두고 있다. 한국·미국·중국의 계열사에서만 생산되는 디램과는 달리 삼성의 생산품은 거의 대부분이 전 세계적으로 그리고 지역적으로 네트워크화된 공장에서 생산된다. 삼성전자 내에서뿐만 아니라 삼성의 다른 전자 계열사들 사이에서도 공장들 간에는 수직적·수평적 네트워크가 조직되어 서로 다른 부품을 서로 다른 생산과정으로 전달한다.

삼성은 끊임없이 움직이고 있다. 삼성은 생산비가 비싼 서유럽에서의 생산력을 감축하면서 동유럽으로 이동하고 있으며, 지난 10년간 경제 전환기에 있는 나라들이 삼성의 주요 거점이 되어 왔다. 아시아에서는 중국에 대한 투자가 두드러지는데 1992년 이후 총 12개의 생산 계열사가 중국에 세워졌다. 삼성은 톈진과 쑤저우에 투자를 집중시켰는데 이곳에서 삼성전자와 그밖의 계열사들, 그리고 수천 개의 부품 제조 업체가 삼성의 상품을 생산한다. 이렇게 해서 수직적·수평적 통합이 완성되었다. 노트북 컴퓨터 사업은 중국으로 이전했다. 냉장고·세탁기와 같은 대형 가전제품, 텔레비전·모니터와 같은 저부가가치 상품 생산라인은 동남아시아나 중국으로 이전하는 반면, 하이테크 상품이나 고부가가치 상품, 핵심 테크놀로지는 한국에 그대로 두거나 중국에만 일부 이전하는 경향을 보이고 있다.

삼성이 아시아 개발도상국들로 생산 시설을 이전해 생산·고용이 늘면서 삼성에 대한 사회적 인식 역시 높아지고 있다. 1998년 태국 정부는 삼성에 '최우수 품질상'을 수여했다. 필리핀에서 삼성은 2006년 아로요 정부로부터 '최우수 사회 기여상'과 '우수 수출상'을 받았다.

휴대폰, PDA용 소형 LCD, PDP, OLED, CPT를 생산하는 삼성SDI 역시 중국, 독일, 말레이시아, 헝가리, 브라질, 멕시코 등 여섯 개 국가에 생산 계열사 열두 개를 두고 있다. 또한 국내 삼성SDI는 하이테크 OLED와 PSP에 집중하고 시대에 뒤떨어진 CPT 생산은 해외 계열사로 이전하고 있다. 삼성전기는 태국·필리핀·중국·헝가리에 계열사를 보유하고 있다. 구조조정 이후 놀랄 만한 성과를 기반으로 삼성은 특유의 확장주의를 재개해 1999년 45개였던 계열사를 2004년 63개로 늘렸다. 삼성에 고용된 노동자 수 역시 증가해서 1999년 11만3,000명에서 2004년에는 13만5,000명으로 늘었다. 삼성전자 한 회사에서만 국내에서 6만9,000명, 해외에서 5만 명을 고용해 세계 제15위 사용자로 자리 잡았다.

세계시장에서의 경쟁력 강화와 한국 경제성장에서 갖는 압도적인 중요성으로 삼성은 한국에서 매우 특별한 기업이다. 한국인의 경제적·정치적·문화적 측면에까지 미치는 삼성의 영향력은 '삼성공화국'이라는 말을 만들어 내기까지 했다. 아시아의 경제 위기 이후 삼성이 보여 준 놀랄 만한 성취는 삼성 신화를 낳았다. 삼성은 이제 단순히 재벌이 아니라 하이테크, 효율성, 그리고 유연성이라는 말로 특징지어지는 한국 현대화의 상징이다. 1997

지역	국가	계열사	주요 생산품
아시아	중국	톈진 퉁광 삼성전자	CTV PJTV
		톈진 삼성 전자 디스플레이	C/M
		톈진 삼성 통신기술	HHP(GSM)
		톈진 삼성전자	VCR DVDP CAM
		후이저우 삼성전자	오디오
		산둥 삼성 통신설비	FAX PRT
		선전 삼성 커젠 이동통신기술	
		통신 테크놀로지	HHP
		상하이벨 삼성 이동통신	CDMA BSS 시스템
		쑤저우 삼성전자	REF W/M RAC R/comp MWO
		쑤저우 삼성전자 반도체	LSI 조립 및 처리
		쑤저우 삼성전자 컴퓨터	NPC
		쑤저우 삼성전자 디스플레이	LCD
	인도네시아	P.T. 삼성전자 인도네시아	VCR ODD CTV C/M
	태국	삼성전자 타이	CTV C/M REF A/C MWO W/M
	말레이시아	삼성전자 말레이시아 SDN. BHD	MWO MGT
		삼성전자 디스플레이(M) SDN. BHD	CTV C/M
	인도	삼성전자 정보통신 인디아	C/M
		삼성전자 인디아	CTV C/M REF A/C W/M MWO
	베트남	삼성전자 비니	CTV C/M
	필리핀	삼성전자 필리핀 제조회사	ODD
북미	멕시코	삼성 통신 멕시카나 SA De CV	CTV C/M HHP DTPC
		삼성전자 멕시코 SA De CV	W/M MWO REF RAC
	미국	삼성 오스틴 반도체	DRAM
남미	브라질	삼성전자 다 아마조니아Da Amazonia LTDA	C/M HDD HHP
유럽	영국	삼성 전자 제조	C/M MWO
	스페인	삼성전자 이베리아 SA	HHP PJTV DVDP TVCR
	헝가리	삼성전자 헝가리	CTV
	슬로바키아	삼성전자 슬로바키아	CTV C/M

출처: 삼성전자 웹사이트 2006년.

년 이래 매년 삼성은 한국 대학생들이 가장 선호하는 기업으로 선정됐다.
수천 명의 능력 있는 젊은이들이 열심히 일해서 많은 보상을 얻는 삼성맨
이 되겠다는 꿈을 안고 삼성 시민이 되려고 취업 준비를 한다. 다음 장에서
우리는 삼성과 삼성의 '시민', 삼성맨의 물질적·신화적 기반을 중심으로 살
펴볼 것이다.

6. 삼성 '주인' 혹은 '노예'의 눈물과 기쁨

삼성 사원들과 작업 조직

2004년 현재 삼성의 직원은 전 세계적으로 13만5,000명이다. 2005년
1/4분기 현재, 삼성전자 단독으로 국내에서 6만6,586명을 포함해 전 세계
적으로 약 12만 명을 고용했다. 이들 가운데 1만42명은 사무직·관리직이고
1만6,787명은 생산직 노동자다. 한편 연구개발, 마케팅, 기타 다른 전문 분야
직원이 3만9,757명이다. 신화가 항상 그러하듯이, 일견 삼성은 '모두에게 꿈
의 직장'이다. 2004년 한국 제조업 분야 노동자들이 평균 2,700만 원가량을
벌었던 반면, 삼성전자 직원의 연봉은 7,000만 원에 달했다(『시사저널』 2005/
09/20). 철저한 구조조정에도 불구하고 삼성의 복지 체계는 심지어 경제 위
기 이후에도 최고였다. 정리해고된 노동자들이 생계형 일자리를 찾고 외주
화된 노동자들은 무너진 자존심을 한탄하는 반면, 생존자들은 엄청난 복지
혜택을 받았다. 삼성 직원이 누릴 수 있는 열한 가지 특별한 혜택 가운데 의
료비 지원, 개인연금 지원, 심장 수술비 지원 등이 포함된다.

표 1-7 | 삼성 사원에 대한 열한 가지 혜택

지원금 및 혜택	지원 내용
의료비 지원	본인과 배우자의 보험수가 외의 진료비 항목 지원
심장병 수술비 지원	임직원의 자녀의 본인 부담금 수술비 전액지원
백혈병 치료비 지원	임직원 자녀의 백혈병 치료비 지원. 1인당 2,000만 원 이내
거주지 화재 피해 발생시 지원	본인 및 부모님 거주 주택 화재 피해 지원
개인연금 지원	전년도 소득의 3% 이내에서 연금의 반을 회사에서 지원
휴일 휴양지 사용	삼성 소유 휴양 시설 무료 혹은 할인가로 사용
사업장 식대 지원	
학자금 지원	7년 이상 근속 임직원의 국내 및 해외에 재학 중인 자녀 대학 교육까지 학자금 지원
부임여비 지원	인사 발령에 의해 근무지가 변동되어 주거를 이전하는 임직원에게 지원
사내 예식장 지원	임직원 및 임직원의 자녀, 형제자매 대상으로 지원
장례, 결혼식 등 각종 경조사 지원	각종 경조금 및 휴가 지원

출처: 삼성전자 웹사이트 2006년.

또한 특히 삼성전자 직원의 약 3분의 1을 차지하는 여성 노동자들을 위한 복지시설이 잘 갖추어져 있다. 600여 명의 고위 여성 관리자와 여성 전문가들과 함께 사내 수유실, 여성 상담 센터, 여성 전용 휴게실 등이 삼성전자의 차별화된 대표적 특징으로 언론 매체에서 모델 사례로 늘 인용되곤 한다. 그러나 대부분의 여성 노동자들은 생산직에서 근무한다. 사실 삼성전자 한국 생산직 노동자의 대부분은 여성으로 전체 1만6,787명의 생산직 노동자의 86퍼센트를 차지한다. 반면 대부분의 사무직·관리직은 남성에게 주어져 총 1만42명의 사무직·관리직 직원의 79퍼센트가 남성이다. 따라서 젊은 여성 노동자들로 가득 찬 전자산업 생산직의 일반적인 풍경이야말로 한국에서의 삼성 생산직을 정확하게 반영하는 것이다. 한 예로 핸드폰을 생산하는 삼성전자 구미 공장의 경우 6,600명 노동자의 반 정도가 여성으

표 1-8 | 국가품질경영대회 삼성 참가팀

회사명	분임조 명	성과
삼성전자 무선 사업부	디딤돌	슬라이드폰 키 검사 공정 부적합품률 감소로 품질 향상
	보아	휴대폰 주 공정 순간정지 감소로 생산성 향상
	신화	7 Line Aging 후 공정 N/T 단축으로 생산량 증대
	영파워	SDM 공정에 적합한 자주적인 PRO-3M 활동으로 고장 정지 시간 감소
	짱	자율적인 Pro-3M 활동을 통한 작업자 능력 향상으로 설비 정지 시간 감소
	비상	SCH-A850 부품 개선으로 기능 부적합품률 감소
	포인트	SGH-E350 모델 Mail Board 개선으로 품질 향상

출처: 국가품질망. http://www.q-korea.net/qualityguide/devsujguide/national/news/20060707/1_9106.jsp.

로 평균나이 21.5세, 평균 근속연수 2.8년이다(한국경제신문 특별취재팀 2002, 174-176). 생산직의 경우 대다수가 젊은 여성이다. 이들 가운데 대부분은 '임시직' 계약이 아님에도 불구하고, 생산직 노동자의 경우 이들의 평균 근속연수는 겨우 약 4년 혹은 그보다 더 적다. 그만큼 이동이 심하다는 의미다. 경쟁적 인적 자원 관리나 임금체계 외에 실제로 생산직이나 사무실에서 삼성 노동자들이 어떻게 조직되는지에 관해서는 정보가 극도로 제한되어 있다. 그러나 삼성이 생산성 증대와 더 나은 품질관리를 독려하기 위해 다양한 분임조 운영을 활용한다는 사실은 잘 알려져 있다. 이동전화 부문에서만 노동자들이 직접 이름을 붙인 210개의 분임조가 있다(한국경제신문 특별취재팀 2002, 174-176). 〈표 1-8〉은 국가품질상 수상 분임조들의 다양한 제안과 활동을 보여 준다.

삼성의 무노조 정책을 옹호하는 언론은 이 분임조에 대해 다음과 같이 칭찬을 늘어놓았다.

이 분임조들은 조원들이 단결되어 일하고 직장에서의 불만, 그리고 심지어 가정에서
의 문제들까지 해결할 수 있도록 도와주는 세포조직이다. 이들은 노조보다 훨씬 더
세심하게 문제를 파헤치고 해결해 준다(한국경제신문 특별취재팀 2002, 176).

그러나 여기에 매혹된 언론은 분임조가 연말에 노동자들이 받는 돈의
50퍼센트 이상을 결정하는 PI(생산성 격려금)와 PS(초과이익 분배금)에서 더
높은 점수를 받기 위한 투쟁의 '기본' 단위이기 때문에 이 분임조들 사이에
엄청난 경쟁이 존재한다는 사실은 알지 못했다. 상황이 이렇다 보니 각 조
가 치열하게 경쟁하는 것은 당연하다. 500퍼센트 보너스 여부에 영향을 미
치고, 주임이 될 수 있을지 여부에 영향을 미치는 평가 점수를 더 많이 받으
려고 각 조끼리만 아니라 조원들 사이에서도 경쟁이 치열하다. 주임이 되
려면 동료들에게 추천을 받아야 할 뿐만 아니라 평균보다 훨씬 더 많은 성
과를 내야만 한다. 구미 공장에는 가슴에 자랑스럽게 황금 배지를 달고 다
니는 '명예' 주임이 총 55명 있다고 한다.
　삼성에서 '분임조'는 개인이 받는 경제적 보상과 밀접하게 관련이 있다.
PI와 PS는 개인이 속한 그 조·부문·계열사의 성과를 근거로 한다. 사람들
은 PI나 PS 플러스의 기회를 잡기 위해 동료들과 협력해야 하지만 동시에
개별 성과라는 최종 평가가 남아 있다. 현재 이는 주로 업무 실적, 교육 프
로그램 출석 정도, 그리고 구체적인 행동 강령의 수용 여부에 따라 점수가
매겨진다. 이런 기준은 또 근면과 나태 정도, 개인이나 팀에서 생산한 상품
의 품질, 사원들의 생산성 향상 방안의 질, 작업 속도, 공공질서 유지 정도
와 같은 여러 가지 세부 항목으로 다시 나뉜다. 게다가 개인으로는 업무 태
도나 심지어 팀 내에서의 교우 관계에 이르기까지 모든 면이 평가되고 이
에 따라 보수와 승진이 결정된다. 이렇게 잘 짜인 경쟁 기반 작업 및 보상

체계로 말미암아 노동자들은 개인의 이해관계와 회사의 이해관계를 동일
시한다. 노동자들의 업무 헌신이 더는 회사를 위한 개인의 희생이 아니게
되는 것이다. 오히려 이는 자기 자신을 위한 것이고 이것이 나중에 실제로
회사를 위한 일이 되는 셈이다.

이렇게 다양한 분임조와 개인들의 실적에 기반을 둔 경제적 보상 체계
는 '승자'와 '패자'라는 깊은 분열을 초래한다. 이것이야말로 노동자들을 지
배하는 중심부 노동자와 주변부 노동자 사이의 분할이다. 삼성의 규칙은
'승자가 모든 것을 갖는다'는 것이다. 동일한 배경과 경험을 가진 사무직 신
입 사원이 일 년 후에는 실적에 기반을 둔 임금체계 덕분에 다른 직원들보
다 1,000만 원 이상을 더 벌 수 있다. 사무직 임금체계는 지휘체계에 따라
연봉이 인상되도록 짜여 있다. 당연히 사무직 노동자들의 승진 경쟁이 과
열될 수밖에 없다. 일단 상층 관리직에 도달하기만 하면 다른 경쟁사와는
비교할 수 없을 정도로 연봉이 인상된다. 삼성은 승자에게는 최고의 대우
를 해주지만 패자에게는 등을 돌려 버린다. 실적 상위 5퍼센트에게는 인적
자원 개발을 위한 엄청난 투자가 제공되지만 하위 5퍼센트는 자발적으로
사표를 내도록 권고를 받거나 심지어 강요된다(최인희 2006, 34). 승자와 패
자의 구분과는 별도로 수많은 내부 구분이 존재하는데, 사실 이것이 삼성
의 경쟁력을 유지시켜 주는 핵심이다. 즉, 생산직 노동자와 사무직 노동자,
정규직과 비정규직, 삼성과 하청 업체, 한국 삼성과 외국 계열사, 외국 계열
사와 하청 업체 등에 차별이 있는 것이다. 사다리의 매 단계마다 '주변부'는
한 계단 아래의 노동자들에게는 '중심부'로 기능한다. 분임조와 보상 사이의
다각적인 연계와 이런 차별이 결합되면서 삼성 성공 스토리의 핵심을 이루
게 된다.

승자와 패자에 대한 차별이 생산직 노동자와 사무직 노동자 모두에게 해당되는 반면, 이들 생산직과 사무직 사이의 차별을 한 개인이 극복하기란 거의 불가능한 일이다. 이런 차별은 채용 첫 단계에서부터 시작된다. 대학 졸업생들이 가장 취업하고 싶어 하는 직장으로 알려져 있는 삼성은 거의 배타적으로 상위 5위에서 10위 사이의 대학 졸업생들만을 채용한다. 중위권 대학 출신의 몇몇 고위 관리자나 심지어 CEO들이 흥밋거리를 쫓는 언론의 초점이 되는 일도 있긴 하지만 이것은 말 그대로 신화에 가깝다. 삼성의 사무직 노동자들은 사회생활 초기부터 강한 집단적 사고방식을 가진 엘리트들이다.

사무직 노동자과 생산직 노동자들은 노동자로서의 정체성에서도 큰 차이가 있다(최인희 2006, 32). 사무직 노동자들은 삼성의 주인이라 교육받으며 스스로를 삼성의 브랜드 이미지와 동일시하도록 다양한 방식으로 반복해서 고무된다. 이 과정에서 이들은 삼성이라는 자본에 몸과 마음이 모두 종속된 삼성맨이 된다. 사무직 노동자들이 회사에 헌신하는 주요 동기는 무엇보다도 승진과 이에 상응하는 경제적 보상이다. 이를 위해서 노동자들은 회사에 복종해야만 하고 충성도야말로 가장 중요한 개념이다. 반면, 생산직 노동자들이 회사에 대해 갖는 일체감은 제한적이다. 삼성의 생산직 노동자는 고졸, 직업학교 출신, 그리고 전문대 졸업생들로 채워져 있다. 대학 졸업생은 생산직에서 일할 수 없다. 생산직의 일을 얻기 위해서는 나이가 어릴수록 유리하고 학교 생활기록부 가운데 개근 기록을 최고로 친다고 알려져 있다. 사무직 노동자와 비교할 때 채용 기준 자체가 완전히 다른 것이다. 생산직 노동자들은 자신들과 사무직 노동자들 사이에 높은 벽이 있으며 승진에 제한을 받는다는 사실을 잘 알고 있다(최인희 2006). 때문에 삼성의 생산직 노동자들은 더 나은 임금이나 사내 복지 덕분에 삼성맨이라는 자부심을 가지고 있기는 하지만 혹 고속 승진을 하더라도 얻을 수 있는 것이 그리 많지 않다는 사실을 깨닫고 있다. 그래서 이들은 승진이나 장기적인 전망보다는 부가 수입이라는 단기 혜택에 더 관심을 갖는 경향이 있다. 사무직과 생산직 노동자 사이의 이런 격차는 또한 매우 성차별적인 것으로 성별 관계에 의해 강화된다. 한국의 삼성 공장 노동자들이 젊은 여성들인 반면(2005년 현재 16,787명 가운데 여성이 14,417명), 삼성의 관리자들은 남성이 압도적이다(2005년 현재 10,042명 가운데 7,966명). 남성과 여성의 보수 차이도 크다. 남성이 연간 약 7,900만 원을 받는 반면, 여성은 연간 겨우 5,200만 원밖에 받지 못한다. '삼성우먼'으로서의 장기 미래 전망이 없기 때문에 여성 생산직 노동자의 경우 이직률이 더 높아서 남성 노동자의 평균 근속연수가 7.5년인 반면, 여성은 5년이다.

핵심 삼성 노동자와 삼성의 사내 하청 업체 혹은 '협력사'라 불리는 하청 회사 노동자 사이에도 차별이 존재한다. 앞에서 살펴본 것처럼, 경제 위기를 겪으면서 삼성의 주변부 사업이 분리되었고 생산직에서 비정규직 노동자가 차지하는 비율이 증가했다. 주변부 사업의 분리는 삼성이 경제 위기 기간과 그 이후 놀랄 만한 성과를 낸 핵심 기반이 되었다. 한편 자신들의 동료가 하루아침에 중소기업 노동자로 전락하는 것을 지켜본 생존자들은 더 열심히 일할 수밖에 없었다. 이렇게 삼성의 노동자들이, 그리고 과거 삼성에서 일했지만 이제는 삼성의 저부가가치 주변부 회사(오늘날 삼성에 더 저렴한 서비스와 부품 제공을 의미하는)에서 일하는, 삼성에서 아무런 혜택도 받지 못하고 삼성맨이 되지도 못하는(즉 하청 노동자처럼) 노동자들이 열심히 일해 준 덕분에 삼성은 저부가가치 주변부 사업에서의 수익성과 비용을 염려할 필요 없이 수익성이 높은 핵심 사업에서 고수익 위주의 정책을 이어 가면서 엄청난 돈을 벌어들일 수 있었다. 한편 삼성의 총 생산 부가가치에서 임금이 차지하는 비율은 계속 감소했다(송원근 2006, 20). 언론은 삼성 노동자들의 임금과 다른 회사 임금을 비교하지만, 사실 삼성 노동자들의 임금 상승 속도는 부가가치 상승 속도에 비해 느리다. 삼성의 이윤 가운데 노동자들의 몫이 상대적으로는 그렇게 크지 않다.

사실 삼성의 수익 위주 경영으로 말미암아 가장 큰 대가를 치르는 이들은 삼성 협력사에서 일하는 노동자들이다. 국내시장은 물론 수출시장을 지배하고 있는 삼성과 삼성 협력사들 사이의 관계는 매우 불평등하다. 하청 업체에 대한 비용을 줄여야만 성장 목표치를 달성할 수 있는 것이다.[12]

삼성의 수익 성장을 지탱하는 차별은 또 있다. 바로 한국 내 핵심 삼성 노동자들과 개발도상국이 자리한 삼성의 해외 계열사 현지 노동자들 사이의 차별이다. 한국의 삼성맨들이 누리는 복지 혜택의 대부분은 개발도상국들의 삼성 계열사들에는 제공되지 않는다. 기껏해야 그 나라의 최저임금보다 약간 높은 임금을 받고 상대적으로 조금 나은 구내식당을 이용할 수 있을 뿐이다. 물론 삼성 말레이시아 공장의 사례에서 볼 수 있듯, 삼성은 노동

---

12 예를 들어, 한 계열사가 연초에 10퍼센트 성장 목표를 정했다면, 이 계열사는 대개 삼성의 전 관리자가 대표로 있고 삼성의 전직 노동자들을 고용하고 있는 하청 업체에 비용 절감을 요구할 수 있다. 삼성이 얼마나 절대적인 권력을 행사할 수 있는지를 잘 알고 있는 전직 관리자들은 이 거래를 받아들일 수밖에 없고 더 저렴한 노동력을 이용하거나 노동비용을 줄임으로써 손실을 상쇄하려 들 것이다. 그리고 연말이 되어, 그 삼성 계열사는 하청 업체 비용을 줄인 덕분에 예를 들어 16퍼센트 성장을 달성했다 치자. 무려 6퍼센트 초과 달성을 한 것이다. 그러면 삼성 계열사의 노동자들은 PI를 통해 추가 수익을 나눌 수 있고 아마도 삼성맨으로서의 자부심을 더욱 느끼게 될 것이다. 반면 협력사 직원들은 아무것도 얻지 못한 채 한때 자신들의 동료였던 삼성 노동자들을 부러워할 수밖에 없다.

자들이 스스로를 회사의 주인으로 생각하게끔 하기 위해 문화적 대우를 빠뜨리지 않는다. 실제로 투자 과열 시장을 둘러싼 원가 절감 경쟁에서 삼성뿐만 아니라 대부분의 초국적기업들이 이런 차별을 통해 버틴다. 이들 국가들에서 삼성은 1960년대 제일모직 노동자들에게 하던 것과 똑같은 방식으로 노동자들을 대한다. 이 책의 다른 나라 사례에서 볼 수 있듯이 대부분 외딴 시골에서 올라온 노동자들은 삼성에서 제공하는 것이 전혀 특별할 것이 없는, 훌륭한 세계적 선두 주자라고 자화자찬하기에는 부끄러운, 그저 약간 나은 처우에 만족해야만 한다.

핵심 노동자와 주변 노동자에 대한 삼성의 차별은 종종 삼성이 투자한 국가들에서도 똑같이 나타난다. 핵심 삼성 노동자들과 협력사 노동자들을 구분하는 삼성의 방식은, 태국에서 삼성전기가 전직 삼성 관리자를 대표로 독립된 회사를 세웠을 때 정확하게 똑같은 방식으로 사용되었다. 이제 이 새로운 독립 회사의 노동자들은 삼성에서 받는 아무런 혜택도 없이 삼성을 위해서 일해야만 한다. 핵심부와 주변부 구분의 밑바닥에서는 삼성과 비삼성 사이에 별다른 차이가 없다. 삼성에 전기 부품을 생산·납품하는 가택 하청 노동자들은 이들이 '삼성' 상품을 만들고 있음에도 불구하고 다른 회사에 다른 물품을 생산, 납품하는 가택 하청 노동자들과 같은 조건에서 별다를 바 없는 수당을 받으면서 일하고 있다. 삼성이 핵심부와 주변부 사이의 다각적인 구분을 활용하고 작업 단위들과 보상 사이의 다각적인 연계를 구축하고, 이로써 더 높은 단계에 도달하겠다는 전망으로 노동자들이 더 열심히, 더 오래 일하도록 함으로써 헌신적인 노동자들을 통해 벌어들이는 추가 수익은 계층적 생산 고리를 따라 내려가다 보면 점차 고갈되어 버린다. 생산품 면에서도 마찬가지다. 현지 시장이 크게 형성되어 있는 극히 소수의 예외를 제외하고는 개발도상국 노동자들은 한국에서 가져간 십 년은

족히 넘은 생산직에서 낡아빠진 생산품을 만들기 위해 일한다. 삼성의 노동자 가운데 이런 핵심부와 주변부 구분에서 자유로울 수 있는 사람은 단 한 명도 없는 것으로 보인다.

삼성맨의 조직화: 힘겨운 싸움

동급의 다른 기업들과 비교해 볼 때 삼성맨이 더 많은 임금을 받는다는 것은 사실이다. 그러나 이런 완벽해 보이는 자기 재생산self-reproduction 체계에도 한계는 있다. 삼성맨은 장시간 일한다. 특히 위계 사슬에서 지휘 계통에 있는 고위급 직원일수록 더 그렇다. 그러나 많은 사람들이 곧 뭔가 놓치고 있다는 것을 깨닫는다. 살아남기 위해서는 다른 사람들을 이겨야만 하고 다른 주변부에 대해 핵심부의 역할을 해야 한다. 동시에 나보다 핵심부에 있는 다른 노동자들은 나를 착취한다. 자연히 많은 사람들이 이것을 견디지 못하고 그 일부분이 되기를 거부하게 된다. 끊임없이 반복되는 초과근무, 평가, 수많은 의무와 금지들의 압박에 많은 사람들이 다른 일자리를 알아본다. 특히 오랫동안 삼성에서 근무했지만 승진 경쟁에서 탈락한 사람들은 조금씩 삼성맨의 신화에서 깨어나게 된다. 이것이 '꿈의 직장'인 삼성에서 이직률이 높은 이유다. 그러나 대부분의 경우 삼성에서 살아남기 위해 청춘을 다 바친 이들이 더 나은 일자리를 찾기란 어렵다. 그들은 나가라는 말을 들을 때까지 버티는 수밖에 없다. 종종 삼성 협력사의 관리자 자리를 얻어 다시 삼성공화국의 일원이 되기도 하지만 이번에는 중심부와 주변부 관계에서 다른 역할을 하게 된다.

삼성맨이 된다는 것이 지속 가능한 삶의 방식은 아니라는 인식이 삼성

표 1-9 | 1998년 이후 국내 삼성그룹 내 노조 결성 시도

계열사	연도	경과
삼성SDI	1998	폭력적인 노조 파괴, 납치, 구타, 감시
신세계	1998	노조 결성(더는 삼성 소속 아님)
삼성코닝	2000	노조 파괴(사내 하청)
에스원	2001	회사 측의 서류노조 선 등록으로 노조 파괴
삼성그룹(전반)	2001	정부에 의해 해산
삼성캐피탈	2001	노조 파괴
아르네삼성	2002	노조 파괴, 정리해고
신라호텔	2003	지도부 실종, 어용노조 등록
삼성일반노조	2003	노조 결성, 후에 비직원 노조원 문제로 정부에 의해 해산
삼성플라자	2003	노조 결성, 후에 파괴
삼성전자	2004	노조 등록, 며칠 후 등록 취소
금속노조	2004	삼성전자와 삼성SDI 직원 여섯 명이 금속노조 가입, 얼마 후 협박과 무력으로 모두 탈퇴

출처: 조돈문(2006, 60).

내에 점점 높아지고 있다. 특히 끊임없는 구조조정과 높아지는 직업 불안
정성 때문에 탈신화화는 더욱 빨라지고 있다. 삼성이 이 신화화에 기반을
두고 성장해 온 속도만큼이나 노동자들은 빨리 이런 깨달음을 얻고 있다.
삼성의 노동자들이 삼성의 주인으로 대우받는 것은 오직 그들이 기업의 시
스템에 자신들을 완전히 복종시킬 때뿐이며 조금이라도 불복종의 기미가
보인다면 엄중한 처벌의 대상이 되는 것이 사실이다. 사실 노조 조직화야
말로 삼성맨에 대한 회의를 표출하는 가장 위험스러운 방식이다. 노조 문
제에 관해서 삼성은 딜레마에 처해 있다. 한국 노동운동이 가장 격렬하게
벌어지던 동안에도 교묘하게 구시대적인 무노조 정책을 유지해 온 덕분에
삼성은 경제 위기 이후의 구조조정에서도 별다른 저항에 부딪치지 않았다.

무노조 정책은 그 어느 때보다 유익한 것으로 여겨졌다. 삼성은 전체 노동자의 3분의 1을 감축할 때에도 별다른 노동쟁의를 겪지 않아 구조조정에 항의하는 격렬한 시위에 대처해야 했던 다른 기업들의 부러움을 받기도 했다. 그러나 바로 그 성공적인 구조조정이 삼성맨들이 갖고 있던 삼성의 신화를 심각하게 위협했다. 삼성맨들이 차츰 삼성맨이 되기를 거부했던 것이다. 삼성SDI를 시작으로 국내 삼성 노동자들이 구조조정 이후 노조를 결성하기 시작했고 태국에서도 구조조정 기간 노동자들이 노조 결성을 시도했다.

　삼성이 추구하는 가치의 한 부분이 되기를 거부한 이들을 삼성이 얼마나 야만적으로 잔인하게 다루는지를 극명하게 폭로한 것은 삼성SDI의 사례였다. 1998년 삼성SDI는 구조조정을 추진해 명예퇴직 형식으로 700~800여 명 노동자들을 정리해고했다. 삼성SDI의 노사협의회 대표 송수근은 다른 14명의 협의회 회원들과 함께 삼성SDI 본사를 찾아가 추가 구조조정에 항의했다. 이에 삼성SDI는 민주노총과 함께 항의 시위를 벌이려던 그를 납치하는 등 수차례 그를 회유·협박한 끝에 그를 해고했다. 그의 동료들은 중국 톈진 공장이나 말레이시아 공장으로 전근 조치되거나 관리자에게 구타를 당했다(조돈문 2006, 63). 납치된 송 씨는 회사 관리자들에 의해 동해안으로 끌려가서 생매장을 시키겠다는 위협을 받았고, 노조 결성에 더는 관여하지 않겠다는 맹세를 한 후에야 풀려날 수 있었다. 2년 후, 다른 활동가들은 삼성SDI가 '친구찾기 서비스'를 이용해 핸드폰으로 자신들의 위치를 추적했다며 삼성SDI를 고발했다. 이들에 따르면 삼성은 이들의 핸드폰의 내장 기기 정보를 불법적으로 복사해 '친구찾기 서비스'에 가입시켰던 것이다. 더 기가 막힌 일은 서비스 가입자들이 다 사망자였다는 것이다. 즉, 삼성SDI는 증거를 남기지 않기 위해 사망자의 핸드폰 가입 정보를 이용했다는 혐의를 받았다(조돈문 2006). 노조 결성 시도를 저지하는 데 삼성은 폭력·

협박·매수 등 온갖 불법적이고 비인간적인 방식을 동원하기를 주저하지 않았다.

삼성의 노조 파괴 공작의 피해자들은 삼성이 노조 결성 시도를 저지하는 체계적인 방식을 갖고 있다고 증언한다. 삼성 계열사가 있는 모든 지역에 '지역 태스크포스'를 세워 삼성그룹 본사가 조종하는 방식이다. 이 태스크포스의 일차적 목적은 노조 결성을 시도하는 것으로 의심되는 사람들을 미행하는 것이다. 일단 태스크포스에 의해 지목되면, 관리자들이 직장 내에서건 밖에서건 그림자처럼 이들을 따라다닌다. 결국 노조 결성을 시도한 노동자 대부분은 퇴직금을 받고 명예퇴직하거나 해외 계열사로 보내진다.

가혹한 노조 파괴 공작에도 불구하고 삼성에 노조를 결성하려는 시도는 계속 높아졌고, 구조조정으로 정리해고당한 노동자들이 모여 2000년에 삼성해고자복직투쟁위원회를 결성해 자신들의 권리를 되찾기 위해 투쟁해 왔다. 이 위원회는 구조조정을 계기로 삼성 신화에 사로잡혀 있던 삼성 노동자들이 깨어날 수 있었다고 말한다.

> 야수의 얼굴로 노동자 탄압의 피 묻은 두 손을 감추고, 다른 얼굴로는 인간 존중을 외치는 더러운 수작에 더는 기만당할 삼성 노동자와 국민은 없다는 것을 삼성 재벌은 알아야 한다. …… IMF 구조조정 아래에서 삼성 노동자들은 삼성이 평생직장이 아님을, 이씨 왕조의 이익을 위해서는 언제든지 쫓겨날 수 있음을, 그래서 민주 노조를 건설해 생존권과 고용 보장을 위해 투쟁해야 한다는 것을 알았다(김성환·이정미 2002, 29).

삼성이 노사관계의 전면적인 시장화를 통해 이루어 낸 성공 자체가 얄궂게도 삼성의 신화적 세계를 무너뜨리는 원인이 되었다는 것이 점점 더 분명해지고 있다. 삼성 노동자들이 글로벌 리더가 된다는 신화 뒤에 감춰진 현실이 어떤지를 깨닫는 것을 삼성이 막을 수는 없을 것이다. 물론, 삼성 드림을 쫓는 새로운 노동력이 계속 존재하는 한 삼성 노동자들을 다층적으로 분할하는 삼성의 전략도 계속될 것이다. 그러나 이들 새로운 노동자들 가운데서도 가혹한 경쟁과 비인간적인 처우를 겪으면서 그 일부가 되기를 거부하는 이들이 다수 나오게 될 것이라는 것 역시 분명하다.

7. 도전받는 무노조 정책

지금까지 건어물 무역과 국수 제조로 시작해서 거대한 세계시장 지배력과 현대적 첨단 기술, 사업 경영 수단을 갖춘 유명한 초국적기업으로 성장하기까지 삼성의 역사를 살펴보았다. 삼성이 위대하고 다재다능하고 열린 사고를 가진 '회장님' 덕분에 성공한 것으로 묘사한 수많은 삼성 관련 글들과는 반대로, 이 글은 '삼성'이라는 기업의 역사를 노동, 국내외 시장, 그리고 정치와의 관련성 측면에서 서술했다. 이를 통해 우리는 삼성을 노동자와 사용자의 관계, 시장 내 경쟁자들 간의 관계, 정치와 경제 간의 관계, 그리고 국민경제 간의 관계들의 복합체로 이해하고자 했다. 하나의 기업으로서의 삼성에 대해 이야기해 보자면, 삼성은 삼성의 성공 스토리와 별개로 볼 수 없는 주변의 환경들을 상당히 잘 관리해 온 것으로 보인다. 삼성은 이런 관계들에서 얻은 경험을 통해 교훈을 얻었고 이를 기업의 에너지와 전략으로 승화시켜 다음 단계로 발전했다. 삼성은 지주 중심의 반봉건적 사회구조, 식민주의, 전쟁, 원조에 기반을 둔 재건을 토대로 초기 자금을 축적했다. 이후 삼성은 다른 이들보다 빨리 움직임으로써 재빨리 새로운 구조

속으로 편입했다. 나아가 삼성은 직접적인 정경유착을 통해 만들어진 독점적 시장에서 발생한 이득을 누렸으며, 도시화를 통해 발생한 무제한적인 노동력 공급으로부터도 이득을 보았다.

1950년대 후반, 삼성은 처음으로 노동자들의 심각한 도전에 직면했지만 노조 파괴 전술을 활용함으로써, 그리고 이어서 신군부의 강력한 노동자 단체행동 통제를 통해 이를 극복했다. 1960년대와 1970년대, 그리고 1980년대에도 부분적으로 삼성은 군사정부를 중심으로 한 국가 주도의 개발주의에 편승해 중공업과 전자산업에 진출했고 이것이 오늘날 삼성의 토대를 형성했다. 보호된 내수시장에서 독점적 지위를 최대한 활용해 삼성은 1980년대 말에 이르면 수출주도 기업으로 변신하게 된다. 1980년대 노동운동의 도전에 삼성은 한편으로는 다른 대기업보다 성공적으로 노조 파괴 공작을 했지만 노동자들에게 정치적 보상이라는 옵션을 배제한 대신 다른 기업들보다 많은 경제적 보상을 지불해야 했다. 삼성이 노동자들에게 더 많은 임금을 지불하고 사내 복지에 더 많은 돈을 들여야 했지만, 경제적 보상이 커진 덕분에 삼성은 가장 헌신적이고 열심히 일하는 노동자들을 얻을 수 있었다. 다른 한편으로 삼성은 개발도상국들에서 값싼 노동력과 같은 저렴한 생산 원가를 활용해 세계시장에서의 경쟁 압박을 넘어서는 등 세계화에 나서기 시작했다. 삼성은 또한 기술집약적 발전 전략을 토대로 상품과 사업 영역을 다각화했다. 노동력이 비싼 한국에서는 다양한 작업 단위의 실적과 경제적 보상을 긴밀하게 연계시키는 독자적이고 정교한 인적 자원 관리 시스템을 개발했다. 이렇게 함으로써 삼성은 자사 직원들을 중심부와 주변부로 나누어 수많은 범주를 만들어 냈으며, 이 과정에서 삼성맨이라는 정체성을 구축했다. 1990년대부터는 핵심부를 끌어안고 주변부를 착취하는 방식으로 사업을 경영해 왔다.

그러나 삼성 노동자들은 이전에 비해 만족스럽지 않아 보인다. 일상적으로 가혹한 구조조정에 내몰린 노동자들은 삼성의 이윤이 자신들의 몸과 마음을 희생한 대가로 창출되었음을 깨닫게 되었다. 점점 노동쟁의가 늘어났고 삼성으로서는 값비싼 비용을 무릅쓰고라도 노조를 파괴하는 것 외에 달리 선택의 여지가 별로 없는 듯하다. 더우기 경제적 보상에서도 매우 불만족스러운 주변부 노동자들과는 삼성 성장의 배경이 된 삼성 신화를 창조할 수 없었기 때문에 이런 상황은 더욱 악화될 가능성이 크다. 핵심부에서건 주변부에서건 구조조정이 일상화되면서 삼성의 무노조 정책도 점점 더 압박을 받는 것이다.

삼성은 끊임없이 움직이고 있다. 사업 다각화를 통해 한 산업에서 다른 산업으로 움직이고 있다. 삼성은 한국에서 아시아로, 아메리카 대륙으로, 중국으로 움직이고 단순 기술에서 하이테크로, 트랜지스터 라디오에서 반도체로 움직인다. 앞에서 살펴본 것처럼, 과거의 도전을 극복하는 과정에서 움직였고 이는 다시 새로운 도전을 낳았다. 삼성은 자기 자신, 노동자, 국가, 그리고 경쟁자들에 의해 창출된 공간에서 발전해 왔다. 실제로 삼성은 시장뿐만 아니라 노동자와 끊임없이 투쟁해 왔다. 삼성의 이동이 대개 성공적이었다고 말할 수 있을지도 모른다. 그러나 삼성이 지금껏 해온 방식으로 미래의 도전도 잘 극복할 수 있을 것이라 말하기는 너무 이르다. 삼성이 노동자들의 정치적 권리를 배제한다는 원칙을 포기하지 않는다면, 그리고 노동자의 단결권을 인정하지 않는 것은 한계가 있다는 것을 인정하지 않는다면, 최근 몇 년간 자신들의 영혼과 단체행동권을 주장하기 시작한 노동자들을 다루기란 점점 더 어려워질 것이다.

삼성화인가 중국화인가 : 중국 삼성전자의 노동관계

제2장

모니나 웡(Monina Wong)

이 글은 중국 내 삼성전자의 기업 발전 과정을 추적함으로써 외국자본이 중국의 내부 모순을 어떻게 조정하며 세계화 전략을 달성하는지 분석할 것이다. 외국자본에 의한 중국 시장 장악, 국영기업 구조조정과 청산, 이 과정에서 불가피하게 발생한 실업 문제를 해결하기 위해 중국 정부가 활용하는 노동의 비집체화非集體化 및 비공식화 등 세 가지 측면에서 살펴보고자 한다. 그러나 삼성이 중국에서 거둔 성공은 기업 경영 전략의 성공 때문만은 아니다. 삼성이 정경유착과 노동 탄압이라는 한국의 특수성 속에서 성장한 기업이라는 점을 염두에 두고, 중국에 진출한 삼성전자의 특수한 노동 관행을 살펴볼 것이다. 이를 통해서 우리는 중국의 호혜적 사회관계 부재가 중국에 진출한 삼성전자 계열사에서 나타나는 노사관계의 '삼성화'를 결정한다는 점을 발견하게 될 것이다. 여기서 말하는 '삼성화'는 한국 기업이 주로 사용하는 노사 전략의 축소판이자, 중국의 독특한 노사관계 체계에 대한 삼성의 적응을 가리킨다. 따라서 중국 삼성전자 노사관계의 미래는 중국의 사회적 모순의 전개와 일반적인 자본-노동 관계를 둘러싼 노동자계급의 투쟁과 관련되어 있다.

1. 재벌기업 삼성의 성장과 노사관계의 삼성화

삼성은 1938년 만주에 과일과 건어물을 수출하는 작은 무역회사로 출발해서 수십 년 사이에 식품 제조와 섬유, 전자를 포함하는 대기업으로 발전했다. 재벌의 계보는 전후 한국의 정치경제와 밀접히 관련되어 있다. 1961년 군사 쿠데타를 통해 정권을 장악한 박정희 정부의 수입 대체 산업화와 중화학공업화에 기반을 둔 국가 주도의 발전 모델은 국가와 재벌 간의 긴밀한 협조를 필요로 했으며, 특히 노동자의 단체행동을 탄압하고 자본과 노동을 전반적으로 통제했다(Chang 2002). 박정희 정부는 1973년 착수한 정부의 중화학공업 증진 계획을 지원해 준 재벌에게 그 보상으로 주요 은행의 총 대부금 가운데 60퍼센트에 이르는 신용 대부를 제공했고(Kim 1996), 재벌들은 이를 통해 사업 다각화와 자본축적을 이룩할 수 있었다. 그러나 1970년대에 삼성을 포함한 한국의 전자산업은 코닝글래스워크, 모토로라, 산요, 니혼전기주식회사NEC와 같은 미국과 일본 회사에 트랜지스터 라디오, 브라운관, 전자 부품 등 저가의 상품을 공급하는 수준에 불과했다. 당시 한국은 핵심 기술 수입과 해외 차관에 크게 의존하고 있었다. 삼성은 수직통합1 능력을 갖추기 위해 반도체와 같은 핵심 기술을 독자적으로 개발하는 데 투자하기로 했다. 개발독재 시기에 재벌이 누렸던 경제적 지위 덕분에 삼성은 기업을 인수하거나 다른 회사와 라이센스 계약을 맺음으로써(1974년에는 한국반도체와, 1984년에는 디램 제조를 위해 마이크론 테크놀로지 및 샤프와 제휴) 기술을 획득할 수 있었다. 그러는 동안에도 반도체와 디램 등 자본 집약 상품 개발에 필요한 자본축적을 위해 계속 저가의 전자제품을 대량생산했다(Kim 1997).

1980년대는 미국, 유럽, 동북아 국가들 사이에 무역 전쟁이 한창이었다. 일본, 한국, 대만에서 쇄도하는 저가의 전자제품으로 말미암아 심각한 무역 적자를 경험했던 미국과 유럽은 동북아 국가를 상대로 무역 전쟁을 시작했다. 한국에 대한 미국과 유럽의 일반특혜관세제도generalised system of prefer-

---

1　일정 분야의 제품을 생산·유통하는 단계가 다른 기업끼리 결합해 단일기업체가 되는 일.

ence, GSP가 1988년 철회되었으며 한국 수출품에 높은 관세가 부과되었다. 삼성은 일본 기업들과 마찬가지로 높은 관세를 피하기 위해 브라운관, 전자레인지, 백색 가전제품(냉장고, 세탁기 등) 등의 수출품 생산 기지를 미국(1984), 포르투갈과 멕시코(1989) 등지로 이전했다(Kim 1997). 그러나 핵심 기술 보유나 수직 통합 없이 자본의 이동만으로 초국적기업이 국제 자본과의 경쟁에서 살아남기란 역부족이었다. 삼성이 반도체 개발에 지속적으로 투자할 수 있었던 것, 특히 1985년 세계 반도체 시장에서 디램 가격 폭락을 극복할 수 있었던 것은 1970년대 후반에서 1980년대에 이루어진 국가의 억압적인 노동정책이 있었기에 가능한 일이었다.

이런 무역 전쟁의 와중에서 삼성에 기회가 찾아왔다. 삼성은 1987년을 전후로 미국과 일본 사이의 경쟁으로 말미암아 반도체 시장에서 유리한 고지를 점하게 된다. 1985년 미국과 일본 간에 맺은 반도체무역협정STA 86-91의 결과로 일본은 반도체 시장을 외국기업에 개방해야만 했고, 뒤이어 1987년 미국은 일본 디램에 대해 반덤핑 관세를 늘리는 보복 조치를 취했다. 일본에서 256K 디램 공급량이 줄어든 반면, 수요는 늘면서 가격이 상승했다. 당시 디램 64K와 256K 생산(1984년), 디램 1M(1985년) 생산에 성공한 삼성에게 미국과 일본의 반도체 무역 갈등은 오히려 호재로 작용했다(Kim 1996). 이를 계기로 한국은 미국의 두 번째 만도체 공급 시장이 되었고 삼성은 규모의 경제를 통해 이윤을 얻기 시작했다.

그러나 1980년대는 국가와 자본의 억압에 맞서 노동자들의 저항이 고조된 시기이기도 하다. 1977~86년 사이 연평균 174건이었던 노동쟁의는 1987~96년 사이 연간 846건으로 늘어났다(Chang 2002, 18). 이 당시 한국 경제는 국제적인 보호주의와 국내시장 개방(1989~93년 사이 소비재 수입 쿼터를 철회하고 관세를 10퍼센트 이하로 축소)(Kim 1997) 압력으로 어려운 상황에 처해 있었기 때문에, 한국 기업들은 노사관계와 임금 인상에 대한 통제력 상실을 용인할 수 없었다. 국가 주도의 수출 지향적인 성장 정책의 결과로 1980년대 후반에서 1990년대 초반에 이르면 한국 기업들도 불가피하게 세계화된 경쟁의 한 가운데 놓이게 된다. 그런 와중에도 국가는 여전히 노동 통제와 노동조합을 불법화하기 위해 총자본이 기댈 수 있는 언덕이었다.

그러나 재벌들, 그중에도 특히 중공업이나 전자산업과 같은 전략적 부문에 속한 집단은 좀 더 공격적으로 세계화 전략을 추진할 수 있는 여력을 가지고 있었다. 삼성은 반도체와 디램 부문에서 확보한 시장 장악력을 통해 이를테면 반도체(40퍼센트), 가전제품(38퍼센트) 및 데이터 처리 시스템(22퍼센트)과 같은 전략 제품 시장에 집중할 수 있었다(Kim 1997). 디램이나 박막트랜지스터 액정표시장치TFT-LCD 등과 같이 이윤 폭이 높은 틈새 상품과 핵심 연구개발에 필요한 새로운 시장뿐 아니라, 규모의 경제 생산을 위해 동남아시아와 중국을 활용함으로써 세계화된 생산망을 갖추게 된다. 해외시장뿐만 아니라 국내시장에서도 확고한 기반을 닦은 삼성과 같은 재벌은 국가와 협력해 노동운동의 성장을 더욱 치밀하게 막아 낼 수 있었다. 억압적인 국가의 노동정책 및 기업의 생산 재편성과 더불어, 노동자파견법을 통해 노동시장 유연화가 도입되면서 기업은 작업장 인적 자원 관리 방침을 통해 억압적 노동 통제를 강화하고자 했다(Chang 2002; Chang and Chae 2004). 1990년대에 삼성이 인사관리 방침으로 도입한 시장 임금, 실적 위주의 평가와 그에 따른 상여금, 계약제 등은 노동쟁의와 노동조합 설립을 성공적으로 차단했다(Chang and Chae 2004). 1997년 금융 위기를 계기로 국가와 자본이 협력을 통해 노동운동을 약화시켰고, 특히 노사관계에서 '삼성화'가 등장했다.

2. 초국적기업 삼성의 중국 진출과 성과

세계경제에서 중국이 차지하는 위상이 높아짐에 따라, 서구와 경쟁해
온 동북아시아 자본들 사이에서 '떠오르는 중국'을 상대로 최대한 이윤을
확보해야 한다는 긴박한 욕구가 등장했다. 예컨대 소니의 최고경영자는
1980년대 서구 시장 진입 이후 소니의 세계 전략에 활력을 불러일으킬 열
쇠로 아시아 시장, 그 가운데서도 중국을 핵심 시장으로 지목했다(*Financial
Times* 2002/11/01). 소니는 중국에 누적액 89억 달러에 이르는 투자를 했으
며, 중국 시장 진입의 초창기라 할 수 있는 1978년에 진출했음에도 불구하
고 그동안 다소 소극적이던 입장에서 전환해 빠른 행보를 보였다(*People's
Daily Online* 2003/08/18). 소니의 경쟁사인 삼성은 그보다 늦게 출발했으나
훨씬 발빠르게 움직였다. 한중 국교 정상화 이후인 1993년 첫 투자 이후
2005년 삼성의 투자액은 45억 달러를 넘어섰다. 삼성은 중국에 24개 계열
사를 설립해 5만 명 이상의 노동자를 고용했다(Samsung China web site
2006). 삼성전자만 보더라도 제조 설비 14개, 판매 부서 8개, 연구개발원 4
개를 중국에서 직접 운영해 2만3,000명의 고용을 창출했다(Samsung China
web site 2006). 중국에서 얻은 판매 수익은 같은 해 삼성전자가 보고한 총수
익 576억6,000만 달러 가운데 176억 달러에 이르렀다(Samsung China web
site 2006; samsung.com 2006).[2] 수출이 회사 수익의 82퍼센트를 차지했는데,
재벌 그룹 삼성의 2005년 수출 수익 500억 달러 가운데 78억 달러가 중국
에서 들어왔을 정도였다(*Financial Times* 200/04/14; Samsung China web site

---

2 삼성의 판매 수익은 2004년 30억 달러였던 소니보다 훨씬 높다(*People's Daily Online* 2005/05/16).

2006). 그러나 삼성이 이런 수익을 올릴 수 있었던 이유를 단순히 중국의 저렴한 생산비 때문으로 환원해서는 안 된다. 다른 초국적자본 역시 중국의 저렴한 생산비의 혜택을 누렸다. 중국에서 삼성은 그간 삼성이 축적한 시장의 힘과 더불어, 정경유착과 노동 통제를 기반으로 성장한 한국 기업 특유의 경영 전략으로 중국의 국가 주도 경제개혁 과정에서 드러난 중국 경제의 국제적 모순을 조정하고 이용함으로써 이득을 보았다.

삼성의 지역별 생산 네트워크는 세 개의 주요 클러스터에 세워졌다. 한국에 근접한 허베이^{河北}성 톈진 북부 도시에서는 중국에서 생산되는 삼성 휴대폰의 60퍼센트가 제작되고 있으며, 이곳은 삼성SDI에서 생산하는 휴대폰 부품의 최대 생산 기지이기도 하다. 삼성은 톈진에만도 열한 개의 계열사를 설립했으며 여기에는 삼성SDI, 삼성전자, 삼성전기, 제일모직, 삼성코닝, 삼성테크윈 등이 있다. 이들은 모두 톈진 경제기술개발지역^{天津泰達經濟技術開發區}에 위치해 있어 톈진 삼성은 중국 최대의 단일 투자 공장으로 자리 매김하고 있다. 톈진은 삼성의 총 중국 투자 35퍼센트를 차지하며 중국 내 삼성 노동자의 28퍼센트가 이곳에서 근무한다(*China Business News and Observer* 2006).

현지에서 한국 자본이 차지하는 비중 역시 높다. 이 계열사들의 산업 생산량은 이미 톈진 외국기업 부문 총 산업 생산량의 15.6퍼센트를 차지하고 있다(天津政府 2004). 삼성이 유발한 연쇄 효과로 한국은 톈진에서 네 번째로 규모가 큰 투자 국가가 되었고 2002년에는 한국 기업이 1,502개나 설립되었으며, 25억 위안 가치의 해외직접투자가 이루어졌다(天津市人民政府外事辦公室 2002). 톈진 경제기술개발지역 내의 둥리^{東麗}구·진난^{津南}구에서 한국 투자 기업은 전체 외국기업 고용의 3분의 2를 차지하고 있을 뿐만 아니라 전체 해외직접투자와 수출에서도 60퍼센트를 점하고 있다. 이제 삼성은 연

연도	도시 (성)	지부 명칭	생산품, 중국인 파트너, 자본 소유권
1992	톈진 (허베이)	톈진 삼성코닝	VCR, DVD 부품 100% 계열사
1992	후이저우 (광둥)	후이저우 삼성전자(HSEC)	오디오 제품 후이저우지산총공사
1993	톈진	톈진 삼성전자(TSEC)	VCR, VCR 덱, VCR 드럼 톈진 통광공사
1993	웨이하이 (산둥)	산둥 삼성통신설비(SST)	복사기
1993	톈진	톈진 삼성전기(TSEM)	VCR, 드럼모터, 튜너 톈진 무선전자 제5공장
1994	톈진	삼성 광전자	사진기 톈진 사진기 회사.
1994	쑤저우 (장쑤)	쑤저우 삼성전자 반도체	반도체, 이후 DRAM, SDRAM, 플래쉬메모리, 시스템 LSI 쑤저우 공업단지 유한공사.
1994	둥관 (광둥)	둥관 삼성전기(DSEM)	스피커, 키보드 등 100% 계열사.
1995	톈진	톈진 통광 삼성전자(TSDI)	케이블 텔레비전, TFT-LCD 디스플레이 톈진 통광공사
1995	쑤저우	쑤저우 삼성전자(SSEC)	백색전자제품. 국영기업과 합작회사 2002년 100% 계열사화
1996	톈진	톈진 삼성 휴대폰 디스플레이(TSDIM)	CDMA 휴대폰용 디스플레이 PDA 톈진전자설비공사
1996	선전 (광둥)	선전 삼성전자 디스플레이(SSDI)	브라운관(CPT, CRT), PDP 선전시 정부 투자관리공사
1998	둥관	둥관 삼성전자 디스플레이(DSDI)	TFT-LCD 디스플레이, 전자총 둥관 호우지에 정부 2001년 100% 계열사
1998	선전	선전 싸이거-삼성 유리	브라운관(CRT) 텔레비전, 패널 유리와 채널 유리 싸이거 인수로 최대 주주화 2002년
2001	톈진	톈진 삼성 통신기술	GSM, CDMA 휴대폰 톈진전자설비공사와의 합작 법인
2002	쑤저우	쑤저우 삼성전자 디스플레이	B12.1", B14.1", B15.0", B17.0" 모니터, TFT-LCD 노트북 디스플레이 100% 소유권.
2002	쑤저우	삼성 반도체 연구개발공사	집적회로(IC), 반도체 디자인, R&D 100% 소유권.
2002	쑤저우	쑤저우 삼성전자컴퓨터	노트북 컴퓨터 100% 소유권
2002	선전	선전 삼성 커젠 이동통신기술	CDMA 핸드폰, 중국 커젠 유한공사와의 합작 법인 2003년 최대 주주화
2002	상하이 (장쑤)	상하이 삼성전자 디스플레이	VFD, PDP 테스팅
2004	선전	선전 삼성코닝	브라운관(CRT) 100% 소유권

출처: 저자 공동.

간 1억5,000만 대에 이르는 휴대폰 생산능력을 지탱하기 위해 톈진의 100개가 넘는 공장에서 50퍼센트 이상의 부품을 조달하고 있다. 이런 생산 기지 설립으로 삼성은 1994년 스페인 휴대폰 공장을 폐쇄할 수 있었다.

두 번째 클러스터는 중국 중부 장쑤성의 양쯔강 삼각주 지대長江三角洲에 있다. 양쯔강 삼각주에는 상하이上海, 쑤저우蘇州, 쿤산昆山, 우저우梧州, 우시無錫 등의 정보기술 도시가 여럿 포함되어 있다. 이 지역은 1990년대 중반 중국으로 해외직접투자 물결이 몰리던 두 번째 시기 — 이는 중국의 세계무역기구WTO 가입 이후 세금과 관세 철폐에 대한 기대 때문이었다 — 에 부상한 도시들이다. 그리하여 상하이를 중심으로 양쯔강 삼각주는 지역 내에 수직 통합 구조를 달성하기 위한 제조업자 설계 생산ODM과 자체 상표 생산OBM을 위한 자본 투자를 유치할 수 있었다. 쑤저우는 일본과 대만의 주요 노트북/집적회로IC 제조 업체들이 상하이 다음으로 선호하는 지역이 되었다. 4만 명 이상의 해외 주재 대만인 전문가들과 투자자들이 정착해 있는 쑤저우에는 현재 6,200개 이상의 대만 기업이 270억 달러 이상을 투자하고 있다(『蘇州日報』 2006/02/18). 지금 양쯔강 삼각주는 중국 집적회로 생산의 60퍼센트와 중국 노트북 총생산량의 50퍼센트를 차지하고 있다(Yao 2002). 1994년 장쑤성 정부는 싱가포르 정부와 합작으로 쑤저우공업단지蘇州工業園를 건설했다. 쑤저우공업단지에서는 투자와 수출입 정책을 포함해 어느 지역보다 나은 특혜를 다양하게 누릴 수 있었는데, 그 가운데에는 원자재 수입과 완제품 수출이 적기에 이루어질 수 있도록 상하이에서 수입되는 항공 화물을 관리하는 자체 세관이 있어, 공업단지 내에서 제조 및 물류 네트워크를 직접 연결할 수 있다. 어쨌든 쑤저우공업단지는 해외에 있는 다양한 정보기술 전문가들을 쑤저우로 끌어들이기 위한 투자 계획 승인, 여권·비자 신청 관리 등을 자체적으로 처리할 수 있다(SIP web site).[3] 그 결과로 축적된 쑤저우공업단지의 해외직접투자는 2005년 239억5,000달러에 달했다. 같은 해 실현된 생산액과 수출입 가치는 각각 580억 달러와 405억 달러였다(SIP web site). 이런 투자는 자동차와 비행기 부품 제조뿐만 아니라 집적회로, 반도체, TFT-LCD 등에 크게 집중되었다. 삼성은 쑤저우 삼성 전자 디스플레이, 쑤저우 삼성 반도체유한공사, 쑤저우 삼성전자 TFT-LCD, 중국 삼성반도체연구개발공사, 쑤저우 삼성전자 등 다섯 개의 쑤저우공업 단지 계열사에 투자했다. 현재 쑤저우는 노트북과 전자제품 제조뿐만 아니라 집적회로 설계, 포장, 연구개발 부문에서도 최고 수준의 공장이 집중된 곳으로 알려져 있다.

세 번째 클러스터는 광둥성으로 삼성은 둥관東莞시와 후이저우惠州시 등에 전자 생산 기지 세 곳을 두고 있다. 선전에 있는 삼성코닝은 CRT/LCD 텔레비전용 유리회로기판을 생산하고 있으며 다른 두 개의 계열사에서 휴대폰 디스플레이, CRT 텔레비전, LCD 텔레비전, LCD 모니터가 제작되고 있다. 자본 집약적인 해외직접투자가 집중되어 있는 양쯔강 삼각주와 달리 광둥성은 주로 홍콩과 대만에서 들어오는 노동 집약적 가공 산업을 위한 지역이었다. 해외직접투자에서 자본 집약적 투자의 비중이 상대적으로 낮음에도 불구하고 광둥성은 여전히 비핵심 전자 부품과 주변 기기 생산에 있어서 중국 내 최고를 달리고 있다. 예컨대 둥관시에만 2,800개 이상의 정보통신 공장이 있으며, 세계에서 생산되는 프린터, 컴퓨터 케이스(40퍼센트), 컴퓨터 서버(30퍼센트), 키보드(16퍼센트), CPU(15퍼센트)의 약 60퍼센트가 둥관에서 만들어진다(Yao 2002). 광둥 클러스터는 삼성전기의 주요 부품

---

3 다른 투자 정책으로는 2년 세금 면제와 3년 세금 감면 등이 있으며 이런 정책들은 다른 도시들에도 흔하다.

지원 기지로서 TFT-LCD 생산에서 좀 더 높은 수직 통합과 신장이 기대되고 있다.

1990년대 초 중국에서 처음 사업을 시작했을 때 삼성은 중국 정부의 시장 보호와 '수출에 한정된 해외직접투자' 전략 때문에 분투했다. 중국은 해외직접투자를 통해 국영기업의 질을 향상시키는 데 성공했다. 예를 들어, 톈진통신방송집단유한공사天津通信廣播集團有限公司(TCB 혹은 퉁광)와 합작한 톈진퉁광삼성전자天津通廣三星電子有限公司, 톈진전자계기공사天津電子儀錶總公司와 합작한 톈진삼성휴대폰디스플레이天津三星視界移動有限公司와 같이 삼성은 현지 국영 전자 기업과 합작을 통해서만 사업을 할 수 있었다. 지방 자치 정부가 직접 관리하는 후이저우지산총공사惠州市地産總公司와 합작한 후이저우 삼성전자 선전투자관리공사深圳市投資管理公司와 합작한 선전 삼성전자 디스플레이, 둥관시 호우지에厚街 정부와 합작한 둥관 삼성전자 디스플레이와 같이 투자 유치 기업들과 합작해야만 했다. 물론, 이와 같은 협력의 이면에는 현지의 낮은 생산비를 이용하고 지역 시장에 접근하려는 삼성의 이중 전략이 깔려 있었다. 따라서 1992~98년 사이에는 VCR 부품 제조 같은 초저가 산업만 이전되었고, VCR, DVD, 냉장고 등과 같은 전통적인 소비재 전자 상품은 대리점 한 곳과 중국 삼성의 직판장 23곳에서 판매할 뿐이었다. 수직 통합과 부품 조달의 현지화는 매우 저조했다. 판매 전략은 중국 정부의 시장 보호와 대기업 전략大公司戰略에 부딪혀 제대로 펴기 어려웠다. 삼성이 1998년 이래로 택한 중국에서의 두 번째 '움직임'은 다른 종류의 시장·노동 합병 전략, 시장 세분화, 현지화다. 예를 들어 쑤저우 삼성전자는 1998년 누적 재고와 유휴 생산라인으로 210만 달러의 손실을 본 후 전체 노동자 900명 가운데 3분의 1을 해고했다(『商業周刊』 2002/03/04). 23개 사업장 전체가 폐쇄되었고 합작회사의 국영기업 파트너가 고용한 무능한 중국인 매니저들이 해고되었으며 계열사 간 경쟁을 촉진시키기 위해 사업과 운영이 독립되었다. 중국의 세계무역기구 가입은 삼성이 더 공격적인 전략을 도입하게 되는 전환점을 만들었다. 생산은 휴대폰, 컴퓨터, TFT-LCD 텔레비전, 디지털 가전제품과 같은 중국의 고가 시장을 겨냥해 구조조정되었다. 다른 한편 중국 내 외국기업의 핵심 부품을 담당하는 현지 산업 역시 2001년 이후 해외직접투자 유입의 제2차 물결 덕분에 빠르게 신장하고 있었다. 더욱 심화된 현지화와 수직 통합을 통해 삼성은 중국에서 2005년에 153억 달러어치의 부품을 조달할 수 있었다.[4] 같은 해 삼성이 중국에서 수출하는 액수는 98억 달러에 달했으며, 이는 한국 기업 총판매 규모의 57퍼센트에 해당하는 것이다(samsung.com). 중국은 삼성의 두 번째로 큰 시장이자 생산 기지가 되었다. 2002년을 기점으로 새로운 밀레니엄 시대에 나타난 중국 시장의 세계화에 편승해 '중국에 제2의 삼성을 건설'하기 위한 삼성의 움직임은 중국의 노동 변화뿐 아니라 심화된 구조 경제를 최대한 활용하기 위한 것이었다.

3. 삼성의 자본과 노동 전략: 중국 국유기업 개혁과 노동의 비정규직화

중국 자본의 자본화와 시장의 모순

중국 삼성전자의 구조조정은 세기의 전환과 함께 나타난 중국 자본주의

---

4 삼성은 부품의 현지 조달 비율을 2006년에 65퍼센트, 곧 185억 달러로 끌어올릴 계획이었으며, 중국 생산품의 판매 비율을 80퍼센트로 끌어올릴 계획을 세웠다(http://english.china.com).

발전의 두 역사적 계기와 긴밀하게 연관되어 있다. 우선 삼성의 흑자 전환은 1998년 절정에 이른 금융 위기와 국영기업의 민영화 계획이 중국 자본 구조의 근본적 변화를 초래했던 역사적인 시기에 일어났다. 두 번째 역사적 전환은 중국의 세계무역기구 가입 이후 중국의 보호주의 정책이 붕괴하면서 일어났다. 중국 정부는 2001년 이후 모든 외국기업에 내국민 대우를 해야 했고, 외국기업 상품의 중국 현지 판매 비율(20~40퍼센트) 제한을 풀어야 했다. 국영기업의 개혁과 더불어 외국 투자자들의 국영기업 주식 취득 금지 조치도 완화되었다. 이는 초국적기업의 직영 계열사가 급격히 증가할 것을 예상한 결과였다. 1998년 이후 삼성은 단독 투자로 계열사를 직접 설립하거나 합자회사 파트너의 주식을 사들이는 방향으로 움직였다. 2004년 선전에 있는 합자회사인 선전 싸이거-삼성코닝賽格-三星康寧은 외국 회사로서는 처음으로 중국 상장 기업의 국가 소유 주식을 매입한 사례다. 중국 파트너인 싸이거그룹賽格集團, SEG은 군대에서 운영하던 여러 전자 공장을 합병해 1986년에 국영 전자 회사로 만들어졌다. 삼성과의 합자 사업은 브라운관 텔레비전과 진공관 생산라인을 현대화하기 위한 기술 이전 협정을 통해 시작되었다. 또한 동시에 싸이거는 삼성의 다른 계열사들로부터 핵심 부품을 완전 시장 시세로 조달할 수 있었다. 합자 사업에서 나타나는 핵심 기술 이전의 어려움은 언제나 중국 기업이 겪는 딜레마였으며, 이는 핵심 기술을 소유하지 못한 상태에서 저가의 브라운관과 유리회로기판을 생산한 선전 싸이거-삼성深圳賽格三星股份有限公司의 경우에도 마찬가지였다. 대체로 핵심 기술에 대한 실질적 이전은 외국 투자자가 기업에 대한 완전한 소유권을 획득한 이후에나 이루어졌다. 더 큰 문제는 싸이거가 삼성의 생산과 기술에 지나치게 의존할 뿐만 아니라 부실 경영으로 인해 심각한 부채를 떠안게 된 것이다. 싸이거 주식을 간접적으로 소유한 선전 정부는 더 많은 외국자본을 들여 와 싸이거의 파산을 모면하든지 삼성에 국가 자산을 팔아넘기든지 선택해야 했다(*Finance and Economic Daily* 2003/02/16). 2004 년 삼성의 싸이거 인수는 국영기업에 대한 삼성의 완전한 지배를 가로막았던 최후의 장해물이 사라졌음을 의미한다. 곧이어 한국의 삼성코닝은 생산 라인을 구조조정된 삼성 공장으로 이전하고, 4억7,000만 달러를 추가로 투자해 세계 최대의 브라운관 텔레비전 패널 공장으로 만들겠다는 계획을 발표했다.

경제개혁 심화를 위해 외국자본과 기술을 절박하게 필요로 했던 것은 자국 기업을 보호하고 발전시키려는 중국의 초기 정책과 모순은 아닐지라도 애초의 목표를 달성하는 데에는 장해물이었다. 중국은 인텔, 에이엠디AMD 와 일본 및 한국 회사들이 지배하는 중앙처리장치CPU와 산업 집적회로IC의 해외 공급에 크게 의존하고 있다(趙玉川 2006). 시장 교환 전략은 중국과 외국자본의 경쟁에서 기술 격차를 매개하거나 영속화할 수 있다. 삼성은 4년에 걸친 중국의 GSM 및 CDMA 이동통신 시장 진출 과정에서 유사한 전략을 썼다. 2000년 중국 국무회의는 CDMA 네트워크를 도입하고 CDMA 서비스를 중국 유니콤과 CDMA 휴대폰 단말기 제조업자들에게 인가해 주기로 결정했다. 중국 CDMA 휴대폰 단말기 시장은 5년 내에 5,000억 위안에 도달할 것으로 예측되었다(*Business News* 2003/12/02). 사실 삼성은 과거 1999년에 중국어로 된 최초의 CDMA 휴대폰 개발을 시작했다. 그러나 라이센스 제도는 1998년에 37개 회사에만 허용됐으며 GSM은 29개사가, CDMA는 20개사가 획득했다. 2000년 이후 CDMA 라이센스는 더는 발행되지 않았다(*China Internet Weekly* 2004/08/04). 1998~2000년 사이 중국 정보 통신 시장 접근에 대한 장벽은 삼성의 새로운 상품 시장 전략에 가장 큰 걸림돌이었다. 삼성의 유일한 선택지는 국영기업과의 합작이었고 선전 커젠科健이 중국 측 파트너로 선정되었다. 커젠은 1986년 중국과학원의 계열사로 출발했다. 휴대폰 단말기 생산의 주요 기술을 갖지 못한 커젠은 자사 상표의 휴대폰 생산을 삼성에 의존해야 했다. 이 합자회사를 통해 커젠은 삼성의 핵심 부품을 공급받아 커젠 상표로 휴대폰을 판매할 수 있었고, 삼성은 커젠의 중국 배급망을 이용해 삼성의 휴대폰 단말기를 판매할 수 있었다. 삼성 커젠은 양자 모두에게 막대한 이익을 가져다주었다. 2003년에 커젠은 2억6,000만 위안의 순이익을 올렸고, 삼성은 그보다도 더 많은 돈(6억3,800만 위안)을 벌었다. 더 나아가 커젠은 중국 최고의 휴대폰 브랜드로 부상했다. 그러나 삼성에 커젠의 필요성은 일시적인 것에 지나지 않았다. 중국 유니콤이 2002년에 퀄컴의 CDMA 기술을 도입하면서, 퀄컴의 오랜 부품 공급자인 삼성은 마침내 같은 해에 CDMA 라이센스를, 2003년에 GSM 라이센스를 얻어 냈다. 커젠의 필요성은 점차 감소했으며, 2004년 삼성의 휴대폰 판매가 800만 대에 이르면서 삼성은 커젠의 최대 경쟁자로 바뀌었다. 커젠의 쇠퇴는 기득권을 지닌 외국자본과 과도한 투자 관계를 맺고 있으면서 아무런 핵심 기술도 소유하지 못한 민영화된 국영기업의 전형적인 사례였다. 부채가 회사 순자산 가치의 251퍼센트에 해당하는 6억7,000만 위안까지 올라가자 커젠은 2006년에 선전증권거래소深圳證卷交易所 상장기업에서 제외되었고 삼성 또한 이 합자회사로부터 투자 철회를 고려 중이다.

삼성과 중국 노사관계 구조조정

해외직접투자와 전체 고용

자본과 기술 때문에 받는 압력 이외에도 중국 정부는 급증하는 실업 문

제에 직면했다. 2004년에 중국 노동과 사회보장부勞動及社會保障部, MOLSS가
발간한 『중국 고용 상황과 정책에 관한 백서』中國就業狀況及政策白皮書는 도시
지역 실업률이 최고 4.3퍼센트로 곧 800만 명이 실업 상태임을 보고하면서
중국이 2003년 말 사상 최악의 실업 상황에 직면했음을 보여 준다(勞動及社
會保障部 2004). 2001~05년 사이의 제10차 5개년 계획 때 노동인구는 매년
1,360만 명씩 증가했다(國家統計局 2004). 이는 고용 대기 상태에 있는 1억
5,000만 명의 지방 잉여 노동자와 1988~2003년 사이에 국영기업에서 해고
된 노동자 2,818만 명은 포함되지 않은 수치다.[5] 고용 압력과 사회불안은
곧바로 국가에 재정 부담을 안겼다. 중앙정부는 생활 보조금과 '국유기업
정리해고 노동자의 기본 생활 보장과 재취업을 위한 자금'國有企業下崗職工基本
生活保障和再就業資金지원에 731억 위안을 지출했으며 30개 이상의 도시 지방
정부는 재취업서비스센터再就業服務中心의 재정을 직접 지원했다(勞動及社會保
障部 2004). 점차 감소하는 중앙정부의 예산과 국영기업 노동자들의 저항에
직면한 지방정부들에게 이 재정 압력은 전례를 찾아볼 수 없을 정도로 큰
압박이었다. 1981년부터 중앙정부는 국가 고정자산 투자에 대한 직접적인
예산 지원을 1981년의 28.1퍼센트에서 2004년의 5.7퍼센트로 축소했다(표
2-2). 이에 따라 점차 외국 및 여타의 자금이 자본 구성의 지배적 자원이 되
어[6] 2004년에는 국가 고정자산의 75.8퍼센트를 차지하게 되었다(國家統計
局 2005).

---

5 2003년 한 해에만 중국 노동과사회보장부는 1990년에 보고된 1,500만 명보다 여섯 배 많은
　9,800만 명의 이주노동자들이 농촌에서 도시로 이동했다고 평가했다(勞動及社會保障部 2004).
6 중국 정부는 정치적 이유에서 외국인 투자를 자금 제공 출처에 따라 본토, 홍콩, 마카오, 대만에
　서 온 '기타 투자'와 이들 이외의 국가들에서 제공되는 외국인 직접투자로 구분한다.

표 2-2 | 중국 고정자산 투자 자원(1981~2004년)

단위: 1억 위안, %

연도	자금 자원							
	국가 예산 평가	상승 비율	국내 부채	상승 비율	해외투자	상승 비율	국내 자금 조달	상승 비율
1981	269.8	28.1	122.0	12.7	36.4	3.8	532.9	55.4
1982	279.3	22.7	176.1	14.3	60.5	4.9	714.5	58.1
1983	339.7	23.8	175.5	12.3	66.6	4.7	848.3	59.2
1984	421.0	23.0	258.5	14.1	70.7	3.9	1,082.7	59.0
1985	407.8	16.0	510.3	20.1	91.5	3.6	1,533.6	60.3
1986	455.6	14.6	658.5	21.1	137.3	4.4	1,869.2	59.9
1987	496.6	13.1	872.0	23.0	182.0	4.8	2,241.1	59.1
1988	432.0	9.3	977.8	21.0	275.3	5.9	2,968.7	63.8
1989	366.1	8.3	763.0	17.3	291.1	6.6	2,990.3	67.8
1990	393.0	8.7	885.5	19.6	284.6	6.3	2,954.4	65.4
1991	380.4	6.8	1,314.7	23.5	318.9	5.7	3,580.4	64.0
1992	347.5	4.3	2,214.0	27.4	468.7	5.8	5,050.0	62.5
1993	483.7	3.7	3,072.0	23.5	954.3	7.3	8,562.4	65.5
1994	529.6	3.0	3,997.6	22.4	1,769.0	9.9	11,531.0	64.7
1995	621.1	3.0	4,198.7	20.5	2,295.9	11.2	13,409.2	65.3
1996	625.9	2.7	4,573.7	19.6	2,746.6	11.8	15,412.4	66.0
1997	696.7	2.8	4,782.6	18.9	2,683.9	1.6	17,096.5	67.7
1998	1,197.4	4.2	5,542.9	19.3	2,617.0	9.1	19,359.6	67.4
1999	1,852.1	6.2	5,725.9	19.2	2,006.8	6.7	20,169.7	67.8
2000	2,109.5	6.4	6,727.3	20.3	1,696.3	5.1	2,2577.4	68.2
2001	2,546.4	6.7	7,239.8	19.1	1,730.7	4.6	26,470.0	69.6
2002	3,161.0	7.0	8,859.1	19.7	2,085.0	4.6	30,941.9	68.7
2003	2,687.8	4.6	12,044.4	20.5	2,599.4	4.4	41,284.8	70.5
2004	3,255.1	5.7	13,788.0	18.5	3,285.7	5.3	54,866.6	70.5

출처: 國家統計局. 『中國統計年鑑』. 各年度.

이와 마찬가지로 도시인구에서 국영기업 고용이 차지하는 몫은 1991년의 69.9퍼센트에서 2004년 25.3퍼센트로 줄어들었는데, 이는 사영기업 고용(23.3퍼센트)과 외국기업 고용(3.9퍼센트)을 합한 것보다 적은 수치다. 세수와 고용을 얻는 자원이 민간 자본에서 외국자본으로 옮겨 감에 따라, 지방 정부가 (민간/해외) 자본을 규제하기보다 그들의 이익과 자신의 이익을 스스

단위: 1만 명

	1991	1992	1993	1994	1995	1996	1997	1998	1999	2000	2001	2002	2003	2004
고용 인구	15,260	15,630	15,964	16,816	17,346	19,815	20,207	20,678	21,014	23,151	23,940	24,780	25,639	26,476
국유회사	10,664	10,889	10,920	11,214	11,261	11,244	11,044	9,058	8,572	8,102	7,640	7,163	6,876	6,710
집체회사	3,628	3,621	3,393	3,285	3,147	3,016	2,883	1,963	1,712	1,499	1,291	1,122	1,000	897
주주회사			164	292	317			136	144	155	153	161	173	192
합자회사	49	56	66	52	53	49	43	48	46	687	841	1,083	1,261	1,436
유한공사								484	603	687	841	1,083	1,261	1,436
유한주주회사						363	468	410	420	457	483	538	592	625
사영기업	68	98	186	332	485	620	750	973	1,053	1,268	1,527	1,999	2,545	2,994
홍콩·마카오·대만 투자기업	69	83	155	211	272	265	281	294	306	310	326	367	409	470
해외 펀드회사	96	138	133	195	241	275	300	293	306	332	345	391	454	563
개인	692	740	930	1,225	1,560	1,709	1,919	2,259	2,414	2,136	2,131	2,269	2,377	2,521
도시 실업률	2.3	2.3	2.6	2.8	2.9	3	3.1	3.1	3.1	3.1	3.6	4.0	4.3	4.2

출처: 國家統計局, 『中國統計年鑑』, 各年度.

로 동일시하고 자본을 돕는 일이 일반화됐고, 지방정부는 노동에 대한 탈규제를 강화했다. 전통적인 사회주의적 산업화 도시인 톈진에서 삼성의 노무 관행은 사회주의 노사관계 체제를 해체하는 데 한층 더 기여했으며, 쑤저우와 광둥성에서는 한국 기업이 중국 노동자의 비정규직화 추세를 더욱 강화했다.

사회주의 노동 체제의 해체: 톈진 통광 삼성전자와 중화전국총공회

삼성 계열사 24개 가운데 11개가 있는 톈진시는 경제개혁 과정에서 생산의 비효율성, 투자 부족, 실업 문제로 진통을 겪은 전통적인 사회주의 도시이다.[7] 그러나 2006년 2월 톈진경제기술개발구天津經濟技術開發區, TEDA는

74개국에서 해외직접투자를 성공적으로 끌어내고 4,102개의 외국기업을 유치해 299억6,000만 달러에 달하는 누적 해외직접투자를 받아 실상 234억3,000만 달러의 해외직접투자 계약을 맺었다(*China Economic Weekly* 2006/05/22). 톈진경제기술개발구를 경영한 것은 도시의 재산업화를 위해 국가소유 자원과 외부 자원을 합병할 목적으로 톈진 정부의 감독하에 있던 톈진개발구신탁투자공사天津開發區信託投資公司였다(Tianjin Binhai Government 2005).[8]

중앙정부는 지방정부에 토지 사용, 자본 구성 수단, 노동 체계에 대한 탈규제 권한을 이양했다.[9] 톈진 정부는 전자산업 단지 건설을 토대로 국유기업을 개선하기 위해 해외직접투자를 사용하는 전략을 선택했고, 이는 1990년대 경쟁적인 시장 압력을 벗어나려는 초국적자본의 전략과 맞물렸다. 수출 지향의 정보통신기업에 대한 3년간 소득세 면제, 15퍼센트의 낮은 사업세, 감가상각비 할인, 세금 환급 등의 우호적인 투자 정책이 제공되었다. 2005년 모토로라의 세금 환급 액수만 해도 외국기업 전체의 세금 환급액의 75퍼센트에 달했다(『二十一世紀經濟報導』 2005/05/09). 정부는 또한 외국 투자자들에게 원스톱 사업 서비스와 같은 행정상 편의를 제공했는데, 여기에

---

7 1998년 톈진을 방문한 주룽지 전 중국 총리는 (톈진의) 실업이 경제개혁 때문이 아닌 근본적 경제구조, 즉 중복투자, 국가은행융자에 대한 과도한 의존성, 낮은 경제 생산성, 남아도는 피고용자 때문에 발생한 것이라고 말했다(『人民日報』 1998/02/16).

8 톈진개발구신탁투자공사는 반관반민 혼합 주식회사다. 이 회사는 1987년 선전 증권거래소에 주식을 상장했다.

9 이를 명시한 근거로는 톈진경제기술개발구 토지사용권 유상양도·이전관리규정(天津政府 1988)와 톈진경제기술개발구 개발 심화 관련 문제에 대한 국무회의 견해(國務院 2006) 등이 있다. 노동 사용에 대한 규제 철폐는 전민소유제공업기업법(中華人民共和國全民所有制工業企業法) 아래 중앙정부의 승인을 받았다.

는 산업 단지 건설, 에너지와 노동 공급 보장, 신속한 수입·수출 관리 등이 포함됐다. 재충전을 위한 프로젝트는 2003년에 성공적으로 진행되었는데, 모토로라, 루슨트, 아이비엠IBM, 삼성, 마쓰시타, 혼다, 도요타 등의 초국적 기업이 투자한 64억 달러는 주로 전자, 기계, 석유 화학 산업 분야의 국유 기업들과 이들의 합자회사로 들어갔다. 한편, 800개 이상의 국유기업이 개편·통합되거나 문을 닫았다(天津統計資訊網 2004). 예를 들어 국영 톈진전자 계기공사는 1996년에서 2000년 사이 17억4,000만 달러를 끌어다 외국 투자자들과 합자회사를 건설하면서 국영 계열사 38개를 개편하며 113개의 합자회사를 설립했는데, 이런 합자회사 가운데 4개가 삼성 소유였다(Zhao 2002). 2005년 말에 이르러 톈진의 국영 계열사 약 76.7퍼센트와 국영 대·중소기업 80퍼센트가 다양한 형태의 혼합 자본 소유 회사로 변환되었다(天津市國家統計局 2005). 이런 자본 집약적 투자로 말미암아 톈진은 중국에서 세 번째로 중요한 정보통신 기술 생산 및 수출 기지가 되었다. 초국적기업 의 구매 증가는 1992~2002년 사이와 같은 집적 효과를 만들어 냈고, 300개 이상의 전자 공장들이 세워져 200억 위안의 전자 부품 공급망이 톈진에 형성됐다(Zhao 2002). 중국 시장에서 휴대폰 2위 업체인 모토로라는 7,000만 달러어치의 부품을 톈진에서 사들였고, 이로 말미암아 OEM 공급자들로부터 1억 달러를 추가로 유치했다(天津政府 2004). 경쟁사인 삼성 또한 현지 조달 비율을 65퍼센트로 끌어올릴 계획을 세웠는데, 이는 일본 자동차 회사인 도요타가 이미 현지에서 85퍼센트를 조달하고 있을 때였다(天津政府 2004). 해외직접투자가 현지 산업을 주도적으로 지원함으로써 지방정부의 수출 증대와 수입 산출에 기여했음은 두말할 것도 없다. 2005년에 톈진은 24억3,000만 달러의 무역수지 흑자와 274억 달러에 해당하는 31.4퍼센트의 무역 성장을 기록했다(天津市國家統計局 2005). 톈진 수출액의 80.3퍼센트가 외국기업에 의존한다는 것만으로도 외국기업의 지배력을 알 수 있다(天津市 國家統計局 2005).

마지막으로 간과할 수 없는 사실은 외국기업이 톈진에서 핵심적인 고용 주로 등장했다는 것이다. 지방정부는 실업, 특히 국영기업에서 발생한 대량 해고 사태로 심각한 문제에 봉착해 있었다. 2002년 실업은 200만 명까지 늘어났으며 이 가운데 60퍼센트가 여성이었다(Cai 2002). 외국기업 부문의 성장과 해외직접투자가 이끌어 낸 재산업화는 2003년 도시 노동인구의 23.9 퍼센트(총 44만6,400명에 달하는)를 성공적으로 흡수했다. 이 노동자들은 한 해 도시 평균수입보다 1,100위안이나 많은 2만 위안을 벌었다(天津政府 2004). 그렇지만 외국기업 부문 노동자의 상당수는 실직한 국영기업 노동자들이 아니라 젊은 이주 노동자들로, 이들은 다른 지역에서 건너온 영세 농민 노 동자들이었다(朱玉泉·張濤·鄒蘭 2005). 실제로 톈진시의 실업 완화에 해외직 접투자가 미친 직접적인 효과는 오히려 지방정부의 수입을 늘림으로써 사 회보장과 재취업 프로그램 재정을 마련한 데 있다.[10] 특히 서비스 산업에서 산출된 경제성장은 잉여 노동력 흡수에도 기여했다.

톈진에 진출한 삼성 계열사 대부분은 국유기업과의 합자회사로 첫발을 내디뎠다. 이것이 삼성에 노동쟁의를 가져온 직접적인 원인은 아니다. 오늘 날 삼성 계열사에 고용된 노동자들은 전국의 직업교육학교에서 온 18세에

---

10 톈진 정부는 실업 노동자들과 최저 생계 수준 이하의 삶을 사는 사람들이 재취업 우대 증명서 (再就業優惠証)를 발급받을 수 있도록 하는 2006년 재취업우대정책(再就業優惠計劃)의 혜택 을 늘리고 있다. 이 증명서를 가진 사람은 자영업을 할 경우 3년간 최대 5만 위안까지 신용대 출을 받을 수 있다. 증명서를 소유한 노동력 30퍼센트 이상을 고용한 회사는 최대 100만 위안 까지 대출받을 수 있다. 그 외에도 증명서 소유자를 고용함으로써 사회보장 보조금과 3년간 세금 면제 혜택을 받을 수 있다(『天津日報』 2006/02/07).

서 25세 사이의 이주 노동자들이다(Labour Action China interview 2006). 톈진에 있는 다른 수천 개의 국유기업과 마찬가지로, 중국 내 삼성 합자회사 파트너 기업의 구조조정 과정에서 실직한 과거 국유기업 노동자들의 상황은 알기 어렵다. 이 '샤강' 노동자들이 최소 생계 지원을 받고 국가의 사회 보장 계획의 도움을 받으려면 3년의 과도기 동안 회사와 노사관계를 유지해야만 했다. 그러나 실제로는 보수가 거의 또는 전혀 없는 일회성 해고가 빈번했으며, 어떤 경우 해고된 노동자들은 구조조정된 회사의 주식을 사들이라는 요구를 받아 사실상 개편 비용 부담까지 떠안았다. 심지어 해고 노동자들은 비공식 부문으로 밀려나기도 했다. 기업 구조조정에 반대하는 국유기업 노동자들의 개인적·집단적 투쟁에도 불구하고, 구조조정에 반대하기는커녕 침묵을 지키는 노동조합의 태도는 모든 고립된 시위를 더욱 무력하게 만들었다. 톈진 총공회[톈진 노동조합총연맹]는 오히려 자신을 국유기업 노동자들의 이런 사고를 누그러뜨리고 기업 개혁을 원활히 하는 '중재자'이자 '안전판'으로 인식했다(『工人日報』 2005/12/08).

노사관계 체계의 변화에 대한 전국총공회中華人民共和國全國恩工會의 모호한 태도는 톈진 퉁광 삼성전자 사례에서 분명하게 드러난다. 톈진통신방송집단유한공사라는 이름을 가진 톈진 퉁광공사天津通廣公司는 1936년 후난湖南성 전기계기공장에 기반을 둔 국영기업이었다. 1980년대 수입 대체 산업화 정책 아래에서 중국 정부는 처음으로 자국 상표를 붙인 텔레비전을 개발하도록 톈진통신방송집단유한공사를 지원했다. 이 국영기업은 1985년 혼합 주식회사로 사영화되었다. 현재 톈진통신방송집단유한공사는 톈진전자계기공사(이 회사는 삼성 계열사 네 곳과 합자 사업을 진행 중이다)를 포함해 13개의 중국 전자 업체의 주식 과반수를 소유하고 있다.

삼성은 톈진 삼성전자에서 공급받은 부품으로 브라운관 텔레비전과 VCR

을 생산하는 톈진 퉁광 삼성전자의 초기 자본 가운데 94퍼센트를 투자했다. 삼성과의 합작회사인 톈진 퉁광 삼성전자는 톈진통신방송집단유한공사가 개편된 후에 설립되어, 현재는 완전히 삼성의 생산 경영체계를 모델로 했다. 사회주의 노사관계 체제의 유산이 남아 있어, 톈진 퉁광 삼성전자 내부에 톈진 총공회, 중국공산당 지부, 직공대표대회職工代表大會와 같은 사회주의 조직들이 있기는 하나, 그 기능은 유명무실하다. 기업 구조조정에서 이런 조직의 역할은 알려진 바가 없으며 공장 경영과 공동 경제 계획에 대한 그들의 전통적 기능은 경제개혁과 더불어 사라졌다.

부사장이 총공회와 중국공산당위원회 지부의 의장이자, 중국 측 회사의 법인 대표를 맡고 있다. 노동조합 대표들은 이사회에 참여해 노동조건에 대한 우려를 표시할 수 있지만, 회사의 사업 경영에 개입할 권한은 없다(趙玉川 2006). 이 경우 외국자본과 중국 노동조합 사이에 갈등이 발생할 가능성은 현실적으로 그리 높지 않다. 총공회 대표들이 이중적 정체성을 가지는 한, 총공회가 노사협조주의적으로 구조화된 성격을 가질 수밖에 없기 때문이다. 중국공산당 지부는 계급적 기치를 거둬들였으며 이들과 톈진 퉁광 삼성전자 노동자 사이의 관계는 정부 정책을 노동자들에게 알리는 노동자 학습 모임을 여는 것과 자문 역할 정도로 줄어들었다.

끝으로 1988년 기업법에 의해 경제 구조조정과 노사 공동의 거버넌스에서 노동계급의 참여를 가능케 하는 메커니즘이었던 직공대표대회는 주변화되어, 현장 노동자들의 경영 참여를 위한 조직 기구라기보다는 단순히 각 부서에서 경영진의 마음에 드는 직원들끼리 의견을 교환하는 장으로 전락했다. 다른 한편으로 성과 중심의 상여금, 1년 단위 노동계약(3개월의 업적 평가를 통해 매년 5~7퍼센트의 인원을 해고), 가정위원회家庭委員會와 같은 전형적인 삼성의 인적 자원 관리HRM 정책이 진행됨에 따라, 노사관계의 삼성화가 나타나고 있다.

중요한 조직들이 모두 사회주의적 노동자 집단주의를 개인주의적이고 비정규적인 노사관계로 대체하는 역할을 했다. 나아가, 사회주의적이며, 공산당 주도의, 국가주의적 노동조합이 톈진 퉁광 삼성전자에서 자본주의적 노동조합으로 부드럽게 이행했다는 사실은 중국의 총공회가 개혁개방 이후 이와 같은 과정을 '중재'했다는 점을 명확히 보여 준다. 이는 노동조합이 자본주의적 고용주들의 '적'이 아니라 작업장에서 생산성과 노동 안정성 증대를 위해 노동 내 모순을 진정시키는 '조력자' 역할을 했음을 말해 준다(『工人日報』 2005/12/08). 톈진 퉁광 삼성전자 — 전국총공회는 삼성에 노동자와 노동조합 사이의 이상적 관계를 제공했으며, 이는 삼성이 한국에서 치른 비용보다 훨씬 저렴한 것이었다.

중국 노동조합의 사회주의적 유산과 협조주의적 성격은 스스로를 자연스럽게 재벌의 협력자로 만든 것으로 보인다. 예를 들어 후난성 창사長沙에 있는 LG필립스의 전국총공회는 노동자들의 독립적 이해관계를 대표하는 대신 기업의 인적 자원 관리 체계 내부에 통합되기도 했다. LG필립스 노동조합[공회]의 대표는 노동 생산성 증대 계획을 경영진에게 제출하고 생산성 경쟁을 조직하며 높은 성과를 올리는 노동자에게 매년 상을 수여한다. 이 점에서 1989년 노동조합이 생긴 이후 아무런 노동쟁의도 없었다는 회사의 보고는 당연한 것이었다(『中國朝鮮日報』 2003/10/07).

현대자동차 베이징의 경우 한국 경영진은 중화전국총공회 지부 설립을 비롯한 모든 인사 문제의 짐을 중국인 부사장 덕에 벗어던질 수 있었는데 그는 중국공산당위원회 위원이었으며 나중에는 공회의 위원장이 되었다(『中國朝鮮日報』 2003/10/07). 비록 노동의 모순이 심화되고, 외국기업에서 노조를 조직하려는 전국총공회의 캠페인에도 불구하고, 노동자와 경영자 간

이해관계의 일치를 상정하는 사회주의적 노동조합의 구조는 현실과 한참 동떨어져 있다. 중국 자본 구조의 변화에 상응하는 노동자 조직의 변화가 뒤따르지 못하고 있는데, 이는 노동의 조직화가 여전히 산발적이고 자주적이지 못하기 때문이다. 따라서 비록 2003년 전국총공회가 삼성을 월마트, 코닥, 맥도널드와 같은 초국적기업과 더불어 반노동조합 정책을 펴는 기업으로 지목하고 노조 설립 캠페인을 벌였지만, 이는 노동으로부터의 진정한 압력이 없었기 때문에 실패할 운명이었다. 중국에서는 조직된 노동의 심각한 도전이 거의 없었기 때문에 삼성이 반노조 정책을 은폐하고자 한국이나 동남아시아에서처럼 유령 노조를 활용할 이유가 없었던 것이다.

삼성과 쑤저우의 파견 노동

현재 전자 제품, 반도체, 노트북을 생산하는 다섯 개의 삼성 계열사가 있는 장쑤성 쑤저우에서는 또 다른 형태로 노동의 비공식화가 광범위하게 나타나고 있다. 쑤저우 해외직접투자의 가장 중요한 부문인 정보 통신 산업과 전자산업에서 파견 노동이 가장 광범위하게 나타나고 있다. 쑤저우 산업 단지에서 파견 노동자 수는 2003년에 15,000명을 넘어섰다. 2006년에는 아마도 25,000명으로 증가할 것이 예상되는데, 이는 산업 단지에서 일하는 노동자 가운데 4분의 1 이상이 '파견 노동자'로 전자 부문 대기업(공업 단지 내 100개 이상의 회사에서 70퍼센트를 차지하는)에서 근무하고 있음을 의미한다(李玉泙 2006). 현재 20개 이상의 공인 파견 회사가 쑤저우 산업 단지에 소재해 있어 전국의 직업학교와 네트워크를 형성하고 있다. 이들 파견 회사 가운데 상당수는 성 또는 시의 노동과사회보장부가 직접 설립했거나 감독하고 있다.

한편으로, 정보 통신 산업 부문에서 파견 노동의 증가는 노동 부족을 해결하기 위한 국가와 자본의 대응이라고 할 수 있다. 쑤저우 노동과사회보장부는 2005년 정보 통신 산업 부문에서만 15,000명의 숙련노동 부족이 발생할 것이라고 예상했다(『湖北日報』 2005/06/23). 다른 한편, 노동력의 이직 현상은 중국 노동시장에서 벌어지는 원시적 착취에 대한 독특하고 대중적인 '노동 저항'의 형식이기도 하다. 중국에는 1억 명 이상의 노동자들이 농촌에서 이주한 노동자들인데, 이들은 작업 현장에서 조직되지도, 효율적으로 대표되지도 않는다. 따라서 파견 노동은 자본이 중국에서의 저비용 전략을 유지하기 위해서 높은 노동 기준[11]과 이직률이라는 압력을 극복하는 수단이다. 특히 숙련노동을 안정적으로 필요로 하는 자본 집약적 전자 기업에 중요하다(『湖北日報』 2005/06/23).

인적 자원을 관리하는 기업의 급증 역시 중국 노동시장에 나타난 새로운 현상이다. 쑤저우엔그마인력자원유한공사蘇州英格瑪人力資源有限公司는 쑤저우시 노동과사회보장부의 승인을 받은 최대의 공인 노동 파견 회사로 마이크론 테크놀로지, 인시스, 산요, 야마하, 허젠Hejian, 티에이치씨THC, 에이유 옵트로닉스AU Optronics, 웰맨, 델피, 디에이치엘DHL, 필립스 등과 같은 쟁쟁한 초국적기업들과 사업 파트너 관계를 맺고 있다(Engma China web site).

---

11 노동 기준의 측면에서 중국 노동법은 다른 개발도상국 노동법에 비해 손색이 없다. 최저임금은 각 주와 도시에 따라 다르다. 가장 높은 곳은 선전으로 810위안이다(2006년). 노동시간은 주 40시간, 월 26일로 제한된다. 초과 노동은 하루 3시간, 한 달 36시간을 초과할 수 없다. 기업은 근무 가운데 재해·노령·실업·의료·출산 보험 등의 포괄적 사회보장을 위해 노동자 임금의 13퍼센트 이상을 지급해야 한다. 노동조합이 있으면, 회사는 전체 임금의 2퍼센트를 조합비로 상급 조합에 내야 한다.

내륙 지방의 지방정부들은 직업학교들을 통해 파견 회사들에 노동자를 점점 많이 공급하고 있다. 후베이는 대표적인 노동 수출 지역으로서 전체 노동인구의 40퍼센트(220만 명)가 다른 지방으로 일자리를 찾아 이동한다. 후베이성 이창宜昌시는 노동 수출 프로그램에 매년 80만 위안을, 직업학교에 70만 위안을 지원한다(湖北信息網 2006/02/17). 이창시의 지원 모델에서 정부는 매년 가난한 이 지역 학생들에게 학자금을 대출(2,000위안)해 주고, 지원받은 8,000명의 젊은이들이 직업학교를 졸업하고 취직한 뒤에 대출금을 돌려받았으며, 이들을 쑤저우 엔그마와 같은 회사에 파견했다. 이 회사들은 졸업생들과 노동 파견 계약을 맺고 이들을 고객사에 배치했다. 삼성을 포함한 고객사들은 이들을 정식으로 고용하기에 앞서, 업무에 투입할 수 있도록 실제 생산 체계에 기반을 둔 맞춤형 교육과 강의를 제공했다. 파견 시스템을 통해 회사는 노사관계를 회피하면서도 노동에 대한 절대적인 권한을 누릴 수 있다. 고용 회사는 단지 임금과 사회보장비, 1인당 보수(80위안)

를 파견 회사에 내기만 하면 되고, 파견 회사는 그 대가로 노동 훈련과 설비를 제공하고 노동 훈련을 관리하며 노동쟁의와 산업재해가 발생했을 때 이를 해결하는 역할을 한다(『湖北日報』 2005/06/23).

비정규 수습 노동 고용

파견 노동 이외에 수습 노동 또한 삼성이 정보 통신 부문에서 널리 사용하는 노동 착취 관행 가운데 하나다. 수습은 모든 삼성의 중국 계열사에서 3개월에서 6개월 이상 지속됨으로써 정규직 노동자들의 교섭력을 약화시킬 수 있는 즉각적인 노동 공급을 가능하게 한다(Labour Action China interview 2006). 톈진 계열사에서의 3개월 수습은 다시 2개월의 견습 기간으로 이어지며, 결국 삼성은 그와 같은 비정규 고용에 대해 일정 기간 법정 최저임금(730위안)의 57퍼센트(기본임금 420위안)만 지불하면 된다(표 2-4). 수습 직원들은 정식 직원들보다 30퍼센트 적은 기본급과 초과 노동 수당(야근과

표 2-4 | 중국의 삼성 계열사 비공식 노동자와 공식 노동자 임금 규모 비교

	톈진통광 삼성전자, 톈진 삼성 휴대폰 디스플레이, 톈진삼성전자, 톈진 통광, 톈진삼성전기, 톈진삼성통신기술	선전 삼성 커젠
고용과 노동계약	수습 3개월(법정 최저 이하), 2개월 견습 (정규 임금의 80%), 1년 정규 계약 후 매년 갱신, 근속 불인정	기본급: 690위안 초과 수당: 시간당 6~8위안
수습·견습 임금	첫 두 달 수습: 기본급 420위안+장려금 210위안=630위안 세 번째 달 수습: 기본임금 420위안+성과급 210위안+복지비 100위안=730위안	최저임금: 810위안 초과 수당: 150%, 200%, 300%
정규직 노동자 임금	법정 최저임금: 톈진에서 500위안 초과 수당: 주중 초과 노동에 대해 법정 최저 수준 150%, 주말 200%, 법정 휴일 300% 기본급 530위안+성과급 420위안+복지비 200위안=1,150위안+초과 수당 비수기 평균임금: 1,000~1,100위안 성수기 평균임금: 1,600~1,800위안	법적 최저 수준: 820위안 초과 수당: 좌측과 동일 기본급 750위안+개근 보너스 100위안+교통비 150위안= 1,000위안+초과 수당: 비수기 평균임금: 1,300위안 성수기 평균임금: 1,600위안

출처: Labour Action China interview.

특근)을 받고 장려급과 복지 수당도 50퍼센트 적게 받는다. 선전의 삼성 커젠에서도 상황은 비슷한데, 수습 직원들은 법정 최저임금(810위안)의 85퍼센트(690위안)를 받는다. 이들은 초과 노동 수당을 제하면 정식 직원들보다 거의 4분의 1이나 적은 돈(690위안)을 받는 셈이다. 둥관시의 둥관 삼성전자 디스플레이에는 4,000여 명 직원 가운데 거의 4분의 1이 생산라인에서 수습 직원으로 최대 6개월까지 일하고 있었다(南方都市報 2006/04/19).

그러므로 중국에서 고용의 계약화와 비공식화를 통해 노동을 최대한 유연화하는 것은 저비용 달성을 위한 삼성의 조직적인 전략이라고 할 수 있다.

노동 유연화는 임금 인상과 사회보장에 대한 정부의 압력을 극복하기 위한 수단이며 실제로 중국 노동법을 훼손하고 있다.[12] 그러나 국유기업 해고에서와 마찬가지로 이후 외국기업들에서도 조직적으로 나타난 제2의 노동의 비공식화 물결은 자본의 필요에 의해서뿐만 아니라 정부의 동원 때문이기도 했다. 노동의 비공식화와 유연화는 기업 개혁과 고용정책 달성을 위한 국가 전략의 일부가 되었다. 오늘날 18개 이상의 성省이 노동 파견 감독과 운영에 대한 규제를 공표했다. 연안 지역(수출주도 산업화를 위한 해외직접투자 유치에 유리한 위치와, 높은 GDP 성장을 구가하는)과 달리 내륙 지역은 부유한 지역으로 노동을 수출한다. 가령 안후이安徽성과 허베이성은 스스로 노동 수출 기지라고 부르며 2004년 10만 명과 17만 명의 노동자들을 파견했다(安徽省勞務輸出中心網站 2004; 中國勞動力市場中心 2004). 2006년 국가는 2,000개 이상의 노동 파견 회사를 등록시켰고 이 가운데 다수를 지방정부와 노동과사회보장부가 직접 세우거나 관리했다. 얄궂게도 구조적 경제 불평등과 고용(실업) 압력으로 말미암아 다양한 수준에서 중국 정부가 제도화하고 후원했던 노동 유연화가 자본의 이익에만 더욱 이바지하고 있는 것이다.

삼성의 완화된 인적 자원 관리 관행

삼성이 중국에 진출한 주원인은 노동비용 때문이다. 그러나 중국의 노동비용 경쟁력은 법정 노동 기준[예컨대, 최저임금]과 관련된 직접 노동비용 때문이기보다는 중국의 국가-자본-노동 관계 때문임을 인식하는 게 매우 중요하다. 중국의 법정 최저임금은 아시아에서 가장 낮은 수준이 아니다. 하지만 노동 생산성(이는 간접 노동비용, 특히 노동 조직의 전투성과 반비례한다)은 다른 여타의 개발도상국에 비해 확실히 높다.

---

12 가령 톈진에 있는 한국 중소기업들은 노령보험에 기업의 총 급여 20.7퍼센트, 의료보험에 17퍼센트를 세금으로 내게 하는 사회보장계획이 외국 투자 기업들의 재정적 부담을 가중시킨다고 불평했다(天津市政府外事辦公室 2004).

　자본들은 거시적인 수준의 사회관계와 작업장 내에서의 관행을 조정하기 위한 나름의 전략을 가지고 있다. 삼성은 1990년대 한국의 정치화된 노동운동과 정치적 불안정이라는 역사적 맥락에서 노조를 파괴하기 위한 주요 도구로 인적 자원 관리 전략을 도입했다. 이는 '삼성맨'이라는 정체성을 중심으로 구축되었으며, 그런 집단적 정체성의 이면에는 삼성 직원들이 기업의 이익과 가치, 기업의 경제적 성공을 스스로 내면화하고 일체화하게 하는 높은 보수 체계, 그리고 그 체계를 지탱하는 기업의 가족 이데올로기가 있었다. 그러나 그와 같은 집단적 정체성은 동시에 고도로 개인주의화된 것으로, 이는 개인 평가 체계와 차별화된 임금 및 보너스 체계에 기반을 둔 것이었다. 이런 인적 자원 관리 관행은 1997년 한국 금융 위기 이후 국제 시장에서 기업 경쟁력을 높이고 작업장에서 노동자 조직의 기반을 붕괴시키기 위해 진행된 전반적인 노동의 비정규화와 더불어 실행되었다.

　삼성의 철학과 인적 자원 관리 관행은 중국에서도 다소 조정된 형태(단순한 축소판은 아니다)로 적용되었다. 특히 중국 노동자들에게 물질적 이익을 제공하는 방식에서 그러했다. 중국에서는 노동쟁의를 누그러뜨리고 자주적인 노동조합을 파괴할 필요가 없었기 때문에, 한국에서와는 다소 다른 관행이 나타났다. 삼성은 중국의 비갈등주의적인 노동조합을 통해 지탱되는 기존의 노사관계 체계를 따르고 보존하기만 하면 되는 것이었다. 미조직화되고 개인주의화된 이주 노동자들[농민공]은 기존 노조를 감시하는 데 취약했다.

　이 점에서 '삼성 가족' 철학은 중화전국총공회가 지지하고 국가가 강화하는 비갈등적 노사관계 체계와 잘 통한다. 이 가족 철학은 중국의 농민공 이주 노동자들에 대한 한국 경영진의 온정주의적인 이미지 구축과(『經濟觀察報』 2005/05/14) 공장에 기반을 둔 가정위원회 형성과 같은 제도를 통해 보급되었다. 그런 위원회들은 대개 노동 문제를 개인적이고 심리적인 문제로 취급해 무마하기 위한 목적으로 중국 파트너 쪽에서 운영했다. 중국에 투자한 대만 회사에서도 직원심리상담실 내지 직원생계상담실로 알려진 유사한 기관을 쉽게 찾아볼 수 있다. 이는 모두 작업장에서 노동조합과 노동자 대표가 행사할 수 있는 합법적 역할을 사전에 방지하기 위한 경영 수단이다. 그러나 생산라인에 있는 이주 노동자들은 이런 위원회들이 중요한 문제에 대해서는 적절히 대응하지 못한다고 생각한다. 게다가 낮은 임금을 받고 있는 이주 노동자들에게 이런 가족 철학은 잘 통하지도 않는다(Labour Action China interview 2006). 전국총공회와 지역 국가 기관의 협조주의적 성격과 행동은 현장의 불평등한 노사관계를 지탱하는 구조적 요인들로, 노동자들은 불만이 있다고 해도 현장을 떠나거나 우발적이고 조직되지 않은 무모한 행동을 감행하는 것 외에는 별다른 선택지가 없다.

원자화된 노사관계는 노동자의 단체행동을 최소화하기도 하지만, 동시에 부정적인 영향을 미치기도 한다. 그 가운데 가장 전형적인 예가 높은 이직률이다. 높은 이직률은 현지 주민들과 동일한 권리와 이익을 부여 받지 못하는 이주 노동자들이 처한 불만족스러운 노동환경으로 말미암아 더욱 악화된다. 실제로, 삼성은 중국 노동자들에게 시장을 선도할 만큼 높은 수준의 보수를 지급하지 않는다. 이는 특히 한국에서처럼 국가와의 호혜적 사회관계를 갖지 못하기 때문으로, 중국의 노동이나 다른 자본에 맞서서 앞서 나갈 수 있는 기반이 없기 때문이다. 삼성 계열사의 임금은 평균적인 시장 가격을 약간 웃도는 수준으로 성수기에 1,600위안(203달러)에서 비수기 700~1,000위안(89~127달러) 사이다(표 2-5b). 삼성 계열사의 임금 전략은 급여 구조를 통해 이루어지는데, 이는 정규 노동시간의 보수를 낮추고, 비정규 노동시간의 노동 가치를 높이는 방식으로, 중국 제조 부문에서 전형적으로 볼 수 있는 구조다. 따라서 수입의 상당 부분은 법정 최저임금 이하로 지급되는 기본급과 초과 노동 수당 및 여타 수당으로 채워진다. 예외는 선전 삼성전자 디스플레이뿐이다(표 2-5b). 후이저우 삼성전자 직원들 수입의 50퍼센트가 교대 수당, 개근 보너스, 장려금과 한 달 70~80시간에 이르는 초과 노동 수당 등에서 나온다.[13] 정규 노동은 주 40시간이다(Labour Action China interview 2006/04/15). 다른 계열사들도 유사한 급여 구조를 갖고 있다. 톈진 계열사 노동자들이 정규 노동시간에 벌 수 있는 돈은 총 월급의 3분의 1(평균 1,600~1,800위안/203~229달러)에 불과하고 나머지 3분의 2는 성과 장려금(420위안/53달러), 초과 노동 수당, 복지 보조금 등에서 나온다(Labour Action China interview 2006/05). 게다가 1년 계약 체계 때문에 근속 여부는 임금 산정에서 제외된다. 그러므로 삼성의 다른 계열사들과 비교해 성수기 때 최저 수입을 버는 후이저우 삼성전자에서 이직률이 가장 극심하게 나타난다(Labour Action China interview 2006/04/15).

생산의 질을 저하시키지 않으면서 저임금구조를 유지하기 위해 급료는 성과 중심의 인사고과 제도와 긴밀히 연결되어 있다. 이런 제도는 후이저우 삼성전자의 경우 3개월, 6개월, 1년마다 감독관들이 직원들의 생산성과 숙련 정도를 평가하는 방식으로 이루어진다(Labour Action China inter view 2006/04/15). 노동자들은 A, B⁺, B, B⁻ 등으로 등급이 매겨지고 그에 따라 한 달이나 보름, 혹은 기본급의 두 배에 달하는 추가 수입을 보상으로 받는다(표 2-5b). 한국의 노동자들과 비교해, 제한적인 장려금 체계로는 중국의 생산라인 노동자들의 충성을 사는 데는 역부족이다. 오히려 장려금 체계는

---

13 중국 노동법은 초과 노동시간을 월 36시간 이하, 하루 3시간 이하로 제한하고 있다.

표 2-5A | 중국 삼성 계열사의 노동조건

	톈진 퉁광 삼성전자, TS 휴대폰 디스플레이	톈진 삼성전자	톈진 삼성퉁광, 톈진 디스플레이 모니터	톈진 삼성전기	톈진 통신기술	쑤저우 삼성전자 디스플레이	선전 삼성전자 디스플레이	선전 삼성커젠	둥관 삼성전자 디스플레이	후이저우 삼성전자
지역	톈진	톈진	톈진	톈진	톈진	광둥성 쑤저우	광둥성 선전	광둥성 선전	광둥성 둥관	광둥성 후이저우
생산	휴대폰용 디스플레이	DVD, VCD, VDC 부품	CRT, CPT, PDP, LCD TV 및 스크린	전자부품	휴대폰		CRT, CPT	휴대폰	전자총, 전지, 디스플레이	오디오 시스템
노동력 규모	1,200명	1,100명	1,200명	1,500명	4,500명		2,000명	1,900명, 여성 90%	4,000명, 여성 90%	2,000명, 여성 75%
출신	톈진 현지인 + 다른 행정구역(省) 출신의 이주노동자					이주 노동자	이주 노동자	이주 노동자	이주 노동자	이주 노동자
모집	중국 전역의 직업학교					직업학교	직업학교. 취업비 800위안/학생	직업학교와 노동중개상 (취직시 1,000 위안)	직업학교. 취업비 700위안/학생	직업학교. 취업비 700위안/ 학생
고용과 노동계약	3주 수습 (법적 최소기준하에) — 견습 2개월 (정기 임금 80%) — 1년 정규 계약 후 매년 갱신. 근속 불인정.					견습 3개월. 1년 계약 후 매년 갱신	견습 3개월. 1년 계약 후 매년 갱신	견습 3개월. 1년 계약 후 매년 갱신	견습 3개월. 1년 계약 후 매년 갱신	견습 3개월. 1년 계약 후 매년 갱신
수습/견습 임금	수습 첫 2개월: 기본임금 420위안 + 성과급 210위안 = 630위안. 3개월차 수습: 기본임금 420위안 + 장려금 210위안 + 복지 100위안 = 730위안									

표 2-5B | 중국 삼성 계열사의 노동조건

	톈진 통광 삼성전자, 톈진 삼성 휴대폰 디스플레이	톈진 삼성전자	톈진 삼성통광, 톈진 디스플레이 모니터	톈진 삼성전기	톈진 통신기술	쑤저우 삼성전자 디스플레이	선전 삼성전자 디스플레이	선전 삼성커젠	둥관 삼성전자 디스플레이	후이저우 삼성전자
정규직 임금	법정 최저임금: 톈진에서 590위안 초과 근무: 주중 초과 근무 법정최저임금 150%, 주말 200%, 법정휴일 300%					최저임금: 700위안, 초과 근무: 150%, 200%, 300%	최저임금: 810위안, 초과 근무: 150%, 200%	최저임금: 810위안, 초과 근무: 150%, 200%, 300%	최저임금: 690위안, 초과 근무: 150%, 200%, 300%	최저임금: 600위안, 초과 근무: 150%, 200%, 300%
	기본급 530위안 + 장려금 420위안 + 복지 200위안 = 1150위안+ 초과 근무* 비수기 평균임금 1,000~1,100위안 성수기 평균임금 1,600~1,800위안					800~ 1,800위안	300% 기본급: 810위안 + 여름 고온 스트레스 수당 100위안 = 810 내지 910위안 + 초과 근무. 비수기: 1,000위안 성수기: 1,500위안	기본급: 750+개근 보너스100 + 출장수당150 = 900+초과 근무 비수기: 1,300위안 성수기: 1,600위안	기본급: 600위안+개근 보너스 50 = 650+ 초과 근무+5/d 야간 교대 수당. 비수기: 1,300위안 성수기: 1,000위안	기본급: 650위안+ 야간교대보너스40위안 = 690+초과 근무+월, 반년, 1년 업무평가에 따른 장려금**
	법정기준: 8시간/일, 40시간/주. 초과 근무: 3시간 이하/일, 36시간 이하/월 26일 근무/월, 최소 한 달 휴일/주중 법정 휴일 연간 휴가 1년에 10일									
노동시간과 휴가	매일 8시간 3교대 초과 근무 2일 이하/주, 주말 초과 근무(성수기) I 5일 근무/주중 내지 주중 이틀 비번(비수기) 주중 하루 비번(비수기) 연간 휴가, 출산 휴가					3교대 8시간/일, 5일/주, 2일 제외/주말 (비수기), 하루 제외(성수기)		3교대 8시간/일, 동일	2교대 10.5시간/일 비수기: 이틀 제외/주 성수기: 하루 제외/월	10시간/일 성수기: 40~50 초과 근무/월, 2일 제외/주 비수기: 70~80 초과 근무/월, 1일 제외/주

* 초과 근무 보상: 법정 최저임금에 따른 급여 X 주중 초과 근무 150%, 주말 초과 근무 200%, 법정 휴일 300%.

 2006년 법정 최저임금 – 톈진: 590위안, 쑤저우: 700위안, 선전: 810위안, 둥관: 690위안, 후이저우: 600위안

** 후이저우 삼성전자에서 장려금과 업적평가 성과금 ① 사계 업적평가 성과금: 50위안 ② 반년, 1년마다 업적 평가 성과금(A등급: 기본급, B+등급: 기본급 150%, B-등급: 기본급 50%)

표 2-5C | 중국의 삼성 계열사 노동조건

	톈진 통광 삼성전자, 톈진 삼성 휴대폰 디스플레이	톈진 삼성전자	톈진 삼성통광, 톈진 디스플레이 모니터	톈진 삼성전기	톈진 통신기술	쑤저우 삼성전자 디스플레이	선전 삼성전자 디스플레이	선전 삼성커젠	둥관 삼성전자 디스플레이	후이저우 삼성전자
생계 조건	이주노동자에게만 기숙사 제공 (월 80위안), 한 방 6~8명. 현지 및 일부 이주노동자는 주변 거주를 위해 임대. 구내식당 이용.						기숙사 한 방 4명. 식사 제공. 생계비 공제 월 200위안	기숙사 한 방 6명, 양질의 식사 제공. 공제 월 200위안	기숙사 한 방 6명, 설비공용. 식사제공. 공제 없음.	여성 전용 기숙사. 월 50위안. 주택 보조금 지급. 식대 보조비 월 50위안
사회보장	법적 요구사항: 포괄적인 보험계획. 고령, 산업재해, 의료 및 출산을 포함할 것, 비율과 범위는 지역 노동 부처의 조정에 따름.									
	고령, 산업재해보험					8% 임금 고령, 산업재해보험	월 60위안 고령, 산업재해보험	월 65위안 고령, 산업재해보험	월 67위안 고령, 산업재해보험	
합작회사 거버넌스	위의 부서 매니저에 한국 경영진. 중국 경영진: 회사 총 매니저로 중국 파트너. 중국 중간 경영진: 라인감독, 현장감독, 매니저, 부서 매니저. 한국인들을 부서 매니저들 위의 공무원 자리에 배석. 중국 합작회사 파트너인 노동조합과 인사부 대표가 정부와 고객의 반응 관리									
경영 관행	공장 규칙, 감독 모임과 간단한 실습. 매달 생산성과 훈련에 대한 인사고과를 장려금 규모와 관련해 실시. 엄격한 품질 관리, 매일 생산 할당량, 작업장에 CCTV 설치. 중국 측 파트너는 인사업무부와 '가정위원회'를 운영해 교섭 단위가 아닌 생계조건에 대한 불만을 담당. 공장단지 내부 인터넷 카페, 탁구, 배드민턴, 도서관. 공장은 외출과 스포츠 행사, 공동체 자선사업 조직.									

표 2-5D | 중국의 삼성 계열사 노동조건

	톈진 퉁광 삼성전자, 톈진 삼성 휴대폰 디스플레이	톈진 삼성전자	톈진 삼성퉁광, 톈진 디스플레이 모니터	톈진 삼성전기	톈진 통신기술	쑤저우 삼성전자 디스플레이	선전 삼성전자 디스플레이	선전 삼성커젠	둥관 삼성전자 디스플레이	후이저우 삼성전자
노사	조합 부재	조합 복지기능만	조합 대표가 중국측 합작 파트너회사의 GM. 복지기능.	조합 부재	조합 부재		조합 부재	조합 부재	조합 부재	조합 부재
노동자 정체성	임금에 불만족, 삼성은 임금을 많이 지급하지 않음. 삼성맨으로서의 우월감 부재 더 나은 공장이 있으면 퇴직						임금 인상 없음. 매주 교대 불만족. 높은 이직률.		직업스트레스, 높은 생산 분담, 서서 근무, 방사선 위험, 눈 문제	복잡한 업적평가에 기반을 둔 저임금. 육중한 짐. 서서 근무

출처: Labour Action China interview

차등적 임금 처우를 통한 노동 생산성 관리에 주로 활용되는 편이다. 실용적인 측면에서 볼 때 고용 안정성의 부재와 낮은 상여금 체계, 승진의 제한 등은 중국 생산라인 노동자들 사이에 강력한 정체성을 심어 주지 못하고 있다. 이들은 삼성을 딱히 좋은 고용주로 보거나 삼성 계열사에 강한 소속감을 느끼지 않는다. 그들 가운데 일부는 심지어 스스로를 비공식 노동자와 다를 바 없다고 생각하고 다른 일자리를 얻을 기회가 있으면 언제라도 떠날 준비가 되어 있다(Labour Action China interview 2006). 이주 노동자들 사이에서 전반적으로 나타나는 개인주의적이고 수동적인 저항과 노동자 계급의식의 부재로 중국의 삼성 계열사들은 한국에서와는 다소 다른 형태의 인적 자원 관리 관행을 유지하고 있다. 높은 이직률로 나타나는 중국 노동자들의 소극적인 저항은 노동 공급 시장에 중국 국가가 개입함으로서 광범위하게 나타난 것이다. 반면, 제도화되고 독립적인 노조 운동과 전투적 노동자들은 직접적으로 재벌의 권위에 도전한다.

낮은 노동비용의 신화: 개인주의적이지 않은 일반적 자본 달성

일반적으로 중국의 높은 생산성과 상대적으로 낮은 비용은, 개별 자본의 독자적인 전략보다는, 국가-자본-노동 사이의 관계를 통해 유지된다. 삼성 계열사는 원시적 착취의 성격이 훨씬 명백한 하청 자본과는 확실히 다르다. 그러나 이런 차이는 본질적 차이라기보다는 정도의 문제다.

총임금과 최저 기준 이하의 기본급 전략은 둥관시의 삼성전자 디스플레이와 삼성의 표면실장기술Surface Mount Technology, SMT 공급사에서 똑같이 나타나지만, 특히 공급사 쪽에서 장시간 노동(한 달 초과 노동 240시간)과 엄청난 수준의 임금 억제(둥관 삼성전자 디스플레이가 법정 최저임금의 86퍼센트를 지불하는 반면, 공급사는 78퍼센트 지불)를 통해 이윤을 축적하고 있다(표 2-6).

표 2-6 | 삼성 계열사와 둥관 공급사 간 비교(광둥성)

	공급사 A	둥관 삼성전자 디스플레이
위치	둥관	둥관
생산	SMT	부품
노동력	170	4,000
계약	1년	1년
최대 성수기 노동시간	• 하루 12시간 • 휴일 없음 • 초과 노동시간 240시간	• 하루 10시간 • 한 달 가운데 휴일 1일 • 초과 노동시간 약 80시간
임금	기본급: 450위안(법정 최저임금 574위안 a)+초과 노동 수당: 2.74위안(법정: 3.4위안 b)×240시간+개근 보너스: 90위안+생계 수당: 90위안+노동 수당 65위안=1,353위안	기본급: 600위안(법정 최저임금 690위안 a)+초과 노동 수당+추가 심야 보상금: 하룻밤 5위안+개근 보너스: 50위안=1,300위안+α

텐진에서 좀 더 경쟁력을 갖춘 삼성과 다른 한국 자본 사이에서 나타나는 차이 역시 주목할 만하다. 텐진 노동과사회보장부는 한국 하청 업체들이 자체 상표 생산 업체에 비해 이윤이 낮다는 이윤을 내는 것을 발견했는데, 이는 하청 업체에 만연한 노동쟁의, 파업, 재배치, 비용 상승에 대한 높은 취약성 문제와 관련된 것으로 밝혀졌다. 이 회사의 임금(한 달 약 500~550위안/63~67달러)은 턱없이 낮았고 사회적 편익을 전혀 제공하지 않았다. 이에 따라 노사관계의 긴장이 발생했지만, 경영진은 이런 관행을 남용했다(天津政府 2004). 물론 한국에서는 1960년대에 정경유착으로 삼성이 자본축적을 조기에 달성할 수 있었고, 바로 이 때문에 다른 회사들처럼 노동자와 대립만 하는 것이 아니라 노동자를 포섭할 수 있는 기반을 다질 수 있었던 것을 잊어서는 안 된다. 그렇지만 삼성 차이나의 비용 요소는 한국인 경영진이 고백했듯이 직접 노동비용(삼성 계열사에서의)이 아닌 중국 부품 공급망에 대한 접근성에 달려 있다. 향상된 물류 관리로 기업이 경쟁력 우위를 실현할

수 있었던 배경에는 부품 공급 업체 노동자들의 노동력에 대한 가혹한 통제가 있다. 26개의 부품 공급 업체를 인근에 유치하고 있는 톈진의 삼성 공업단지와 24시간 돌아가는 둥관의 삼성 물류센터三星物流中心는, 삼성 계열사들이 '적시 생산방식'을 통해 주문 후 24시간 이내에 상품을 조립할 수 있게 함으로써, 재고율 제로를 유지할 수 있게 한다(『知識經濟』 2005). 따라서 다른 자본들과 비교해 중국에서 삼성이 누리는 경쟁력은 중국 노동자들에 대한 절대적 착취에 기반을 둔 것이다.

4. 세계시장 경쟁의 강화와 중국 노동자

1990년 말 이전까지 중국은 국가 주도 경제개혁을 추진하면서 해외직접투자를 활용해 국내 자본과 노사관계를 변화시키는 데 성공했다. 외국자본은 중국을 값싼 가공 기지로 활용해 이득을 보았지만, 아직 중국 경제가 세계 자본주의 체계에 온전히 포섭되어 있지 않았기 때문에 국가는 세계경제와의 경쟁에서 국내 자본을 여전히 보호할 수 있었다. 하지만, 국내 자본 간 경쟁의 격화는 주변 아시아 국가들뿐만 아니라 중국을 1990년대 후반 금융위기에 빠뜨렸고, 이는 이들 국가와 자본이 더 많은 자유화를 향해 나아가도록 강제했다. 중국의 세계무역기구 가입은 이런 상황을 단적으로 보여준다. 중국이 세계 자본주의 시장에 총체적으로 편입되면서 중국 내 외국자본의 투자 전략 또한 바뀌었고 이는 외국자본과 국내 자본 간의 갈등, 중국 노동과의 갈등을 악화시켰다. 삼성은 이제까지 이런 구조적 변화들을 성공적으로 이용해 왔다. 그러나 강화된 경쟁으로 말미암아 초국적자본들은 새로운 시장에서 더 큰 이윤을 차지할 수 있도록 더 적은 자본으로 주문에서 납품까지의 시간을 기술적으로 관리하고, 제품 생산 주기를 단축하며, 경쟁력을 유지하기 위해 연구 개발에 지속적으로 높은 자본을 투입해야 한다는 압력 아래 놓여 있다. 따라서 제7세대, 제8세대, 그리고 심지어 제9세대 패널 기술을 개발하려고 서로 경쟁하고 있는 소니, 삼성, 샤프, LG필립스 등(顧振宇 2006)으로 말미암아 이들과 경쟁하는 중국 국내 업체들(이 업체들은 제5세대 계기판 기술조차 보유하고 있지 않다)은 외국자본의 가격 인하 경쟁에 매우 취약하다(『南方周末』 2006/01/26). 경쟁 업체에 대한 삼성의 기술적 우위는 중국 생산 체인 내에서의 높은 비용 효과와 물류 통합 관리를 통해서만 유지될 수 있는 것으로, 이는 직접적으로는 계열사, 간접적으로는 하청 업체 노동자들의 이해관계와 모순된다는 것을 뜻한다. 그러나 중국 정부가 노동시장에 직접 간섭해 고용의 비정규직화를 추진하고, 독립적인 노조의 결성을 억압하는 한, 중국의 노동은 노동자들의 고립적인 투쟁이나 소극적 저항의 집단적 효과에만 기댈 수밖에 없는 실정이다.

초국적기업에서의 노동조건: 삼성 인디아의 경우 | 제3장

소빈 조지 (Sobin George)

인도에 진출한 삼성전자의 노동조건과 노동 관행을 다룬 이 연구는 노동자의 관점에서 자본-노동 간 상호 작용을 유연화된 생산이라는 맥락에서 분석했다. 연구 방법은 '질적' 접근으로 1, 2차 자료를 모두 활용했으며, 1차 자료 수집은 개별 인터뷰와 사례 연구를 병행했다. 조사 대상은 기사operator 직급까지 정규직·계약직 노동자 가운데 20명을 무작위 추출 방식으로 선정했고, 임금구조와 노동조건, 노동 관행, 단체행동, 노동쟁의에 관한 정보는 반구조화된 질문지를 통해 수집했다. 그 외에 계약직 노동자들의 경제적 문제와 고용 불안정 문제를 설명하는 부분에는 서술적 사례 연구를 사용했다.

기업의 역사, 시장 점유율, 투자 세목, 정부 정책 등에 관한 정보는 무엇보다 문헌 조사와 같은 2차 연구를 통해 수집했다. 2차 자료의 출처로는 산업통상부, 인도 정부, 우타르 프라데쉬Uttar Pradesh주 정부의 정책 자료, 노동법, 삼성 인디아의 연간 보고서, 신문 기사, 발간된 연구물, 인도 전자산업 관련 웹사이트 등이 있다.

1. 인도 전자산업과 한국 기업의 진출

인도는 2001~03년 12월 사이 전기전자 부문에 660억2,550만 루피에 달하는 해외직접투자를 유치했다. 2001년 1월부터 2002년 12월 사이 해외직접투자는 55.15퍼센트 성장했다. 이 기간에 LG전자, 삼성, 대우, 필립스, 금성, 델타하밀란, 모토로라, 노키아 등 아시아와 미국, 유럽의 초국적기업들은 합작회사와 직접투자를 통해 인도에 생산 기지를 세웠다. 인도 전자

부문	총 비율
운송	38.03
전자	32.94
전기	10.29
상업용품	6.16
가전제품	3.99

출처: http://www.dipp.nic.in.

산업에서 차지하는 LG, 삼성, 대우와 같은 거대 초국적기업의 중요성이 크다는 점에서, 한국의 투자를 특별히 언급할 필요가 있다.

인도에서 다섯 번째로 큰 투자자인 한국은 총 해외직접투자의 4.09퍼센트를 차지하고 있다(http://www.dipp.nic.in). 한국이 인도에 투자한 순액은 1983년에서 2004년까지 5억7,415만4,000달러에 달했다(표 3-2).

한국 해외직접투자의 주요 부문은 운송, 연료(동력과 정유), 전기전자 설비(컴퓨터소프트웨어와 전자), 화학(비료 등), 상업용·사무용·가정용 제품 등이다. 이 가운데 전자산업은 2004년까지 총 투자액의 10.29퍼센트를 차지했고(표 3-1) 전자 부문에 투자한 주요 회사들은 대우, 삼성, LG전자 등이다.

전자산업은 정책에 따라 여러 차례 생산구조가 크게 변화해 왔다. 1960년대는 규제 정책에 따라 소규모 생산 단위 위주로 조직되었다. 1980년대 초반의 전자 부문 자유화 이후 생산은 대부분 하청화되었다(Chhachhi 1999, 10). 초기 생산의 중심이던 소규모 생산 단위들은 자유화된 제도 안에서 대기업의 하청 업체로 전락했고, 대기업 생산은 하도급자가 제조한 부품의 조립으로 제한되었다. 전자 부문의 하청은 심지어 생산의 완전한 이전 단계로

단위: 달러

연도	승인 사례 수	승인액	투자 사례 수	투자액	순투자 사례 수	순투자액
1983	1000	120,000	1,000	119,000	1000	119,000
1984	0	0	0	0	0	0
1985	0	0	0	0	0	0
1986	0	0	0	0	0	0
1987	1,000	60,000	0	0	0	0
1988	1,000	24,000	11,000	25,000	1,000	25,000
1989	3,000	2,623	2,000	1,046	2,000	1,046
1990	2,000	2,060	2,000	963,000	2,000	963,000
1991	4,000	2,609	4,000	2,674	4,000	2,674
1992	6,000	4,176	2,000	3,234	2,000	3,234
1993	5,000	4,128	5,000	1,436	5,000	1,436
1994	15,000	52,257	8,000	43,065	8,000	43,065
1995	16,000	184,301	13,000	13,832	13,000	13,770
1996	19,000	372,988	11,000	150,296	11,000	150,296
1997	22,000	83,709	13,000	105,962	12,000	105,814
1998	10,000	301,805	14,000	285,748	14,000	115,619
1999	5,000	216,383	3000	14,795	3,000	14,795
2000	6,000	12,077	7,000	15,379	7,000	15,344
2001	11,000	35,204	10,000	29,097	7,000	3,569
2002	8,000	43,040	9,000	44,837	9,000	44,837
2003	10,000	21,170	10,000	16,857	10,000	16,857
2004	29,000	48,946	27,000	40,771	25,000	40,691
총계	174,000	1,387,680	142,000	770,136	136,000	574,154

출처: 한국외환은행.

까지 확대되었다. 예컨대 뭄바이의 머피앤부시Murphy and Bush와 같은 회사는 전체 생산을 하청 기업으로 이전해 본사 노동자들은 작업 거리가 없을 정도였다(Shrouti and Nandakumar 1994 in Chhachhi 1999). 하청 관행이 전자 부문의 대규모 감원과 조직 고용의 약화를 가져온 것이다.

자유화 후기에는 전자산업 해외 생산물 관리의 통합으로 새로운 관리 관행과 생산 조직이 나타났다. 생산은 자동화되어 대규모 생산 단위로 다시 옮겨 갔다. 특히 초국적기업들은 다른 회사에 부품 생산 하도급을 맡겼고 그 하청 회사들은 자체 생산을 하거나 또다시 다른 소형/가내 생산 단위에 하도급을 주었다. 모회사에서 생산은 최종 조립 수준에 머물렀다. 따라서 변화한 제도 내에서 전자산업의 생산은 임시 고용화하는 경향을 보였다. 전자산업 구조조정으로 저기술 제조업 부문의 고용에서는 임시 고용화와 여성화 등이 나타났다. 델리 지역 전자산업 관련 연구들은 임시 고용화 및 여성화, 고용의 불안정성 같은 측면이 인도 전자산업 부문에 널리 퍼져 있음을 보여 준다(Chhachhi 1999, 15-18).

이런 배경을 볼 때 외국자본, 곧 초국적기업이 전자 부문에서 노사관계를 어떻게 전유하는지 연구할 필요가 있다. 다음 장에서는 삼성전자 인디아의 사례를 살펴봄으로써 정책 변화가 어떻게 초국적기업 내부의 자본-노동 관계를 재규정하는지 살펴보고자 한다.

2. 삼성전자 인디아의 노동조건

삼성전자 계열사인 삼성전자 인디아SIEL는 삼성의 서남아시아 지역 사업의 핵심 기업이다. 뉴델리의 지역 본사는 인도 이외에 네팔, 스리랑카, 방글라데시, 몰디브, 부탄의 삼성 영업소를 관할한다. 삼성은 1995년 12월 처음으로 삼성전자 인디아와 삼성전자정보통신 인디아SEIIT 두 계열사를 통해 인도에서 사업을 시작했다.

삼성의 인도 생산 단지는 델리 근처의 노이다Noida에 위치하고 있다. 컬러텔레비전, 컬러모니터, 냉장고, 세탁기, 소프트웨어 생산이 이곳에서 이

표 3-3 | 인도 삼성 제품 범위

제품	역량	세부사항
컬러텔레비전	150만	곡선·평면 텔레비전
컬러모니터	150만	CRT와 TFT LCD
냉장고	60만	자동성에제거장치와 재래식
세탁기	50만	전자동과 반자동
에어컨	40만	윈도우 에어컨과 분리 에어컨

출처: 삼성 인디아 2004년 연간 보고서.

루어진다(표 3-3). 삼성의 전자제품과 가전용품은 그 이전부터 인도에서 판매되고 있었지만 1997년 전까지는 삼성 제품이 아직 인도에서 생산되지는 않았다. 삼성전자 인디아는 1997년 6월 노이다에 3,000만 달러를 투자해 한 해 40만 대 생산능력을 갖춘 컬러텔레비전 공장을 세우면서 인도에서 생산을 개시했다. 1998년 1월까지 삼성은 전국적인 인도 영업을 개시하면서 전국에 지점을 세웠다. 삼성은 1999년 전자레인지, 2000년 냉장고와 에어컨, 2001년 컬러모니터와 세탁기 관련 분야에 투자하고, 추가로 1단계 3,000만 달러, 2단계 2억 달러(자산과 대부를 제외)를 기존 생산 시설의 정기적 확충에 투자함으로써 생산능력과 범위를 확장했다(삼성 연간 보고서 2000/04). 2003년 삼성전자 인디아는 삼성전자정보통신 인디아와 합병, 2004년 노이다에 삼성 서남아시아 지역 본부를 세웠다. 나아가 회사는 2006년 4사분기에 하리아나주Haryana 구가온Gurgaon에 휴대폰 단말기 생산 공장을 추가로 건설하기 위해 1,500만 달러를 투자했다(삼성 보도자료).

중앙정부와 주정부의 투자 유치 방침으로 인도에서 삼성의 투자와 사업 확장, 경영이 용이해졌다. 인도 정부의 전자 및 정보기술 진흥 계획 이외에,

삼성 제조설비가 위치한 우타르 프라데시 주는 투자 진흥 계획의 일환으로 삼성에 여러 보상책을 제공했다. 5억 루피 이상을 투자하는 삼성은 우타르 프라데시 정부의 '초대형 투자 기업 단위'로 구분된다. 투자 진흥 계획에 따라 삼성은 다음과 같은 혜택을 누렸다.

- 우선순위에 기반을 둔 부지 배당: 이 계획으로 삼성은 매입 후 임대 조건으로 노이다에 제조 설비를 위한 부지를 확보했다. 해당 부지는 우타르 프라데시 산업개발당국이 지역 토지 시가의 25퍼센트도 안 되는 값에 매입했다.
- 원료, 가공 원료, 기계류, 공장, 시설, 소모품, 예비 부품, 부속품, 부품, 조립 부품, 연료, 윤활유, 포장재 등 제조에 필요한 모든 재료에 대한 관세를 면제받았다.
- 제조에 필요한 모든 재료, 공장, 시설과 기계류에 대해 입국세 법령 4B항을 적용해 입국세가 면제된다. 산업 단지에 원료를 판매하는 공급자, 계약자, 거래자도 면세 대상이다.
- 우타르 프라데시주 장관이 주재하는 고위급위원회를 통해 창구를 단일화한다.

삼성의 인도 투자는 시장 확보를 위한 것이기도 하지만 동시에 수출 지향적인 성격도 가지고 있다. 노이다에서 생산된 컬러텔레비전, 컬러모니터, 냉장고 같은 제품은 내수시장 외에도 중동, 독립국가연합CIS, 남아시아지역협력연합SAARC 국가 등으로 수출된다. 삼성은 인도에서 경영을 시작한 지 10년도 안 되어 총 매상 10억 달러를 기록했다.

삼성의 인도 내수시장 매출은 등락이 있었지만 수출은 꾸준한 성장을 기록해 2000년에서 2004년 사이에는 13.37퍼센트의 평균 성장률을 보였다(표 3-4). 마찬가지로 총 수익도 꾸준히 증가해 2000년에서 2004년 사이 6.37퍼센트의 평균 성장률을 기록했다. 컬러텔레비전과 모니터 생산은 각각 1997년 6월과 2001년 6월에 시작해 2005년 11월에 1,000만 대 생산을

표 3-4	삼성 인디아 매출과 수익 성장					
						단위: 1,000달러
	2000	2001	2002	2003	2004	연평균 성장률 CGR(%)
국내	8,660,353	7,926,014	9,252,348	7,810,048	9,622,975	−51.92*
수출	18,570,586	16,493,575	24,008,395	28,599,322	4,563,362	13.37
총수익	12,613,479	10,396,334	18,508,290	18,838,673	27,792,994	6.37

출처: 삼성 인디아 연간 보고서.
주: 연평균 성장률이 국내 부문에서 적자로 내려간 것은 2001년과 2003년 매출 및 수익이 급락했기 때문이다.

돌파했다. 냉장고와 세탁기 같은 다른 제품들 또한 높은 생산율을 기록했다.

삼성의 생산은 주로 하청을 통해 유지된다. 삼성은 컬러텔레비전과 모니터 부품, 냉장고, 세탁기, 에어컨 부품 생산을 소규모 기업에 하청으로 준, 즉 삼성 공장에서는 최종 조립 공정만 이루어진다.

삼성의 노동력은 핵심 노동자와 주변 노동자로 구성된다. 핵심 노동자는 정규직 직원들이며, 주변 노동자는 계약직 직원들이다. 정규직 직원에는 모든 관리자급 간부와 생산직 감독관 및 노동자가 포함된다. 계약직 직원은 주요 생산직뿐만 아니라 수송, 원예, 보안 서비스, 정비 등의 보조 노동력으로 이루어져 있다. 또한 주요 생산직의 부품 공급 업체에도 정규직과 계약직 직원이 있다. 나아가 감독관 이하는 다시 엔지니어, 기술자, 기사, 조수 등으로 분류된다.

삼성의 생산과정은 대부분 자동화되어 있고 여러 생산라인으로 편성되어 있다. 컬러텔레비전과 모니터, 세탁기나 냉장고 및 에어컨 같은 가전제품 생산은 분리된 공정 컨베이어벨트PCB에 편성된다. 생산은 '택트 타임Tact Time'[생산 목표를 달성하기 위해 제품 하나를 생산하는 데 필요한 시간]을 기준으로

활동	빈도	비율
점검	5	25.0
정비공	7	35.0
조수	6	30.0
수송	2	10.0
합계	20	100.0

하며 그 시간은 각 제품에 따라 달라진다. 택트 타임은 모든 생산라인에서 목표치 설정을 위해 사용된다.

생산직 직원은 총 1,700명이고 그중 1,000명이 정규직, 400명이 계약직, 300명이 훈련생이다. 여성 노동자들은 기사급까지 포함해 총 500명으로 전체 직원 수의 약 4분의 1을 차지한다. 남성 노동자들이 핵심 조립 분야에서 일하는 반면, 여성 노동자들은 장식, 청소, 점검 같은 일에 종사하고 있다. 회사는 독특한 인력 충원 체계를 가지고 있는데 여러 가지 이유로 인근 지역에 거주하는 노동자는 선호하지 않는다. 노동력 대부분이 멀리 떨어진 지역에서 모집되며, 네팔 같은 이웃 국가뿐만 아니라 비하르Bihar주, 라자스탄Rajasthan주, 우타란찰Uttaranchal주, 오릿사Orrissa주, 마디아 프라데시Madhya Pradesh주와 인도 남부의 시골이나 소도시지역에서 온다. 정규직 노동자는 이들 지역의 직업소개소를 통해 충원되는 반면, 계약직 노동자의 대다수는 이주 노동자들이다.

연령층은 남성 노동자가 18세에서 30세 사이, 여성 노동자가 20세에서 27세 사이로 전체 평균연령은 23세다. 정규직으로 기사급보다 상급 지위에

표 3-6 | 응답자 일반 프로필

단위: 명

프로필		정규직	계약직
연령	20~25	4	10
	25~30	2	4
	소계	6	14
성별	남성	6	14
	여성	–	–
	소계	6	14
보통교육	중학교	–	7
	고등학교	–	7
	고등학교 이상	6	–
	소계	6	14
전문교육		2	–

있는 직원들은 직업에 필요한 기술 교육을 이수한 이들이다. 회사는 채용 이후 임시직 직원들을 훈련시킨다.

일반적 추세를 비교 검토하기 위해 계약직 14명과 정규직 6명 등 삼성 인디아 직원 20명을 인터뷰했다. 인터뷰 대상 가운데 계약직 노동자들은 모두 이주자였고, 10명은 비하르주, 나머지는 네팔 출신이었다. 정규직 노동자 6명 가운데 3명은 라자스탄주, 2명은 마디아 프라데시주, 1명은 우타르 프라데시주 출신이었다. 연령은 20살에서 30살 사이였다. 정비, 보조, 점검, 운송 등을 담당하는 직원은 기술 교육 수료 여부가 자격 조건이 아니기 때문에 20명 가운데 기술 자격증이 없는 사람이 18명이나 되었다. 주요 생산라인에 배치되기 전에 정규직 노동자는 6개월, 계약직 노동자는 1개월 동안 직업 훈련을 받는다. 인터뷰한 정규직 노동자 모두 고등학교 이상의

고용 형태	근무 기간					합계
	1~6개월	6개월~1년	1~2년	3~4년	4년 이상	
정규직			3	1	2	6
계약직	9	5				14
합계	9	5	3	1	2	20

교육을 받은 반면(18세까지) 계약직 노동자들은 중졸이나 고졸이었다.

중심부와 주변부 노동자들은 회사와의 고용계약에 따라 구분되며, 이들 사이에는 모집, 고용계약, 임금과 같은 노동 과정에서 상당한 차이가 있다. 정규직 노동자들은 회사가 직접 채용한다. 기사급은 여러 주에 있는 공공 직업소개소를 통해 채용한다. 인터뷰 대상인 정규직 노동자 전원이 출신 지역의 공공 직업소개소를 통해 채용되었다. 정규직 노동자들은 처음에는 훈련생으로 지정되어 6개월간 훈련을 받았다. 거꾸로 계약직 노동자들은 계약(파견) 업체를 통해 대개 6개월 동안 채용된다. 계약은 회사 추천에 따라 갱신될 수 있는데 채용과 관련된 복잡한 절차를 유연화하기 위해 노동자의 이름을 변경하는 방식으로 계약을 갱신하곤 한다. 자료에 의하면(표 3-7) 최장 계약 기간은 1년으로 나타났다. 계약직 노동자 14명 가운데 5명이 이름을 변경해서 계약을 갱신했다.

정규직과 계약직 노동자의 임금구조에도 상당한 차이가 있는 것으로 밝혀졌다. 정규직이든 계약직이든 생산라인 노동자 임금은 모두 노동시장 시세에 미치지 못하기는 마찬가지이나 계약직 노동자의 처지는 충격적이다. 생산직 정규직 노동자 임금이 한 달 2,500루피에서 4,000루피인 반면, 계약직 노동자의 임금은 한 달 1,800루피에서 2,100루피에 지나지 않는다. 기사급 정규직 노동자 임금은 신입 2,000루피로 정해져 있지만 계약직 노동자들의 경우는 1,000루피에서 2,000루피 사이다.

기사급의 최대 급여는 정규직의 경우 4,000루피, 계약직 노동자의 경우 3,000루피다. 정규직 노동자 급여는 기본 급여에 교통비, 주거 지원 수당, 업무 수당이 추가된다. 반면 계약직 노동자 급여는 통합되어 있다.

정규직 노동자의 임금은 A^+, A, B, C와 같은 직원 분류에 따라 인상된다. 매년 A^+ 범주 직원들의 급여는 800루피, A, B, C는 각각 700, 600, 500루피씩 인상된다. 이 기준에 따르면 C 범주의 기사의 경우 한 해 500루피 정도 급여가 인상될 수 있지만, 회사는 이 기준을 제대로 따르지 않는 것으로 나타났다. 가령 기사급에 해당하는 어떤 직원들은 신입 월급 2,000루피를 받은 뒤 4년 만에 1,000루피가 인상되어 2,000~3,000루피 사이의 임금을 받고 있었다(표 3-8). 또한 임금 인상이 근무 기간과는 상관없이 충성심이나 성과 위주로 불평등하게 분배되고 있다는 사실이 인터뷰를 통해 드러났다. 예를 들어 근무 기간이 2년 이하인 일부 직원의 월급이 3,000~4,000루피인 반면(기사 최대 봉급) 2년 이상 근무한 일부 직원들은 2,000~3,000루피만 받았다(표 3-9). 한편, 남성과 여성 노동자 사이에 임금 상의 차이가 전혀 없다는 점은 주목할 만하다.

현재 임금에 불만을 가지고 있으면서도 정규직과 계약직 노동자 어느 쪽도 회사에 임금 조정을 요구하지 않았다. 더 나은 임금을 요구하지 못하게 만드는 주된 원인은 실직의 공포라고 그들은 말했다.

초과 노동 수당은 기사급 정규직 노동자가 시간당 25루피, 계약직 노동자는 13.5루피에서 7.5루피 사이로 정해져 있다. 직원 대부분이 추가 수당을 위해 초과 노동을 선호해서, 정규직과 계약직 노동자 대부분이 매일 다

표 3-8 | 고용 형태와 현재 임금

단위: 루피/명

고용 형태	현재 임금			채용 시 임금		합계
정규직	1,000~2,000	2,000~3,000	3,000~4,000	1,000~2,000	2,000 초과	6
	-	3	3	6	-	
계약직	11	3	-	14	-	14
합계	11	6	3	20	-	20

표 3-9 | 근무 기간과 현재 임금

단위: 루피/명

근무 기간	현재 임금			합계
1~6개월	1,000~2,000	2,000~3,000	3,000~4,000	9
	9	-	-	
6개월~1년	2	3	-	5
1~2년		2	1	3
3~4년		1	-	1
4년 이상			2	2
합계	11	6	3	20

섯 시간 정도 초과 노동을 하는 것으로 밝혀졌다. 초과 노동은 노동자들에게 막대한 신체적 정신적 과로를 안기지만 낮은 기본임금에 더해 높은 생활비와 가족 부양 의무 때문에 이들에게는 다른 선택의 여지가 없다. 비하르주 이주 노동자인 발라람 쟈Balaram Jha(가명)의 사례는 삼성 계약직 노동자들의 어려운 처지를 잘 보여 준다.

26세의 발라람 쟈는 비하르주 마두바니 구역 출신의 이주 노동자이다. 그는 삼성 납품업체인 에어비전 유한공사에 계약직으로 고용되어 삼성 주 생산직에서 일한다. 그는 9개월 동안 삼성 품질 검사 쪽에서 일해 왔다. 델리로 이주하기 전 쟈는 캘커타의 제지 공장에서 일했다. 공장이 문을 닫게 되면서 다른 직업을 찾아 델리로 왔다. 그는 삼성에서 일하는 한 친구를 통해 현재의 일자리를 얻게 됐다. 그러나 쟈는 다른 회사에 소속되어 있다. 사실 쟈는 삼성의 계약직 직원으로서 어떤 '공식적' 소속 관계도 가지고 있지 않다. 삼성 계약직 직원의 임금은 계약자가 결정한다. 물론 계약직 직원의 일반적 임금률이 존재한다. 입사 당시 쟈의 임금은 월 1,800루피(9개월이 되기 전)였으며 6개월이 지나자 초과 노동 수당을 제외한 2,000루피로 늘었다. 4인 가족의 유일한 부양자인 쟈는 가족의 생계비를 벌려면 초과 노동을 하는 것 외에 선택의 여지가 없었다. 그는 하루 평균 네다섯 시간 초과 노동을 해서 어렵게 한 달에 3,000~3,200루피를 벌어들인다. 노이다에서 생활하는 데 필요한 생계비를 제외한 1,500루피를 매달 비하르 주에 있는 가족에게 보내 가족 생계비와 아이들 교육비를 충당한다. 그에겐 우발적 사고에 대비한 어떤 지원도 없다. 계약직 노동자인 쟈는 직원건강보험ESI이나 업무 수당DA 및 고정 업무 수당FDA 같은 다른 수당, 보너스, 퇴직연금 같은 것이 없다. 따라서 근무 중에 발생하는 사고는 모두 쟈를 심각한 경제적 어려움 속으로 몰아넣을 수 있다.

쟈의 사례는 삼성의 계약직 노동자들이 처해 있는 경제적 불안의 측면을 적절하게 보여 준다. 첫째로 계약직 노동자의 통상 임금은 노동시장 시세를 따르지 않고, 생계비를 고려하지도 않는다. 둘째로 물가 상승에 따른 정기적 임금 인상도 없다. 따라서 노동자들은 정상적인 생계유지를 위해서는 초과 노동을 해야만 한다. 정규직 노동자의 상황도 별다르지 않다.

인도의 전자 기업, 특히 소규모 생산 시설은 열악한 노동조건으로 악명이 높다. 전자 생산 시설 ─ 주로 가내 설비거나, 그보다 조금 나은 공장들 ─ 은 항상 화학 약품 냄새로 가득하다(Chhachhi 1999). 전자 부품을 생산하는 가내 공장과 중소기업은 불안정한 노동조건과 저임금을 특징으로 한다.

반면 삼성과 같은 대기업 공장들은 과밀하지 않고 환기가 잘 되어 있다. 그러나 계약상의 노사관계, 초과 노동, 저임금, 신체상의 위험과 정신적으로 스트레스를 주는 환경과 같은 불안한 노동조건은 대기업 공장에도 만연해 있다. 다시 말해 전자산업의 가혹한 생산 관행이 자동화된 대규모 생산 시설로 그대로 이어진 셈이다. 삼성 생산직 역시 노동시간, 작업장의 안전과 건강, 시설 측면 모두에서 위험한 환경인 것으로 드러났다.

삼성에서 작업은 목표량과 택트 타임 기준으로 진행된다. 삼성의 공식 보고서에 따르면 컬러텔레비전 라인의 생산성은 직원 한 명당 하루 44세트이고 1초마다 컬러텔레비전 한 대가 생산된다고 한다. 한 단위당 컬러텔레비전과 컬러모니터의 택트 타임은 4.9초로, 이는 생산라인을 따라 밀려오는 두 대의 삼성 컬러텔레비전과 컬러모니터 사이에는 오로지 4.9초의 시간밖에 없음을 의미한다. 냉장고의 택트 타임은 16초라고 한다. 세탁기와 에어컨 같은 다른 상품도 택트 타임 기준으로 생산된다.

효율성의 척도(회사 측 주장에 따르자면)인 택트 타임이 삼성에서 어떻게 해석되는지 들여다보는 일은 흥미롭다. 택트 타임을 계산하는 분모 부분은 다양한 임무를 수행하는 작업 가능한 노동자의 수다. 택트 타임을 결정하는 또 다른 기준은 시장 수요다. 이 가운데 노동은 상황 변화에 상대적으로 안정적인 반면, 시장 수요는 오르내린다. 따라서 기술적이고 자동화된 특정 생산 환경에서 택트 타임은 시장 수요에 따라 정해진다. 구체적으로 삼성의 사례를 보면 시장에서 삼성 제품에 대한 수요는 이미 높게 나타난다.[1] 시장의 수요를 충족시키기 위한 경영진의 방침은 노동력은 늘리지 않으면

---

1 삼성의 공식 보고서는 2000년에서 2004년 사이 총 수익이 복합 성장률 6.37퍼센트를 그리며 지속적 성장을 기록했다고 보고한다. 상세한 내용은 삼성 연간 보고서의 재무제표 참고.

단위: 명

고용 형태	초과 노동(시간)					합계
	2	2~3	3~4	4~5	>5	
정규직	3	3	-	-	-	6
계약직	1	4	5	3	1	14
합계	4	7	5	3	1	20

서 생산을 늘리는 것이고, 이는 초과 노동으로 귀결된다. 라인 시스템에서 노동력을 늘리는 것은 제한된 기반 시설로 인해 거의 불가능하다. 따라서 노동시간은 택트 타임 기준으로 결정된다. 노동 관련 법에 따른 정상 노동시간은 하루 8시간이다. 그러나 모든 삼성 노동자는 필수적으로 초과 노동을 해야만 한다. 이들의 평균 노동시간은 9시간이라고 한다. 따라서 모든 노동자의 주 평균 노동시간은 노동 관련 법에 명시된 것보다 많은 54시간에 달한다. 거기다 목표량에 미달한 노동자들은 초과 노동을 통해 메워야 한다.

삼성 노동자의 경우, 일반적으로 저임금과 초과 노동시간이 비례하는 경향을 나타낸다. 시장 임금에 미치지 못하는 임금 때문에 초과 노동에 대한 압력은 정규직과 계약직 노동자 모두에게 가해진다. 따라서 대개의 경우, 초과 노동은 앞에 인용한 쟈의 사례와 같이 추가 수입을 벌어들이는 수단이다. 인터뷰에서 응답자 전원이 의무적 초과 노동 1시간을 제외하고 1시간에서 5시간에 이르는 초과 노동을 하고 있었다(표 3-10). 정규직 노동자보다 상대적으로 낮은 임금을 받는 계약직 노동자의 초과 노동시간이 더 길다는 것은 이런 상관관계를 강화시켜 준다. 인터뷰한 14명의 계약직 노동자 가운데 13명이 8시간의 정상 노동시간 외에 2시간에서 5시간에 이르는 초과 노동을 한 반면, 3명의 정규직 노동자는 의무적 초과 노동 1시간에 2시간에서 3시간을 더 일했다. 그러나 회사는 오히려 건강과 생산성에 심각한 영향을 끼치는 초과 노동이 마치 노동자들의 저임금을 보상해 줄 수 있는 방법이라도 되는 것처럼 설명하고 있으며, 이는 짧은 고용 기간으로 인해 건강과 생산성 문제가 심각한 쟁점이 되기 어려운 계약직 노동자들에게는 더 말할 나위도 없는 것이다.

다시 말해 삼성의 노동시간은 공장법이 허용하는 주 48시간 한도를 훨씬 초과한다. 모든 삼성 노동자의 노동시간은 주 54시간을 초과하며 대부분 60시간에서 72시간까지 연장된다. 요컨대 삼성은 노동시간과 휴식, 임금 지급에 있어 법을 명백히 위반하고 있다.

전자산업 관련 직업 종사자들은 또한 이온화 방사선, 유기용매, 카드뮴이나 납 같은 중금속, 비화수소나 인산염과 같은 화학물질에 노출되어 건강에 위협을 받는다. 이런 것들은 암, 호흡기 감염, 임산부의 조산과 자궁 내 성장 지연 등을 유발할 위험이 있다. 작업장에서 주로 나타나는 산업 안전 및 건강과 관련된 위험으로는 공기 오염과 미세 먼지 때문에 나타나는 천식과 호흡기 질환, 무거운 짐을 운반하는 데서 오는 가슴과 어깨 통증 등이 있다. 거기다 복통, 소화불량, 요통, 근육통도 많이 나타난다. 가장 빈도 수가 높은 건강 문제는 어깨 통증이다(표 3-11). 호흡기 문제가 두 번째로 많이 나타났으며 사고와 부상 위험도 높은 것으로 나타났다. 기계 작동 관련 사고로 인한 사망이나 치명적인 부상이 발생하기도 했다.

응답자들은 신체적 질병 외에 스트레스 환경에 대해서도 이야기했다. 스트레스의 주원인은 생산 목표를 달성해야 한다는 압박감이다. 그 외에

표 3-11 | 기업 내 산업 안전 문제(보고된 발병률)

	명	순위
몸과 어깨 통증	15	1
손가락 부상	3	3
호흡기 문제와 알레르기	10	2
없음	5	–
합계	20	

주요한 스트레스 요인으로는 작업장에서 발생하는 괴롭힘, 초과 노동, 고용 불안정, 가족 부양 의무, 건강 악화 등이 있다. 스트레스는 정규직, 계약직 노동자 모두 높았지만 계약직 노동자들이 고용 불안정으로 인해 스트레스에 더 민감하다.

이용 가능한 복지 혜택과 관련해 정규직과 계약직 노동자들 사이에는 상당한 격차가 있다. 삼성 정규직 노동자들은 구내식당, 보험, 통근 차량, 유급 휴가, 사망 및 영구 장애에 대한 배상 등과 같은 혜택을 제공받는다(표 3-12). 그러나 이런 혜택은 정규직 노동자들에게도 대부분 제한되어 있거나 조건부다. 이를테면 정규직 노동자들은 화장실을 이용할 수 있는 토큰을 발급받는다. 통근 차량이나 구내식당을 이용할 때에는 돈을 내야 한다. 게다가 근로자국가보험Employees State Insurance, ESI 조항이 명시하는 자격을 가지고 있는 정규직 노동자들조차(기사급까지 삼성 정규직 직원 월급은 6,500루피 이하다) 실제로는 회사로부터 보험 혜택을 제공받지 못한다는 점도 자료를 통해 밝혀졌다.[2] 반면에 계약직 직원들은 교통, 구내식당, 휴가, 근로자국가보험, 임금 인상이나 휴게실 등 대부분의 혜택을 받지 못한다.

번호	편의	정규직	계약직
1	구내식당	예(요금부과)	예(차만 마실 수 있음)
2	의료시설	아니오	아니오
3	고충시정기구	아니오	아니오
4	탁아소	아니오	아니오
5	식수	예	예
6	화장실	예(제한적 사용)	예(제한적 사용)
7	통근 차량	예(요금부과)	아니오
8	선지급	아니오	아니오
9	친애 수당(DA/FDA)	예	아니오
10	연차	14일	아니오
11	보험	근로자국가보험(일부 적용)	아니오
12	출산휴가	3개월	아니오
13	사망 배상	예	아니오
14	영구 상해 배상	예	아니오
15	일시적 상해 배상	병원요금부담	아니오
16	해고 보상	아니오	아니오
17	감원 보상	아니오	아니오
18	휴게실	예	예

또한 삼성은 의료 시설 제공, 영구적이거나 일시적인 상해에 대한 배상, 해고와 감원에 대한 배상에 관련해 공장법과 노동쟁의법을 위반하고 있는 것으로 드러났다. 기사급까지의 정규직 노동자들에게도 의료 시설이 제공되지 않으며, 비상시 선지급, 해고 및 감원 조치에 대한 보상 또한 받지 못한다. 공장법은 직원들이 공장 내 의료 시설을 사용할 수 있도록 규정하고

---

2 1948년에 제정된 근로자국가보험법은 질병, 출산, 일시·영구 장애, 산업재해로 인한 사망과 같은 우발상황에 처해 노동력을 상실한 노동자의 이해 보호를 위해 필요에 따라 사회안정 수당을 보장한다. 해당 단위와 조직에서 6,500루피 이하 월급을 받는 직원들이 사회안정 수당 범위에 포함된다. 상세한 내용은 인도 정부의 근로자국가보험법 참고.

있으나 삼성의 의료시설은 응급치료로 제한돼 있다. 마찬가지로 삼성에서
배상 없이 해고당하는 경우도 있었다. 이는 명백하게 노동쟁의법 위반이다.[3]

계약직 노동자들이 누릴 수 있는 편의를 규정하고 있는 계약노동(규제와
폐지)법도 위반하고 있다. 계약직 직원들은 구내식당, 탁아소, 통근 차량, 유
급 휴가, 보험, 선지급과 산재 배상 편의를 제공받지 못하며 이는 계약노동
(규제와 폐지)법 위반이다. 법 조항에 따르면 고용주는 계약직 노동자들을 위
해 구내식당과 휴게실을 제공해야 한다.[4] 또 한 가지는 계약 채용 조항의
위반 사례로 직원 명부나 직원증과 관련한 것이다. 삼성에서는 재고용을
위해 계약직 직원들의 이름을 변경하는 관행이 있는데, 이를 통해 회사는
숙련 노동력을 유지하면서 신입 직원을 훈련하는 데 드는 추가 비용을 줄
일 수 있다. 이 관행 때문에 회사도 계약자도 계약직 노동자 명부를 보관하
지 않는다. 계약노동(규제와 폐지)법에 따르면 어느 계약자건 노동자들의 명
부를 보관하고 그들에게 직원증을 발급해야 한다.[5] 그러나 삼성은 명부를

---

3 노동쟁의법에 의해 노동자들은 노동위원회, 조정임원, 조정위원회, 예심법원, 노동법정, 재판,
  산업환경에서의 임의조정 등을 통해 분쟁을 해결할 수 있는 권리를 갖는다. 마찬가지로 이 법
  령은 항소권, 조정 외 해결, 고용조건 변경 공지, 중재 과정 지연 중 노동자 보호, 파업과 공장
  폐쇄 과정, 해고 보상과 감원 보상으로 고등법원에 계류 중인 노동자들에 대한 임금 지불을 보
  장한다. 상세한 내용은 인도 정부의 1947년 노동쟁의법 14항 참고.
4 법령의 적용을 받고 계약노동 고용이 6개월 이상 지속될 것으로 여겨지는 100명 이상의 직원
  들이 통상 고용되어 있는 사업장의 계약자는 기존 사업장일 경우 계약노동 사용을 위해 이런
  규율이 시행된 지 60일 안에 구내식당을 제공해야 하며 새로운 사업장일 경우 계약노동 고용을
  시작한 지 60일 안에 제공해야 한다. 마찬가지로 법령의 적용을 받고 야간에 사업장 운영과 관
  련해 계약노동을 휴지시켜야 하는 계약노동이 3개월 이상 지속될 것으로 여겨지는 모든 사업
  장의 계약자는 휴게실이나 적당한 대안 시설을 기존 사업장일 경우 규법 시행 후 15일, 새 사업
  장일 경우 계약노동 고용을 시작한 지 15일 안에 제공 및 유지해야 한다.
5 계약노동을 고용하는 모든 업종에서 계약자들은 명부와 임금대장을 각기 XVI형, XVII형으로
  보관해야 하고 고용 3일 안에 XIV형의 직원증을 각 직원에게 발급해야 한다. 상세한 내용은 인

보관하지도 직원증을 발급하지도 않는다.

기사급 이하 여성 노동자들은 삼성 전 직원의 4분의 1을 차지한다. 여성 고용은 대개 조립, 나사 조이기, 검수 및 포장 등 단순작업에 배치되어 있다. 삼성에서는 저기술 고용 대다수를 남성이 차지하고 있어 낮은 수준의 고용에서 성차별이 없다는 점은 주목할 만하다. 제조업 분야에서는 일반적으로 성차별 경향이 있는 반면, 삼성에서는 교육과 기술 수준에 따른 차별이 발견되었다.

삼성에서 여성과 남성 사이의 임금 차이는 없다. 평등보수법에 따라 여성과 남성 노동자들은 동일하거나 유사한 업무에 대해 동일한 임금을 받고 있다(표 3-13). 마찬가지로 삼성의 여성 노동자들은 탁아소를 이용할 수 있다. 그러나 계약직 여성 노동자들, 특히 조수와 청소부에게는 탁아소가 제공되지 않으며, 이는 계약노동(규제와 폐지)법과 주간 이주노동자(고용과 서비스 조건 규제)법 위반이다. 법적으로는 출산 휴가 135일이 보장되어 있지만 삼성은 정규직 여성 노동자들에게 90일간의 출산 휴가만 허용한다. 출산수당은 (출산수당법하에) 80일의 임금이 제공되어야 하지만 삼성 계약직 노동자들은 이런 수당을 받지 못하고 있다(표 3-13). 게다가 삼성은 기혼 여성 채용을 장려하지 않는다. 마찬가지로 정규직 여성 노동자들은 기사급까지 모두 근로자국가보험이 규정한 혜택을 누릴 자격이 있음에도 이를 제공받지 못하고 있다. 성희롱에 관한 산업 고용(복무규정)법 조항도 삼성에는 적용되지 않는다. 삼성에는 성희롱 관련 고충처리 기구가 없다.

삼성 직원들은 노동조합에 가입되어 있지 않다. 노동력의 분산, 불안정

도정부의 1970년 계약노동(규제와 폐지)법 7장 참고.

번호	법령	보호 조항
1	공장법, 1948년	여성 30명 이상이 상근하는 모든 공장에 탁아소 설치 조항.
2	계약노동(규제와 폐지)법, 1970년	여성 30명 이상이 계약직으로 상근하는 모든 공장 탁아소 설치 조항. 조산사 및 병원·약국의 간호사를 제외한 여성의 계약노동은 오전 6시에서 오후 7시 사이로 제한.
3	주간 이주노동자(고용과 서비스조건 규제)법, 1979년	여성 20명 이상이 이주 노동자로 상근하고 이주노동자들의 고용이 3개월 이상 지속되는 곳에서 여성 직원을 위한 조항.
4	출산수당법, 1961년	근무 80일치 출산 수당 제공. 출산이나 유산 직후 6주 동안은 근무하지 않을 것. 출산 1주 전까지 6개월 동안 임신/태아의 정상적 발육을 방해하거나 유산을 초래하거나 건강에 악영향을 끼칠 수 있는 고된 노동 내지 장시간 서 있는 일 금지. 의료 증명서 지참시 출산 급여 선지급 허용. 태아 분만과 산후 관리가 무료로 제공되지 않을 시 의료 보너스 250루피 제공.
5	평등보수법, 1976년	동일하거나 유사한 일을 하는 남녀에게 동일한 보수 지급. 법으로 여성 고용을 금지하거나 제한하는 경우가 아닌 한 채용과 서비스 조건의 차별 금지.
6	근로자국가보험 (일반)규제, 1950년	유산에 대해서나 임신, 분만, 조산으로 인한 질병에 대해 발행한 의료 증명서가 있을 시 출산 급여 지급.
7	산업 고용(복무규정)법, 1946년	직장에서 여성의 성희롱 피해에 대한 보호 수단 관련 조항.

한 고용, 실직의 공포, 경영진의 위협, 계급의식의 부족 등으로 말미암아 노동자의 조직화가 어렵다. 지금까지 기존의 노동조합 가운데 그 누구도 삼성 노동자의 조직화에 나서지 않았다는 것은 놀랄 만한 일이다. 한 예로 부친이 사망한 어느 직원에게 회사가 휴가 제공을 거부하자 네 명의 동료가 비공식적인 연대를 한 일이 있었는데, 나중에 이들 다섯 명 모두 해고당했다.

삼성은 다양한 방식으로 노조 결성을 막고 있다. 노동자의 조직화를 막기 위해 노동자 채용 방식, 고용계약, 라인 관리, 징계 조치 등이 활용된다. 첫째로 회사는 노동력을 분산하고 특히 언어·지역·성별 상 서로 분리된 노동력을 모집함으로써 노동자 간의 접촉을 제한한다. 예를 들어 대부분의 노동자는 이주해 왔거나 먼 지역에서 동원된 사람들이다. 둘째로 회사 내부 감독관의 꾸준한 감시와 근무 평정이 있다. 따라서 일자리가 항상 불안정한 상태에 놓이게 되고 노동조합 가입은 희생으로 이어질 수 있다. 셋째로 회사는 어떤 형태로든 모든 직원에게 불만이 확산되도록 방치하지 않는다. 가령 괴롭힘이나 정직 처분, 해고와 같이 노동자들의 집단적 계급의식을 자극할 수 있는 문제는 고립시켜 다루어진다. 회사 측이 집단 해고를 하는 경우는 없다. 감원된 직원끼리 집단적으로 조직화하지 못하도록 시간차를 두고 한 사람씩 해고한다.

조직화의 결여는 노동자의 임금, 노동조건, 노사관계에 중대한 악영향을 끼친다. 가령 임금 결정과 재조정은 시장 시세나, 물가 상승, 생계비 같은 지표를 통해 이루어지지 않는다. 직원들은 불합리한 관행에 불만을 느끼면서도 임금 인상을 요구하지 않는다. 나아가, 삼성에서는 노동시간, 임금, 차별, 법정 수당과 관련해 노동법 위반과 인권침해가 만연해 있다.

3. 저임금, 불안정한 노동조건과 인도 노동자의 미래

노동법 무력화와 밀접한 관련성을 갖는 외국자본에 대한 특별대우는 일반적으로 초국적기업에서 일하는 노동자들에게 부정적인 영향을 미친다. 이는 삼성 인디아에서도 사실로 드러났다. 이런 일반적인 실상과 더불어 삼성에서는 노동시간, 복지 방침, 계약 채용에서 대대적인 노동 관련법 침해가 이루어지고 있다.

이런 것들은 노사관계, 임금, 노동조건에 광범위한 영향을 미친다. 삼성은 생산직 노동자들 대부분을 계약직 노동자로 충원해 의도적으로 고용을 비공식화하는 정책을 펼치고 있다. 삼성의 주 생산직에서 일하는 노동자의 상당수가 계약직이다. 파견 업체나 납품 업체를 통해 회사가 고용하는 것이다. 삼성 정규직과 계약직 노동자의 임금은 모두 노동시장 시세에 미치지 못한다. 노동자들은 일반적으로 저임금 때문에 초과 노동을 해야만 하고 정규직 노동자들보다 더 낮은 임금을 받는 계약직 노동자들의 초과 노동시간은 더 길다. 게다가, 정규직과 계약직 노동자 모두 법적으로 보장된 혜택을 누리지 못하는 등 노동조건이 매우 불안한 것으로 밝혀졌다.

삼성에서의 불안한 노동조건과 단체행동 약화는 현대적 생산과 초국적 기업이 추구하는 경영 관행의 결과다. 택트 타임에 기반을 둔 불합리한 목표 설정이 노동자들을 혹사시키고 있다. 지속적 감시, 성과 중심의 임금 조정 등은 노동자들의 계급의식을 약화시킨다. 마찬가지로, 노동자 채용 방식과 고용계약, 라인 관리와 징계 조치는 노동자들의 조직화를 막기 위한 수단으로 사용되고 있다.

제4장

삼성 타이 : 직접적 노사관계의 회피

데니스 아놀드(Dennis Arnold)

1. 삼성의 동남아시아 거점, 태국
2. 삼성전기 타이의 노동 유연화 전략과 노조의 대응
3. 태국의 전자산업 발전 정책과 노동자

2005년 말~ 2006년 초 태국노동캠페인(Thai Labour Campaign)의 자원활동가 에릭 엘더(J Eric Elder)가 연구에 도움을 주었다.

태국의 전자산업은 1980년대 중반 이후 급격히 성장했다. 1970년에는 전자와 기타 제조 산업 수출이 전체 수출의 5퍼센트를 차지했으나 2001년에는 74퍼센트로 증가했다(UNCTAD 2005, 3). 태국의 대표적인 수출 상품은 고무, 섬유, 자동차, 자동차 부품, 그리고 전기-전자 제품들이다. 전자 제품은 총 수출의 30퍼센트를 차지한다.

태국 전자산업의 확장이 가능했던 우선적인 원인은 정부의 진흥 정책 때문이었다. 플라자 합의Plaza Accord와 1986년 일본의 엔화 가치 상승(그리고 신타이완 달러의 상승) 덕분에 태국은 싱가포르, 말레이시아 다음으로 동남아시아 외국인 직접투자의 주요 대상국이 되었다. 특히 전자산업 부문의 외국인 직접투자가 두드러졌다. 태국은 상대적으로 거시경제적·정치적 안정을 누리고 있으며, 수출 기지에 적합한 좋은 지리적 위치에 있었고, 숙련 노동자에 대해 상대적으로 낮은 인건비를 지급할 수 있기 때문에 외국인 직접투자가 증가했다. 그러나 외국인 직접투자의 급속한 증가와 전자 제품 수출의 급성장에도 불구하고, 태국은 전자제품 조립 부분이나 저부가가치 제조 과정에서만 강세를 보이고 있다.

1. 삼성의 동남아시아 거점, 태국

삼성전자는 현재 태국에서 제품을 생산하고 있는 다른 동아시아 기업들과 마찬가지로 수출 중심 정책을 채택하고 있다. 태국에서 생산되는 전자 제품의 91퍼센트가 수출되고 있지만(UNCTAD 2005, 16), 태국 내 판매 역시 점차 생산에 영향을 미치는 요인이 되고 있다. 태국에서 판매된 제품이 동

표 4-1 | 전자산업 수출 구조(2000년)

단위: %

전자 부품	44
컴퓨터 및 주변기기	34
소비 가전	15
가정용 가전제품	6
통신 및 사무	4
기타	1

출처: Mckinsey(2002).

표 4-2 | 전자산업 가운데 투자청 특혜를 받고 있는 투자(1964~95년)

전체 생산 가운데 수출이 차지하는 비율에 따른 연간 총 투자액(100만 달러)

	국내시장 100%		수출시장 100%		수출시장 80~90%	
	기업 수	투자	기업 수	투자	기업 수	투자
전체	27	568.16	333	7159.96	165	1527.47
%	5.14	6.14	63.43	77.36	31.43	16.5

출처: UNCTAD(2005년 7월, 태국 투자청에서 인용).
주: 국내시장 100%는 생산이 내수용으로만 이루어졌다는 것을 의미하며, 수출시장 100%는 수출용으로만 제품을
생산했다는 것을 의미한다. 그리고 수출시장 80~90%는 80~90%의 제품이 수출되었다는 것을 의미한다.

남아시아에서 판매된 삼성 제품 판매량의 20퍼센트에 달하고 있기 때문이다. 2004년 처음 9개월 동안 삼성은 태국에서 10억 달러의 수익을 얻었다. 이것은 그 시기에 삼성이 달성한 세계 총 제품 판매 수익 384억 달러 가운데 약 2.5퍼센트 정도이다. 2006년 삼성 타이Thai Samsung Co.는 태국 내 시장점유율을 증가시키기 위해 마케팅 예산 10억 바트를 투자할 것이라 발표했다(Srimalee 2006).

출처: www.samsung.com/th.

태국은 동남아시아 국가 가운데 삼성 지점이 생긴 최초의 국가다. 위의 상자 안은 태국의 삼성 역사를 설명해 준다.

세탁기, 냉장고, 텔레비전, 에어컨, 전자레인지가 삼성 타이가 생산하는 주요 제품들이다. 또한 휴대폰, PDP, MP3 플레이어, DVD 플레이어, 디지털 캠코더, 전자레인지, 디램, S디램 등이 주요 판매 제품이다.

생산과 유통에 더해 삼성은 동남아 지역에서 태국을 차세대 평면 텔레비전 개발을 위한 연구 개발의 중심으로 지정했고 또 일반 텔레비전 개발의 중심 지역으로도 지정했다. 현재 대략 1,000여 명의 연구 개발과 마케팅 담당자들이 삼성전자 타이에 고용되어 있다. 삼성은 다음 십 년 사이에 그 수가 세 배로 증가할 것으로 예상하고 있다(http:www.samsung.com/th).

태국에는 삼성의 생산 시설이 두 곳 있다. 삼성전자 타이는 촌부리Chon Buri주의 스리라차Sri Racha 산업 단지 내에 가전제품을 생산하는 공장이 있다. 삼성전기 타이(삼성의 자회사)는 차청사오Chachoengsao주의 웰그로우Wellgrow 산업단지 내에 전기제품을 생산하는 공장을 두고 있다.

상품	수량	%
전자레인지	5,000,000	95
냉장고	700,000	80
컬러텔레비전	600,000	10
세탁기	1,460,000	90
에어컨	73,000	20

출처: Treerapongpichit(2002).

삼성은 태국 투자청으로부터 다음과 같은 혜택을 받고 있다.

1. 촌부리 주의 스리라차 산업 단지 내 삼성전자 공장: 이 공장은 제2공장 지구 내에 서 전자제품을 생산하는 공장이며 따라서 다음 혜택을 받았다. ① 2009년 12월 31일까지 기계 장비에 대한 수입 관세 전면 면제, ② 소득세 5년간 면제, ③ 1년간 수출용 상품 제조에 필요한 원자재 수입 관세 면제.
2. 차청사오 주의 웰그로우 산업 단지 내 삼성전기: 이 공장의 용도는 제2 공장 지구 내에서 사용되는 전자 기계와 부품의 제조 공장이다. 따라서 다음 세 가지 혜택을 받았다. ① 2009년 12월 31일까지 기계장치에 대한 수입 관세 전면 면제, ② 3년 간 소득세 면제, ③ 1년간 수출용 상품 제조에 필요한 원자재 수입 관세 면제.

2006년 삼성은 400리터 및 440리터 용량 냉장고의 생산지를 한국에서 스리라차 공장으로 그해 3/4분기 내에 옮길 것임을 발표했다. 이 공장은 삼 성의 동남아시아 냉장고 제조의 기반으로 삼으려는 것이었다.

2. 삼성전기 타이의 노동 유연화 전략과 노조의 대응

    태국에서는 전자산업 분야에 종사하면 상대적으로 좋은 조건에서 일한다고 생각한다. 이 분야의 노동자 대부분이 여성이며, 대체로 자신들의 일에 자부심을 갖고 있다. 따라서 섬유나 식품 가공 등 다른 분야에서 일하는 것보다 더 낫다고 생각한다. 또한 더 숙련되고 교육 수준이 좀 더 높은 노동자들을 고용하기 때문에도 다른 산업 노동자들보다 더 낫다고 여긴다. 그런 이유로 해서 노동자들의 계급의식이 매우 낮다. 태국뿐만 아니라 전 세계적으로 전자산업 분야는 대부분 노동조합이 없으며 태국에서는 전자산업을 포함한 여타 산업 분야에서 발생하는 노동쟁의에 대한 처벌이 가혹하다. 이 또한 전자산업 분야 노동자들의 조직화가 미약한 하나의 원인이다. 그러나 자동차 분야 노동자들의 조직화가 매우 잘 되는 것을 보면, 해당 산업에 대한 자부심이나 특성은 그 이유가 될 수 없다.

    태국 전자산업 분야의 노동조합 조직률이 낮은 것은 사실이지만 다른 민간 산업 부문에 비해서는 높으며 특히 식품 가공이나 섬유 분야보다 높다. 민간 부분의 노동조합 조직률은 1.5~2퍼센트 사이다. 전기·전자·자동차·금속노동자연맹TEAM에 의하면 2005년 4만8,984명의 노조원 가운데 1만8,744명이 전자 분야의 13개 노동조합 조합원이라고 밝혔다. 이는 전체 TEAM 조합원의 43퍼센트다(Toyota Thailand Worker's Union 2005).[1] 이는 또 태국 전체 전자산업 분야 노동자 30만 명 가운데 6퍼센트에 달한다. 전자 분야 노동자의 상당수가 TEAM에 소속되어 있으나, TEAM에 소속되어

---

1 TEAM회원 43,984명 가운데 51퍼센트가 자동차 분야 노동조합 소속이다.

있지 않은 다른 노동조합원들도 많다. 이렇게 TEAM에 소속되어 있지 않은 노동조합까지 합치면 전자 분야의 노동조합 조직률은 약 8퍼센트에 이를 것이다.

2005년 초, 삼성 공장 최초의 노동조합이 태국에서 결성되었다. 그러나 조합이 결성되었을 때에는 이미 삼성에 '정식으로' 고용된 노동자들은 한 명도 남아 있지 않았다. 대부분의 사례가 그렇듯이, 삼성은 하청 업체를 끼고 직원을 고용했다.[2] 다음은 이 사례에 대한 간략한 설명이다.

삼성전기 타이

차청사오의 웰그로우 공업지대에 자리한 삼성전기 타이Samsung Electro-mechanics Thailand, SEMTHAI의 생산 공장에서 노동조합 결성의 움직임이 나타난 것은 2005년 5월이다. 태국의 다른 사례와 마찬가지로, 노동조합 결성 움직임은 근무지 내의 특별한 변화가 그 원인이었다.

삼성전기 태국은 텔레비전, PCB 및 이동전화기기 그리고 디지털 카메라, 이렇게 세 분야로 나뉘어 있다. 2005년 5월, 삼성은 텔레비전 분야를 민간 회사로 분리 독립시킬 것이며 노동자들은 20킬로미터 거리에 새 공장이 완공되면 그쪽으로 옮겨 가게 될 것이라고 발표했다. 전직 삼성전기 타이 관리자였던 한국 투자자가 새로운 회사를 설립하고 제조 과정의 일부를 이 회사가 담당하게 될 것이라고 했다. 신설 공장은 여전히 삼성 브랜드의 상

---

2 아이러니하게도 노동조합원이 전혀 없는 삼성이 2002년 태국 노동보호복지부로부터 노동관계상(Excellence in Labour Relations)을 수상했다.

출처: ATNC network(2005a); Jaroenphol(2006); Solidarity Center(2005).
* 태국에서 최저임금은 각 도 단위로 결정된다. 2006년 1월 기준일 차청사오 주의 최저임금은 153바트이고
   촌부리 주의 최저임금은 하루 166바트다.

품을 생산할 것이지만 삼성 소속 회사는 아닌 것이다.

삼성의 노동자 이전 계획은 곧 그들의 권리를 부정하는 것이다. 전국노동센터에 의해 세 개의 노동조합이 각각 삼성전기 태국에 조직되었다. 다음은 이 사례에 대한 간단한 설명이다.

2005년 5월 9일 고압변성기FBT 부서(400명)와 편향코일DY 부서(1,000명) 간 미팅이 관리직 동석 아래 이루어졌고, 이 자리에서 노동자들은 삼성전기 타이에서 아네온ANEON 전자와 메드Mlle E& DS. MED 태국 주식회사로 각각 전근 조치될 것이라는 통보를 받았다. 이 조치는 노동자들의 삼성 퇴사와 동시에 이뤄질 것이며, 새로운 회사에 지원서가 제출될 것이라 했다. 이날 노동자 대부분은 이 명령에 불복했다.

아네온전자와 메드는 한국인 소유 회사다. 두 회사 모두 삼성전기 타이 노동자들에게 사직과 고용계약 재작성에 대해 발표하고 노동자들과 면담을 가진 이후에야 등록한 회사다. 다시 말해 협상의 초기 단계에는 존재하지도 않은 회사였던 것이다. 게다가 두 회사는 삼성전기 타이와 같은 구역

을 주소로 등록했다. 이들 회사는 삼성 노동자들을 고용하고 삼성 제품을 계속 생산할 수 있도록 삼성 고위 관리들에 의해 설립되었다. 삼성 노동자들에게 현재 일하고 있는 회사와 같은 구역에 있지도 않은 회사로 근무지를 옮길 것을 요구했다는 것은 비현실적인 일이었다.

삼성의 이런 행동에 대해서는 몇 가지로 해석해 볼 수 있다. 첫째, 삼성은 노동자들에 대한 직접적인 책임을 피하고자 했다. 그리고 태국 내 생산의 유연성을 높이려 했다. 노동의 비공식화·유연화는 세계적인 추세이며 1997~98년의 금융 위기 이후에 태국에서도 두드러진 현상이다. 노동자들을 직접적으로 고용하지 않음으로써 삼성은 금융자본을 다른 용도로 자유롭게 사용할 수 있었다. 지난 5~10년 동안 삼성이 계속해서 태국에서 활동 기반을 넓혀 온 사실에 비추어볼 때 이는 매우 중요한 사실이며, 아네온과 메드사는 삼성이 생산을 유지하도록 도움을 줄 것이다.

둘째로는, 이 정책을 통해 그들이 더 높은 이윤을 얻으려 한다는 것이다. 삼성전기 타이는 삼성 제품의 기대치와 수준을 잘 알고 있는 전직 관리자들과 관계를 유지함으로써, 검증되고 신뢰할 만한 하청 업체 부족 문제를 해결할 수 있다. 삼성전기 타이는 다양한 하청 공장들과의 계약으로 인한 위험 부담은 줄이면서, 노동자들에 대한 책임은 지지 않는 사실상의 자회사를 설립한 것이다. 이것은 섬유·의류 업계에서는 이미 널리 사용되어 오던 방식이며, 전자 제조업 분야에서도 더 일반화될 것이다. 이 방식은 삼성이 현재의 수직적으로 통합된 생산자 중심producer-driven 공급망 모델에서 하청 공급 업체 사이의 경쟁에 기반을 둔 구매자 중심buyer-driven 공급망으로의 변화를 추구할 것이라는 것을 말해 준다. 구매자 중심(삼성이 구매자인) 공급망은 구매자에게 더 유동적이며, 생산 공장, 국가, 지역에서 다른 지역으로 시장의 요구에 따라 이동이 편리해지고, 공급망의 저이윤 부문, 특히 삼성 타이 공장에서 생산되는 노동 집약적 대량생산품과의 상호 작용을 감소시킨다.

각 부분의 관리자들은 노동자 이전 계획에 대한 첫 모임에서 노동자들을 안심시키기 위해 다음 세 가지 조항을 발표했다.

1. 삼성전기 타이에서 받았던 복지 혜택을 여전히 제공한다.
2. 삼성전기 타이 근무 기간이 인정된다.
3. 새 공장은 삼성전기 타이에서 20킬로미터 거리에 세워진다(신설 공장이 완공될 때까지 1년간 노동자들은 계속 삼성전기 태국에서 일할 수 있다. 당시에는 공장이 어디에 세워질지도 정해지지 않은 상태였다).

관리자들은 이런 세부 사항이 이전 계약서에 명시될 것이라고 주장했다. 노동자들은 처음에 알려졌던 것처럼 지원서를 재작성할 필요가 없으며 대신 이전 계약서만을 작성해야 한다고 했다. 그러나 삼성전기 타이는 노동자들에게 120일의 수습기간을 포함하는 아네온전자와 메드사의 '고용계약서'를 제시했다. 노동자들이 만약 이 기간에 만족할 만한 근로 모습을 보여주지 못한다면 해고될 것을 의미한다.

노동자들은 만약 삼성이 제시한 대로 일이 진행된다면 그들의 권리가 침해될 것임을 깨달았다. 그들은 일차적으로 태국중앙노총Central Labour Congress of Thailand(태국노동센터 내 노동자연합이라 불리기도 함)의 간부 방온 상암Bang-on Sang-ngam 씨와 연락을 취했다. 방온과 태국 제지프린팅노동연합의 분종 자로엔폴Bunjong Jaroenphol, 삼성전기 타이의 조직 활동가는 노동자들에게 삼성전기 타이의 계약서가 퇴직금, 고용 기간 등 여러 노동 관련법과 권리를 얼마나 많이 침해하고 있는지를 설명했다. 노동자들은 경영진과 협상할 대표자를 선출하기로 결정했다.

노동자들이 계약에 대해 알게 된 바로 다음날 삼성전기 타이는 새 계약 서에 자발적으로 서명하는 노동자들에 한 해 보상금을 주겠다는 발표를 했다. 기간은 5월 11일에서 13일 사이로 제한했다. 대다수가 계약서 서명에 동의했으나 이 고용계약은 이후에 취소되었다. 한편 노동자들은 노동자 대표를 선출하고 그들의 요구 사항을 정리해 경영진에게 제출하기 위해 태국중앙노총에서 회의를 가졌다.

5월 13일, 노동자들은 678명으로부터 지지 서명을 받은 일곱 가지 요구 사항을 회사 측에 전달했다. 5월 14~15일, 삼성전기 타이는 노동자들이 지지 서명을 철회하고 노동조합 결성 반대 서명을 받아 내고자 노동자들과 회합을 가졌다. 바로 그 다음날 삼성전기 타이는 일곱 명의 노동자 대표와 면담을 소집했다. 삼성전기 타이의 노승환 사장이 노동자들의 요구를 전달 받았는데, 그중 노동자 이전과 관련한 4번 조항과 보너스를 명시한 1번 조항은 합의하지 않았다. 노동자 대표들은 차청사오 주의 조정관에게 노동쟁의를 보고했다.

지지 노동자들이 678명에서 1,768명으로 증가하자 곧바로 노동자들은 태국중앙노총에서 회의를 갖고 5월 13일 회사 측에 전달한 요구사항을 철회하기로 했다. 근무지 이동 대상 노동자는 1,400명이었다. 지지 노동자가 1,768명으로 늘어났다는 것은 이동에 영향을 받지 않고 고용 변화를 겪지 않는 삼성 노동자들로부터도 지지받고 있다는 것이다. 그들은 요구 사항을 일곱 가지에서 열한 가지로 추가하고 일곱 명의 대표가 협상을 진행하도록 했다. 태국 노동법에 따르면 경영진과 단체협상을 하는데 노동조합이 반드시 필요한 것은 아니다. 노동조합 없이도 전체 노동자 15퍼센트의 지지만 있으면 대표권이 인정된다.

5월 18일, 차청사오 노동보호복지국의 중재로 삼성전기 타이는 노동자들의 열한 가지 요구 사항에 동의한다고 발표했다. 그러나 경영진은 일곱 명의 노동자 대표를 노동환경을 교란하고 노동자들의 잘못된 행동을 부추겨 회사에 손해를 끼쳤다는 이유로 퇴직금도 없이 해고했다. 회사는 그들을 경찰과 보안 업체에 고발했으며, 즉각 그들을 회사 밖으로 내보낼 것을 명령했다. 삼성 측은 그들 일곱 명이 공장 안으로 들어오지 못하도록 그들의 사진이 들어 있는 진입 금지 경고 포스터를 붙였다.

다음날, 일곱 명의 해고 노동자들은 차청사오 노동보호복지국에 복직을 요청했다. 또한 방우아 경찰서에 회사가 협상 중간에 노동자를 해고할 수 없도록 한 1975년의 노동관계법Labour Relations Act을 어겼다고 고소했다. 그들의 권리는 명백히 침해당했다. 그들은 또 차청사오의 주지사에게도 이 사건을 고발했다.

이후 차청사오 노동보호복지국의 조정관은 노승환 삼성전기 타이 사장, 파린 야드촐라부르Parin Yardcholabutr(신원 불명의 참가자), 일곱 명의 해고 노동자, 그리고 두 명의 자문과 면담을 갖고 다음 결론을 도출했다.

1. 삼성전기 타이는 이들 일곱 명 가운데 몇 명을 복직시킬 것을 검토한다. 그 외 나머지 노동자들은 해직에 동의할 경우 퇴직 수당을 지급하지만, 동의하지 않는 경우 법에 따라 고소할 수 있다.
2. 삼성전기 타이는 2005년 5월 18일 노동자들의 요구를 들어줄 것에 동의했다. 이것은 이 요구서에 서명했던 노동자들에게 적용될 것이다.

삼성전기 타이는 5월 30일에 노동자 대표 가운데 5명에게 복직을 허락했다. 나머지 두 명, 티라유드 레클룹Teerayuth Leklup과 코차팍 라타나폴Kotchapak Ratanapol은 복직이 허락되지 않았다. 7개월 후인 2005년 8월 2일, 이 두 해고 노동자들은 삼성전기 타이로로부터 3만6,585달러의 보상금을

2005년 5월 18일, 4:20 p.m.

2005년 5월 18일 오후 2시 삼성전기 타이 노동자 대표와 경영주 대표들의 면담이 삼성전기 회의실에서 이루어졌으며, 5월 17일의 요구사항을 양측이 동의했다. 협상내용은 다음과 같다.

1. 회사는 3개월 분의 보너스를 매년 지급한다.
2. 회사는 교대수당을 기존 일 30바트에서 50바트로 인상하고 연간 2벌의 유니폼을 제공한다.
3. 회사는 임시직 노동자 수당을 인상한다.
   A) 첫 달에는 개인당 월 400바트에서 600바트로 인상한다.
   B) 둘째 달에는 개인당 월 500바트에서 700바트로 인상한다.
   C) 셋째 달에는 개인당 월 600바트에서 800바트로 인상한다.
   정규직 노동자 수당을 다음과 같이 인상한다.
   D) 첫 달에는 개인당 월 600바트에서 800바트로 인상한다.
   E) 둘째 달에는 개인당 월 월 700바트에서 900바트로 인상한다.
   F) 셋째 달에는 개인당 월 800바트에서 1,000바트로 인상한다.
4. 새로운 회사로 이직할 경우, 노동자보호법에 따른다.
   이 법에 따라 노동자들은 기존 회사와 동일한 임금, 복지, 기타 혜택을 받는다. 그리고 다음 중 하나를 선택할 수 있다.
   A) 삼성전기를 퇴사하는 노동자들은 노동법이 지정한 보상금을 받는다. 그러나 그들의 기존 근무경력은 새 회사에서 인정받지 못한다. 새 회사는 노동자들을 수습기간 없이 고용할 것에 동의한다. 노동자들의 보상금 계산은 다음과 같이 한다.
   - 120일~1년: 30일분(한 달) 지급
   - 1~3년: 90일분(세 달) 지급
   - 3~6년: 180일분(여섯 달) 지급
   - 6~10년: 240일분(여덟 달) 지급
   - 10년 이상: 300일분(열 달) 지급
   B) 삼성전기를 퇴사하는 노동자들은 법적 보상금과 한 달 분의 퇴직금(노동법에 의해 퇴직 사전 통보 시 제공되는)을 받는다. 그러나 새 회사에서 전 회사의 근무 경력은 인정받지 않는다. 노동자의 고용조건은 새 회사의 관리, 임금, 복지 방침에 따라, 그리고 120일의 수습 기간 이후에 새 회사가 정한다.
   C) 새 회사로의 이동에 동의한 노동자는 보상금과 퇴직금을 받지 않으며 대신 경력을 인정받는다.
   D) 이동이 없는 다른 부분의 정규직 노동자들은 한 달 분의 상여금을 받는다.
5. 회사는 월급제 노동자들에 대해 연간 최소 5%의 임금 인상을 실시한다. 일당직 노동자들에 대해서는 연간 일 5바트의 급여인상을 한다.
   2005년 6월 1일, 회사는 월급제 노동자들의 봉급을 전년도 대비 5% 인상하고 일당직 노동자들의 급여를 일 5바트 인상하는 안에 동의했다.
6. 일당직 노동자들 가운데 3년간 근무한 노동자들은 다음 달부터 월급제 노동자로 전환된다. 2005년 5월 31일자로 3년 이상 근무한 노동자들은 2005년 6월 1일부로 일당의 30배수의 월급을 받도록 전환될 것이다.
7. 회사는 서면과 구두로 좋은 근무 환경을 유지할 것에 동의한다.
8. 회사는 '리더' 직급이 '수퍼바이저' 직급으로 승진할 수 있는 기회를 제공할 것에 동의한다.

위 조항들은 2005년 6월 1일부터 3년간 효력을 발휘한다.

서명 __________ (노동자 대표) __________ (회사 대표)
서명 __________ (노동자 대표) __________ (회사 대표)
서명 __________ (노동자 대표) __________ (회사 대표)
서명 __________ (노동자 대표) __________ (회사 대표)
서명 __________ (노동자 대표) __________ (회사 대표)
서명 __________ (노동자 대표) __________ (회사 대표)
서명 __________ (노동자 대표) __________ (회사 대표)

고용계약 작성을 위한 선택안

날짜:
분야 __________ 고용주 __________ ID 번호 __________

본인은 2005년 5월 18일 16시 20분, 고용계약과 관련해 다음 중 하나를 선택하고자 합니다.

1998년 노동보호법에 근거한 아네온전자로 이전에 대한 합의문 4번 조항에 의하면, 이전한 노동자는 삼성전기 타이가 제공했던 것과 동일한 임금, 복리후생, 기타 혜택을 받으며, 다음 중 하나를 선택할 수 있다.

번호	내용	선택	지급일
1	삼성전기를 퇴직하는 노동자들은 노동법이 지정한 보상금을 받는다. 그러나 그들의 기존 근무경력은 새 회사에서 인정받지 못한다. 새 회사는 노동자들을 수습기간 없이 고용할 것에 동의한다. 노동자들의 보상금 계산은 다음과 같이 한다. 120일~1년: 30일분(한 달) 지급 - 1~3년: 90일분(세 달) 지급 - 3~6년: 180일분(여섯 달) 지급 - 6~10년: 240일분(여덟 달) 지급 - 10년 이상: 300일분(열 달) 지급		
2	삼성전기를 퇴직하는 노동자들은 법적 보상금과 한 달 분의 퇴직금(노동법에 의해 퇴직 사전 통보 시 제공되는)을 받는다. 그러나 새 회사에서 전 회사의 근무 경력은 인정받지 않는다. 노동자의 고용조건은 새 회사의 관리, 임금, 복지 방침에 따라, 그리고 120일의 수습 기간 이후에 새 회사가 정한다.		
3	새 회사로의 이동에 동의한 노동자는 보상금과 퇴직금을 받지 않으며 대신 경력을 인정받는다.		

서명: __________________

받았다. 이에 그들의 투쟁에 심적·재정적 지지를 보냈던 많은 동료 노동자들이 실망했다.

그러나 삼성전기 타이 노동자들은 8월에 협상이 완전히 해결되기 전에, 협상의 내용과는 상관없이 그들의 '새로운' 고용주들과 고용 조건에 대한 결정을 내려야 했다. 노동자들의 조직화가 시작된 일차적 이유는 근무지 이전과 이후 그들의 고용 안전을 보장받기 위해서였다. 노동자들의 이전자체를 막는 것은 조직화와 협상 과정에서 한 번도 중요한 쟁점으로 거론되지 못했다. 애초에는 노동자들의 전근에 대한 사안은 법을 그대로 따르지 않기로 되어 있었다. 그러나 경영진-노동자 협상에 따르면 근무지 이전 과정은 최소한 합법적인 절차를 밟아야 하는 것으로 결정이 났다. 이 글이 쓰일 당시, 모든 노동자들과 생산물들은 여전히 삼성전기 타이의 같은 공장 내에 있었다. 고용 합의는 2006년 5월부터 효력을 발휘할 것이지만, 이전 문제는 여전히 계류 중이다.

최종적으로 결국, 대략 800명의 노동자가 ① 번을 선택했고, 약 200명이 ② 번을, 350명이 ③ 번을 선택했다. ① 번을 선택한 사람들은 보상을 받지만 그간의 근로 기간을 인정받지 못했다. ① 번과 ③ 번을 선택한 사람들은 원칙적으로 기존의 보수가 그대로 인정되었지만, 합의 후 4개월이 지나자 노동시간이 줄어들기 시작했다. 노동자들이 노동시간 연장을 요구했음에도 말이다[실질적으로 노동자가 손에 쥐는 임금 총액은 줄어들기 시작했다]. 2005년 12월, ① 번을 선택한 사람들은 한 달 반의 보너스를 받았고, ③ 번을 선택한 사람들은 석 달 치의 보너스를 받았다. ② 번을 선택한 사람들은 신규 채용에 따른 대우를 받았다(Bunjong 2005).

3. 태국의 전자산업 발전 정책과 노동자

6월 25일경, 100여 명의 삼성전기 타이 노동자들이 두 개의 노동조합을 조직했다. 하나는 일반 사원들의 노동조합이며, 다른 하나는 고위 관리 간부들의 노동조합이었다. 둘 중 어느 조합도 그들의 영역을 다른 분야로 확장, 통합할 수 없었고, 아네온과 메드로 이직한 노동자는 포함되지 않았다. 사실 이 두 노동조합은 모두 등록 이후 120일 안에 정기총회를 조직하지 못했기 때문에 등록 이후 얼마 못 가 곧바로 해산되었다.

다음은 삼성전기 타이의 두 노동조합에 대한 세부 정보다(이들이 같은 담당자와 주소를 가지고 있다는 것에 주목하라).

관리직 삼성 노동조합(Leader of Samsung Labour Union)
주소: 촉차이 54번가(Soi Chokchai) 54 무(Moo) 10 33/1450
　　　라프라오 로드(Ladprao Road), 방콕, 태국
　　　노동조합 등록번호 918, 등록일 2005년 6월 27일
담당자: 노파돌 라타나폰(Nopadol Rattanapon)

일반직 삼성 노동조합(Worker Samsung Labour Union)
주소: 촉차이 54번가(Soi Chokchai 54) 무(Moo) 10 33/1450
　　　라프라오 로드(Ladprao Road), 방콕, 태국
　　　노동조합 등록번호 917, 등록일 2005년 6월 27일
담당자: 노파돌 라타나폰(Nopadol Rattanapon)

노동조합 결성에 경영진이 어떤 행동도 취하지 않았다는 것은 두 노동조합이 삼성전기 타이에 직접적으로 고용된 노동자들의 요구를 억압할 목적으로 경영진에 의해 만들어졌을 것이라는 추론을 가능케 한다. 이에 더해 삼성 측으로서는 노동조합 결성을 통해 그들이 원만한 노동관계를 장려하는 노동부 정책에 호응하고 있다는 것을 대중에게 과시하는 효과를 갖는다. 이 글을 쓸 당시 두 노동조합 모두 활동이 전혀 없었고 언제라도 해체될 수 있었다. 아네온-삼성전기 타이(ATNC 2005a)의 한 노동자는 이 두 조합 모두, 사실상 삼성전기 타이 노동자나 신규 회사 노동자들의 권익을 보호

하지 않는 유령 조합이라고 주장했다.

마침내 2005년 말 세 번째 노동조합이 전직 삼성전기 타이 노동자들에 의해 만들어졌다. 이들은 대부분 근무지 이전에 대해 3번 옵션을 선택했던 사람들이다. 노동조합은 전기노동자조합Electro-Mechanics Workers Union, EMWU 으로 등록했다. 전기노동자조합은 노동자들의 폭넓은 지지를 받는 유일한 노조이자 세 노동조합 가운데 유일하게 성장하고 있는 노조다(Jaroenphol 2006, ATNC 2005a).

이 사례 연구를 통해 배울 수 있는 몇 가지 교훈이 있다. 첫째, 이 사례에서 노동자들은 경영진에 의해 효율적으로 분할되었다. 노동조합이 어떤 효과를 낳을지는 여전히 두고 볼 일이지만, 노동자들이 세 부류로 나뉜 후, 노동자들의 지위와 고용주와의 관계에 따라 각각 세 개의 노동조합이 만들어졌다는 것은 매우 심각한 문제다. 또한 앞서 언급했듯이, 노조가 조합원을 광범위하게 조직하고, 명실상부한 '삼성' 노동조합으로 자리 잡지 못하는 이유는 노동자들이 공장의 여러 분야를 통합적으로 조직화할 능력이 없기 때문이다. 한 가지 흥미로운 점은 두 개의 유령 노조가 노동자 '이직' 과정에서 조직되었음에도 불구하고 '관리직 삼성노동조합'과 '일반직 삼성노동조합'에서 나타나듯 노조 이름에 모두 '삼성'을 넣은 점이다.

또 다른 쟁점은, 노동자들의 이직과 관련한 일차적 문제가 해결된 이후에 여전히 삼성전기 타이의 노동자로 남아 있게 된 노동자들은 노조에 관심을 잃었다는 것이다. 그들은 문제가 해결되었고 노조는 더는 필요하지 않다고 생각한다. 이는 삼성전기 타이 노동조합만의 문제가 아니라 태국 전역의 문제다. 많은 노동조합이 종종 자본에 직접 대항해야 할 때 이외에는 제대로 유지되지 못하는 심각한 문제를 안고 있는 것이다.

태국 전자산업의 발전은 정부의 전폭적인 지원과 지지 아래 이루어졌다.

시장 원리를 최우선으로 간주하는 신자유주의 경제모델이 태국에서 지배적이 되었다. 그러나 정부는 여전히 산업의 미래를 결정하는 주요 역할을 담당하고 있다. 역설적으로, 정부는 시장에 대한 정부의 역할을 줄이는 자유무역협정FTA과 세계무역기구WTO를 통해 다른 국가들과 여러 협약을 체결했다. 태국 정부는 시장과 정부 사이의 균형을 맞추려고 노력하는 동시에, 태국을 말레이시아와 대만에 견줄 만한 제조업과 연구개발 분야의 중심으로 발전시키려고 노력한다. 중심지가 되기 위한 경쟁이 치열하게 벌어지고 있다. 이 경쟁에서 태국이 승리하기 위해서는, 양질의 기술, 낮은 비용, 그리고 그 밖의 구조적 요인을 통해 정치적 안정과 거시 경제적 안정을 이뤄, 태국을 장기 투자 대상으로 만들어야만 한다. 그러나 이런 정치적·거시 경제적 조건을 유지하려면 노동자 권리 침해가 늘어나기 쉽다.

이 글에서는 사례 연구를 통해 전자 부문 기업이 노동을 재구성하기 위해 사용하는 전술을 간략히 살펴보았다. 다른 웰그로우 산업 지역 회사들과 비교해 볼 때, 삼성전기 타이의 노동조건은 조금 나은 수준이다. 하지만 삼성전기 타이 사례 연구를 통해 점차 노동 유연성이 증가하고 있으며, 이와 동시에 대기업(종종 유통자본인) 자본과 노동 간 직접 관계는 점점 감소하는 상황이 나타나고 있다는 점을 알 수 있었다. 삼성에서 분리·독립한 회사에서의 노동 상황은 더 두고 보아야 한다. 그러나 노동자의 협상 능력이 감소함에 따라 일자리의 질도 저하될 것이라는 점은 충분히 예상할 수 있다.

제5장

정부-초국적기업 동맹과 삼성 말레이시아 노동자

말레이시아 노동지원센터

1. 삼성 말레이시아의 성공과 경영 전략
2. 삼성 말레이시아의 노동자와 노동조건
3. 삼성 말레이시아의 노사관계와 무노조 전략
4. 말레이시아 정부와 외국기업의 긴밀한 관계

이 글은 말레이시아 주재 삼성에 대한 제한적인 개관이다. 말레이시아 주재 삼성의 공식 기록에 대한 접근이 제한되어 있기 때문에 이 연구는 우리가 모은 직·간접 인터뷰 자료(대부분 말레이시아 주재 삼성 계열사 가운데 대표적인 두 회사인 삼성전자 디스플레이와 삼성SDI와 관련된)에 의존할 수밖에 없었다. 삼성 노동자들을 만나는 것은 거의 불가능했다. 그들은 어떤 형태의 노동조직이나 정치조직, 혹은 그저 다른 편의 누구와 만나는 것을 두려워했다(이런 이유로 이 글에서는 인터뷰 대상과 내용을 구체적으로 밝히지 않고 본문 내용 속에 자연스럽게 녹아들도록 했다). 설사 노동자들과의 만남이 성사됐다 해도, 이들은 자신들의 근로조건을 명확하게 말하지 못했다. 그들은 오토바이를 사기 위해 돈을 모으고, 더 안정적인 직장을 찾는 등 자신의 생계를 유지하는 것이 시급했다. 급속하게 증가하고 있는 이주 노동자 유입에도 별 관심이 없었다. 사무직 노동자들 또한 인접한 공장 내의 근로조건에 대해서 별로 아는 바가 없었다. 말레이시아 노동조합 활동가들조차 이른바 삼성 공단이라 불리는 고립된 지역에 따로 떨어져 있는 삼성 공장의 상황에 대해서 잘 알지 못했다. 공단 내의 수천 명의 노동자는 기숙사 생활을 하고 있고 수백 개에 달하는 부속 공장은 외부 세계와 단절되어 운영되고 있다. 삼성 말레이시아는 수많은 삼성의 해외 지사 가운데서도 현지화에 가장 성공했다고 알려져 있다. 말레이시아 국내총생산의 2퍼센트, 그리고 수출의 0.8퍼센트가 이 공단에 의존하고 있다고 한다. 비록 객관적 자료의 양이 제한되어 있기는 하지만 독자들은 이 글을 통해 정부의 전적인 지지를 받으며 다양한 계층의 개인들을 고용해서 성공적으로 운영하는 외국인 투자 기업에 대한 일정한 견해를 갖게 될 것이다.

이 글은 크게 세 가지에 주목하고 있다. 먼저 말레이시아에서 삼성의 성공담과 경영 전략에 대해 알아볼 것이다. 이어서 직급에 따라 차등적으로 제공되는 보너스를 받기 위한 노동자 간의 과열 경쟁과 다양한 생산성 향상 캠페인으로 말미암아 노동자들이 받는 스트레스에 대해 다양한 증언을 들어볼 것이다. 마지막으로 삼성의 전자복합단지에서 비정규직 노동자로 살아가는 이주 노동자와 삼성의 비정규직 사슬에서 세 번째 층을 구성하는 가내 하청 노동자들을 살펴볼 것이다. 또한 노동자의 조직화를 막는 말레이시아 정부와 삼성의 정책에 대해서도 살펴볼 것이다.

1. 삼성 말레이시아의 성공과 경영 전략

삼성 말레이시아의 계열사는 대부분 셈빌란Sembilan주 세렘반Seremban시의 투안쿠 자파 공업단지Tuanku Jaafar에 입점해 있다. 단지에는 삼성코닝SCM, 삼성SDISDIM, 그리고 삼성전자 말레이시아 판매법인Samsung Malaysia Electronics, SME이 들어서 있다. 삼성 측은 이 지역이 삼성 제조업 분야의 수출 본거지 역할을 하고 있으며, 말레이시아는 고부가가치 기술 생산품의 시장 기능을 한다고 말한다. 삼성전자에 의하면 총 2,200명의 노동자를 고용하고 있으며, 말레이시아 사업장은 자회사 한 업체당 두 개의 제조 설비를 갖추고 있다고 한다. 최근 삼성전자는 텔레비전, 모니터/LCD 모니터, 양문형 냉장고, 세탁기, DVD 플레이어 등이 동남아시아 전체에서 판매 순위로 상위 3위 안에 꾸준히 드는 대표적인 가전제품 브랜드로 성장했다. 삼성전자 말레이시아 판매법인은 2003년 10월부터 삼성전자 제품 고객 서비스와 마케팅을 담당하는 자회사 역할을 했고 2005년부터는 판매를 담당하게 되었다. 1989년 4월에 시장조사 및 본부와 지사 간의 마케팅 활동을 조

단위: 제곱미터, 100만 달러

	삼성SDI	삼성코닝(SCM)	삼성전자 디스플레이
토지	297,000	184,800	39,600
건물	69,300	75,900	26,400
제품	CPT/CDT Mount Gun	패널, 퍼널(Funnel) CPT/CDT를 위한 GAS	컬러모니터 PCB
생산라인	TV 튜브-4/모니터 튜브-2	패널-3/퍼널-2	모니터-2/PCB-12
생산능력	CPT/CDT-9.5/MOUNT GUN-18	패널-12/퍼널-12	모니터-1.8/PCB-3.6
자본	62	56.8	38
투자금액	468	307	26

출처: Lee and Shin(2000).

정하기 위한 목적으로 설립된 삼성전자 말레이시아는 삼성전자 쿠알라룸 푸르 지사가 되었다. 대표적인 삼성전자의 두 제조 공장은 삼성전자 말레이시아SEMA와 삼성전자디스플레이SDMA다. 전자는 1989년 클랑항에 설립되었고, 후자는 1995년 설립되었으며 컬러모니터와 TFT-LCD 모니터가 주 생산품이다. 이들은 말레이시아 시장을 대상으로 컬러텔레비전을 생산하기도 한다. 삼성전자디스플레이는 네게리셈빌란주의 세렘반에 있다. 회사는 휴대폰 사업에 이어 1999년에는 통신 사업에도 진출했다. 회사는 계속해서 성장하고 있으며 이제 동남아시아-태평양 지역의 휴대폰 회사 가운데 2위의 규모를 차지하고 있다. 이는 말레이시아 시장 점유율 20퍼센트를 웃돈다. 삼성전자 말레이시아는 2010년까지 LCD 패널과 메모리(디램, 플레시 등), 디지털 미디어(A/V, IT), 디지털 설비, 통신, 가정·사무용 기기 및 이동통신 기기 등을 통해 디지털 기술 관련 기업 세계 상위 3위 안에 드는 것을 목표로 설정했다.

표 5-2 | 세렘반 판매 현황

단위: 100만 달러

	1992~94년		1995	1996	1997
판매량	SEDM(SDI)	265	277	481	620
	삼성코닝	47	29	90	169
	삼성전자디스플레이		13	255	428
	계	312	319	826	1,217
수익	SEDM(SDI)	23	19	47	53
	삼성코닝	4	−6	−4.3	13.9
	삼성전자디스플레이		−1	5.0	6.1
	계	27	12	47.7	7.3

출처: Lee and Shin(2000).
주: 삼성그룹의 초기 활동에 대한 유일한 정보다.

삼성SDI 말레이시아는 152에이커 규모로 지어졌는데, 이는 삼성코닝이나 삼성전자디스플레이와 비교해서 최대 규모다. 5억5,000만 달러가 투자되었고 현지 노동자 3,800명이 고용되었다. 대표적 생산품은 브라운관, PDP 모듈, 전화 디스플레이, OLED, LCD 등이다. 회사 창립 이후 삼성SDI 말레이시아는 세계 컬러텔레비전 수상기, 컬러모니터, 그리고 전자총electron gun 시장의 5퍼센트를 점유하게 되었다. 완제품으로는 전자총과 14~21인치의 컬러텔레비전 수상기, 14~17인치의 컬러모니터까지 생산된다. 제품 대부분은 한국, 멕시코, 태국, 인도네시아, 독일, 이탈리아, 스페인, 인도, 미국, 홍콩 등 아시아와 유럽 지역 수출을 목표로 생산된다. 컬러텔레비전은 삼성전자, 샤프, 후나이Funai, 마쓰시타가 주요 고객이고, 컬러모니터는 삼성전자, 리콤LIKOM, 벤큐BENQ가 주요 고객이다(www.samsungsdi.com).

1990 삼성전기 말레이시아(SEDM) 설립

　　　지방 자회사 설립 및 컬러텔레비전 수상기 공장 설립(1억 달러 규모)

　　　삼성SDI, 12억 달러 투자(52헥타르 규모)

1991 삼성전자 말레이시아 100만 개 상품생산 달성

1994 S Marina Sales & Service사와 가전제품 사업 시작

1995 삼성전자디스플레이, 모니터 생산과 수출 시작

1996 투안쿠 자파의 25% 면적에 삼성공업단지 조성

　　　8억 달러 투자. 정보 싱크마스터(SyncMaster) 모니터로 사업 확대

1997 삼성전자와 삼성전자디스플레이가 말레이시아 표준산업연구원 품질보증서비스(SIRIM QAS)로부터 ISO 9002

　　　인증 받음

1998 First Mobile Group과 이동 통신 사업 시작

　　　삼성전자디스플레이, 마하티르 말레이시아 수상으로부터 "노동자배려상"(Caring Employer Award) 수상

1999 삼성 직원들이 1997년부터 꾸준히 렝겡(Lenggeng) 공원에 환경 정화 활동을 벌인 노력을 기려 공원 이름을 "삼성

　　　공원"으로 변경

　　　삼성 모니터, 시장점유율 1위 달성

　　　삼성전자디스플레이, 500만 모니터 생산

　　　삼성전자디스플레이, ISO 14001 달성

2001 마하티르 수상으로부터 "품질 경영 대상"(Prime Minister Quality Award) 수상

2001 17인치 평면 CRT 모니터 생산 결정. 420만 달러 투자. 생산의 58% 태국과 말레이시아로 수출. 연간 1,280만 대

　　　모니터 생산. 1억 달러 이상 수출 목표

2002 OneTechnoNich와 함께 레이저프린터 사업 시작

　　　이동전화 판매 100만 돌파

　　　부산 아시안게임 후원, 말레이시아 밖에서 벌어지는 경기에 대한 최다 민간후원상 수상

2003 500만 달러 수익 창출, 월 14만 대 브라운관 공급

　　　삼성전자 말레이시아 판매법인(SME) 설립

　　　DVD 플레이어 시장점유율 1위

　　　동남아시아의 디지털 세계를 연계하기 위한 2,300만 링깃 프로그램(DigitAll Hope)의 일환으로 말레이시아 기관 두

　　　곳에 32만5,000링깃 기부

2004 3월, 삼성SDI 말레이시아의 3,800명 노동자의 45%와 함께 매칭그랜트 기부 시작

　　　고객 서비스 플라자 세 곳 개설, 삼성 제품 애프터서비스 최초 실시.

　　　레이저프린터, 1년 반 만에 시장 순위 3위 기록

　　　삼성 브랜드 플라자 세 곳(타임스 스퀘어의 삼성 이동통신 플라자, 빈탕가의 이동전화와 삼성 디지털 미디어

　　　플라자, 정보 통신 관련 상품을 위한 Low Yat 플라자) 설치

2005 6 SIGMA 프로젝트 성공

　　　인력 113명으로 감축, 생산 선점 시간 24시간 절약, 52만 달러 절약

　　　태국·한국·말레이시아에 텔레비전 모니터 수출: 2004년 1월부터 5월 사이 태국 모니터 수출 총량(12억3,600만)의

　　　70%(8억6,800만 바트)

출처: 삼성 말레이시아(2006).

삼성과 정치

1999년 삼성 말레이시아에서는 매우 유명한 노조 탄압 사건이 있었다. 이에 대해서는 뒤에서 자세히 다룰 것이다. 그 일을 기억하고 있는 대부분의 노동자는 정부의 폭력적 지원이 없었다면 이는 불가능했을 것이라고 말한다. 말레이시아 정부와 삼성 간에 향후 10년간 어떤 삼성 노조도 허가하지 않는다는 합의가 처음부터 있었다는 것은 널리 알려져 있다. 물론 삼성뿐만 아니라 말레이시아에 있는 모든 외국계 기업이 이런 말레이시아 정부의 지원을 받는다. 그러나 삼성의 경우, 우리는 조금 더 많은 사실을 알게된다.

삼성이 말레이시아 정부 및 왕족과 좋은 관계를 유지하고 있다는 단서가 몇 가지 있다. 왕족은 말레이시아에서 대표적인 사업 파트너로 알려져 있다. 그들과 좋은 관계를 유지하면 행정 절차를 간소화할 수 있고 그들의 땅을 제공받는 등의 혜택 또한 받을 수 있기 때문이다. 그들을 통해 소속 기업이 각종 상을 수상할 수 있도록 선전할 수도 있고, 정부 관료들과의 친분을 과시할 수도 있다. 노동부에서 근무했던 한 중역은 지금은 삼성의 자문으로 일하고 있다. 공장 지대의 술탄의 거실에는 삼성의 평면 스크린이 걸려 있다. 직접적으로 돈거래를 하지는 않지만 삼성은 선물을 잘 주는 회사로 유명하다. 2005년에는 회사에서 노동자 전원에게 15인치 텔레비전을 선물했으며, 사실인지는 모르겠으나 여기에는 이주 노동자와 계약직 노동자들까지도 포함되었다고 한다. 노동자 가운데 보수에는 만족하지 않지만 고위 관료가 사업장을 방문할 때마다 지급되는 선물들은 좋아하는 사람들도 있다.

2006년, 삼성SDI 말레이시아 사장은 말레이시아 노동절 행사에서 작은 상을 받는 대신 대중연설의 기회를 택했다. 삼성은 이미 말레이시아 정부에서 주는 큰 상은 대부분 받았던 터였다(Fong Chan Oun 2005).[1]

2005년 11월 22일, 삼성SDI 말레이시아의 15주년 기념식에서 말레이시아 인력자원부 장관은 다음과 같은 내용의 축하 연설을 했다. "1990년 10월에 투안쿠 자파 산업 단지에 설립된 삼성SDI 말레이시아 버하드Berhad는 최초이자 최대의 삼성 해외 생산 공장이다. 또한 말레이시아에서 활동하는 초국적기업 가운데 가장 성공적인 사례로 알려져 있다. 지난 15년 동안 삼성SDI 말레이시아는 많은 성공과 업적을 달성했다."

2. 삼성 말레이시아의 노동자와 노동조건

자동화와 노동 인력

말레이시아에서는 대부분의 노동이 저임금의 수공업으로 이루어지고 있다. 삼성 말레이시아에서 자동화 비율을 정확히 산정하기란 거의 불가능하다. 한 전문가는 삼성 생산 공장의 열악한 근로조건에 충격을 받았다고 한다. 한국에서라면 기계화되었을 매우 위험한 노동 과정이 아직도 수공업으로 이루어지고 있으며 노동자들은 안전 장비도 없이 악취·가스·화학 약

---

1 삼성은 말레이시아 정부로부터 많은 상을 받았다. 수상 내역은 노동자배려상(Caring Employer Award), 히비스커스상(Prime Miniter's Hibiscus Award), 국가 생산력상(National Productivity Award), 품질경영대상(Prime Minister Quality Award), 최고유망기업상(National Landscaping Award), 최고경쟁력 기업대상(The Most Competitive Employer Award) 등이 있다.

품에 노출되고 있다. 말레이시아에도 다양한 산업안전보건법이 있다고 한다. 그러나 들리는 소식에 의하면, 기업은 정부 검열관에게 실제와는 완전히 다른 장면을 보여 줄 수 있다. 산업 안전에 대한 노동자들의 인식은 매우 낮다. 비록 그들이 안전 교육을 받았고, 회사의 작업 안전 방침을 따르지 않을 경우 발생하는 문제에 대해서는 자신이 책임을 질 것이라는 문서에 서명했다고 하더라도, 노동자들은 근무 중에 보안경이나 마스크를 착용하지 않는다. 한 노동자는 그것을 착용하면 너무 덥다고 말했다.

삼성전자디스플레이에서 10년 이상 근무한 또 다른 노동자에 따르면 회사는 자동화 비율을 현재의 40퍼센트에서 60퍼센트로 확대할 계획이라고 발표했다고 한다. 그러나 확정된 것은 아무 것도 없으며, 아직 아무런 조치도 취해지지 않았다. 예를 들어, 삼성SDI 말레이시아의 여섯 개 생산라인 가운데 2에서 4번 생산라인은 낙후된 것이며 1번 라인은 10년 정도 된 것이라 자동화의 수준은 전반적으로 매우 낮다. 브라운관 산업은 이미 쇠퇴기에 접어들어서 그대로 방치하는 방법 외에 다른 방도는 없다. 한 전문가에 의하면 다른 지역에서는 브라운관 생산의 거의 모든 과정이 로봇에 의해 이루어지고 있다고 한다. 그러나 말레이시아에서는 자동화 설비를 갖추는 데 드는 비용의 10퍼센트만 들이면 충분한 노동자를 고용할 수 있다. 게다가 삼성 코닝과 마찬가지로, 삼성 공장에서는 최종 생산품 조립만 하는 것이 아니라 원자재를 가공해서 최종 생산품을 만들어 낸다. 따라서 생산 과정을 쇄신하거나 자동화 설비를 갖춘 다른 공장으로 이전하는 것이 거의 불가능한 상황이다. 더 심각한 것은 최근 삼성이 700명 이상의 노동자들을 해고해서 남아있는 노동자가 1,000명이 채 되지 않는다는 것이다. 이는 장기적으로 삼성코닝과 삼성전자가 문을 닫을지도 모른다는 불안한 전망을 낳는다. 일부에서는 삼성 브랜드의 전자제품은 삼성의 이미지를 신장시키는 홍보성 역할을 하기 때문에 최근의 재정적 어려움에도 불구하고 이들 산업이 투자할 가치가 있는 것이라고 추측하는 사람들도 있다. 그러나 삼성의 입장에서 보면 어려움에 처한 다른 부품 생산 하청공장은 불필요한 것으로 여겨질 수 있다. 14인치 텔레비전 브라운관처럼 낙후된 구모델 생산라인이 폐쇄되는 것은 피할 수 없는 일인 듯하다. 이미 그런 일이 벌어지고 있다. 남성 대 여성 비율이 70대 30 정도인 약 100명의 노동자 가운데 나이가 좀 든 여성들은 대부분 해고되었으며 50퍼센트가량의 노동자들이 재교육 센터로 재배치되었다. 다시 말해 이 노동자들은 기본급밖에 받지 못하며 따라서 반 이상의 노동자들이 몇 개월 안에 직장을 그만두게 될 것은 당연하다. 삼성이 배터리 생산라인을 제2 생산라인으로 교체하고 휴대폰 기기나 그 부품, LCD와 같은 디지털 제품 라인에 투자를 확대할 것이라는 소문이 돌고 있다.

말레이시아의 노동 방식은 매우 느슨하다고 한다. 이에 삼성은 한국인 노동자라면 한 명이 할 수 있는 업무를 말레이시아 노동자 세 명에게 분배하는 식으로 문제를 해결했다고 한다. 그렇게 하더라도 인건비는 여전히 저렴하다. 어떤 관리자들은 저효율이야말로 회사의 가장 큰 문제라고 지적한다. 그러나 작업 지침서를 절대적으로 따르고 외워야 하며 근무 중 어떤 종류의 자율성도 용납하지 않는, 그럼으로써 스트레스가 더욱 가중되는 업무 방식에 대해 불만을 토로하는 노동자도 있다. 노동의 전 과정은 수많은 단순 업무들로 나뉘어져 있다. 업무 지침서는 모든 노동자들이 특별한 경험이 없어도 적혀 있는 순서에 따라 일을 처리할 수 있도록 하기 위해 만들어졌다. 관리자들이 시간 엄수를 중요시하기 때문에 기사들에게는 시간이 가장 중요한 요소다. 관리자들은 일 분만 일이 늦어져도 그날 일은 결근으로 하기도 한다. 기사들은 시간 엄수 테스트를 일 년에 두 차례씩 받는다.

회사	총인원	성별		출신 국가			
		여성	남성	말레이시아	인도	중국	기타
SEDM(SDI)	4,578	2,513 (54.9%)	2,065 (45.1%)	3,038 (66.4%)	496 (10.8%)	247 (5.4%)	797 (17.4%)
삼성코닝	1,092	968 (88.6%)	124 (11.4%)	901 (82.5%)	112 (10.3%)	72 (6.6%)	7 (0.6%)
삼성전자디스플레이	1,290	485 (37.6%)	805 (62.4%)	827 (64.1%)	184 (14.3%)	76 (5.9%)	203 (15.7%)
계	6,960	3,966	2,994	4,766	792	395	1,007

출처: Lee and Shin(2000).

노동자 구성

〈표 5-3〉은 1997년경 발간된 삼성그룹 소개 책자에 있는 노동자 구성 정보다. 또한 삼성은 삼성 말레이시아가 현지 노동자 6,000~7,000명을 고용할 예정이라고 공개적으로 밝혔다.

그러나 내부 관계자에 의하면 삼성 공장에서 일하는 실제 노동자의 수는 아무도 모른다고 한다. 노동자의 국적 구성과 같은 실제 자료는 정부에만 보고되며 일반 대중에게는 공개되지 않는다. 삼성에서 일하는 대부분의 노동자는 관리자 혹은 기사로 일하는 말레이시아인일 것이다. 그러나 인사 관리, 재정, 홍보와 기타 총괄 업무와 관련된 부서에서 일하는 인력의 40퍼센트 이상은 중국인으로 추정된다. 하지만 대부분의 노동자는 인종 차별 문제에 관해 관리자가 같은 인종이라 일이 수월하며 비말레이시아인은 살기 어렵다고 말한다. 그러나 뒤에서 우리는 고용된 노동자의 수가 실제로 아무런 의미가 없다는 사실을 알게 될 것이다.

공장노동자들은 8시간씩 교대 근무를 한다. 삼성SDI의 노동 시간표는 다음과 같다.

A, B, C 세 팀이 있다. A팀은 5분간의 아침 회의를 시작으로 오전 7시부터 오후 3시까지 일한다. 2시간 근무 후에 15분간 휴식과 11시 30분부터 1시까지 점심시간을 갖는다. 2시간가량 더 일하고 3시에 일을 마치고 집에 간다. 같은 방식으로 B팀이 3시부터 11시까지 일하며, C팀이 11시부터 다음날 새벽 7시까지 일한다. A팀과 B팀은 일주일 단위로(6일 근무, 1일 휴일) 노동시간을 교대하고 C팀은 3일마다 교대한다. 야간에 근무하는 노동자에게는 야근 수당이 지급된다. 그러나 오전 8시부터 오후 7시 30분까지 일하는 버마인과 오전 8시 30분부터 오후 5시 30분까지 일하는 노동자를 보았다는 사람이 있는 것을 보면 모든 노동자들이 이와 같은 방식으로 일을 하는 것 같지는 않다.

회사는 콴탄Kwantan이나 페라크Perak 등지에 있는 고등학교로 구인 활동을 다니기도 했다. 그러나 이제는 지역에서 구인 활동을 하지는 않는 듯하다. 모든 노동자들이 기숙사에서 생활할 필요는 없지만 공장에서 멀리 떨어진 곳에 사는 노동자는 자신이 원하면 기숙사에 거주할 수 있다. 회사에서 직접 고용한 대부분의 이주 노동자들은 기숙사에 거주하는 것으로 되어 있다. 외관은 콘도처럼 생겼지만 방 하나에 2층 침대로 네 명의 노동자가 생활하는 호스텔과 비슷하다. 층마다 세탁기와 자판기가 놓여 있다. 일반적으로 기혼 노동자나 관리자 직급의 노동자들은 기숙사에서 생활하지 않는다. 건물은 자정부터 새벽 6시까지 문을 잠그기 때문에 모든 기숙생들은 자정 전에 돌아와야 한다. 특히 이주 노동자들은 그들의 일거수일투족을 모두 보고해야 한다. 현재 대부분의 말레이시아 노동자들은 이런 규칙과 통제로 말미암아 다른 곳에서 생활하고 있다.

공장에서는 종종 손가락 절단이나 로봇에 의한 두부 외상 등의 사고가 발생한다. 경미한 사고의 경우 공장 내의 작은 양호실에서 치료를 받는다. 운 좋게도 지난 5년간 심각한 산재는 발생하지 않았다. 2005년에 사고로 건설 노동자 한 명이 사망한 일이 있었는데, 마침 사고가 난 날이 휴일인데다가 사망 노동자가 삼성의 3차 하도급업체 소속이라서 이 문제는 큰 쟁점으로 부각되지 않고 지나갔다. 회사는 산업재해보험에 가입해 있지만 한 기술자는 어깨나 허리 통증과 같은 문제는 직업상 재해로 처리되지 못할 뿐만 아니라 장기 병가는 보너스와 근무 평가에 영향을 미치기 때문에 대부분 이 제도를 사용하지 않는다고 한다. 회사가 보장하는 의료 혜택은 3등급으로 모토로라와 같은 초국적기업에 비해서도 매우 저급한 수준이다. 특별 휴가는 부모, 배우자, 자식의 경조사에 한 해 연 3일이 허용된다. 정규직 노동자에게는 치과 치료를 포함한 200링깃 상당의 의료 혜택이 주어진다. 최대 60회의 통원 치료를 보장하며, 한 회당 25링깃 상당의 치료비를 초과할 수 없다.

또 다른 특이한 점은 회사 내에서 진행하는 수백 가지의 생산성 향상 캠페인이다. 에너지 절약, 비용 절약, 시간 절약 등의 구호가 적힌 스티커가 회사 여기저기에 붙어 있다. 삼성의 현지화 전략 또한 주목할 필요가 있다. 회사 내에는 특별히 성공적인 현지화 전략을 연구하는 부서가 있다. 이 부서의 직원은 주로 말레이시아에서 학교를 졸업한 한국인들이다. 이들 대부분이 고위직에 올라 있으며, 그들이 고안한 현지화 전략은 체계적으로 작동하고 있다. 각국 노동자들을 위해 인도, 중국, 말레이시아 음식 등 다양한 국가의 음식이 제공된다. 하리 라야Hari raya 축제 기간(라마단 이후에 열리는 말레이시아 공식 축제에는 음악도 틀지 않고, 매일 아침마다 하는 집단체조도 실시하지 않는다. 금식하는 노동자들을 배려해 사무실 내에 커피를 치우고 금식 시간 이후에 먹을 수 있도록 저녁 도시락을 준비해 둔다. 중국의 음력설에는 중국 음악만 틀어 주는 등 비말레이시아인을 위한 배려도 있다. 노동자들 스스로 자신들이 존중받는다고 느끼며 작업장에서 편안함을 느낀다는 인터뷰 내용을 보면 삼성의 체계적 현지화 전략은 성공적이라고 볼 수 있다. 가끔 부사장이 말레이시아 음식점에서 노동자들과 함께 점심을 먹으며 대화를 나누기도 하고 노동자들은 이를 즐거워한다.

반면, 삼성SDI 말레이시아 건물 곳곳에는 CCTV가 설치되어 있다. 한 사무직 직원은 마치 카지노처럼 수많은 카메라가 직장 안팎에 설치되어 있다고 말한다. 공장 안에도 카메라가 설치되어 있다. 사무직 직원은 보안 차원에서 카메라를 소지하고 다니는 듯하다. 그러나 CCTV에 대한 반응이 모두 긍정적이지는 않다. 몇몇 관리직들조차도 노동자들의 모든 행동이 정기적으로 보고되고 어떤 종류의 규칙 위반이든 체계적으로 기록된다는 사실을 시인했다.[2]

노동자들의 만족도 조사에서는 10점 만점에 평균 6점이 기록됐다. 대부분은 저임금과 높은 노동강도에 불만을 갖고 있다. 그러나 말레이시아에는 삼성과 유사한 수준의 회사가 없기 때문에 임금이나 노동조건을 타사와 비교하기가 어렵다고 말하는 이들도 있다. 노동자들이 제일 만족스럽게 생각하는 것은 생일 선물, 정기 회식, 다양한 회사 생산 제품 선물 등이다.

---

2 이름표 미착용 시 50링깃의 벌금을 내야 하며, 점심 식대가 제공되지 않는다.

3. 삼성 말레이시아의 노사관계와 무노조 전략

임금체계와 고용계약

삼성SDI 말레이시아는 3,500명을 정규직으로 고용하고 있다. 사실 정규직과 비정규직 노동자의 비율을 알 수 있는 공개 자료는 없다. 더구나 정규직과 비정규직 사이의 차이도 언급되어 있지 않다. 어떤 기술자들은 장기적으로 두 개의 공장이 폐쇄되고 노동자 감축이 있을 것이라고 말한다. 말레이시아의 삼성그룹은 한 지역에 여섯 개가 넘는 공장을 가지고 있다. 삼성SDI 말레이시아는 각각 두 개의 생산라인에, 80명의 노동자를 고용하고 있는 세 개의 공장을 보유하고 있다. 세렘반 기숙사에 거주하는 노동자 약 2,500명 가운데 절반이 외국인 노동자이며 비정규직이라고 한다.

삼성SDI는 여러 직급의 기사와 엔지니어를 고용하고 있다. 기사는 직급이 5등급으로 구분되어 있고, 엔지니어도 주니어 직급 두 개, 시니어 직급 세 개로 세분되어 있다. 세 직급으로 나뉜 기술직도 있다. 기술직과 시니어 기사들만이 관리직으로 승진할 수 있다. 모든 관리자들은 일 년에 서너 번씩 산업 안전과 화학 공정, 좋은 관리자 되는 법 등에 대한 교육을 받아야 한다. 교육 이수 후에는 시험을 통과해야 한다. 급여는 직급에 따라 차등적으로 지급되며 여러 가지 평가 기준에 따라 보너스가 지급된다. 예를 들어, 2급 엔지니어는 '승진 관리자'가 될 수 있으며 그는 일 년에 한 번씩 기사들을 평가할 수 있다. A, B, C, D 직급의 노동자들은 각각 10퍼센트, 8퍼센트, 5퍼센트, 0퍼센트의 보너스를 받는다. 직급에 따른 보너스의 차이가 그렇게 큰 것은 아니지만 A 직급은 상위 2퍼센트의 노동자에게만 부여된다.

수당을 뺀 기본급으로 대부분의 비숙련 여성 노동자의 경우 최소 1,000 링깃에서 1,500링깃, 엔지니어와 남성 관리직은 각각 3,000~4,000링깃과 6,000~7,000링깃을 받는다. 관리 사무직은 보너스와 수당을 포함해 약 5,000링깃을 받는 것으로 추정된다. 전체 노동자 가운데 여성 노동자는 전체의 60퍼센트에 달하지만 관리직은 대부분 남성인 반면, 하급 기사의 대부분은 여성이다. 삼성 말레이시아는 노동자에게 높은 급여를 제공하지는 않는 것으로 보인다. 불과 5년 전만 해도, 많은 여성 비숙련 기사들이 월 600~700링깃만 받고 일한 것으로 알려져 있다.[3] 따라서 이에 불만을 가진 노동자들도 있다. 350링깃을 받는 생산직 기사로 시작해서 삼성전자에서 약 10년간 일해 왔다는 한 트레이너는 직급에 따라 지급되는 914링깃의 현 급여와 보너스에 매우 불만을 갖고 있다.[4] 그에 의하면 인사관리부의 직원 외에는 아무도 자신의 실제 직급을 알지 못하고, 이것이 노동자들 사이에 불신을 만든다는 것이다(삼성은 이 직급 체계를 공개할 예정이라고 한다). 노동자들에게는 다양한 수당이 제공되는데 정근 수당 월 100링깃, 교통 수당 월 50링깃, 일 2.5링깃의 식대 등이 포함된다.

연차는 최소 16일에서 최대 22일까지 가능하다. 그러나 작업이 없는 날은 연차에서 공제된다. 따라서 가족의 경조사 시에 더 사용할 연차가 남아 있지 않으면 무급 휴가를 사용해야 한다. 회사 내에는 10년 이상 일해 온 여성 노동자들도 상당수 있다. 육아 휴직의 경우 삼성은 두 달간의 유급휴

---

3 3.77링깃은 약 1달러(미국 달러)이다.

4 그들의 노동시간은 오전 8시부터 오후 6시까지다. 그들은 상품, 안전, 품질, 관리 등에 대한 교육을 실시한다. 또한 생산직 노동자들이 연 4회 받는 평가시험 문제를 내고 보고서를 작성하며 속도가 요구되는 일에 대해서 정기적으로 시간체크를 한다.

가를 허용하는 노동법을 매우 잘 이행하는 듯하다.[5] 그러나 출산 이후 여성들이 야근이나 야간 교대 근무를 꺼리면 관리자로부터 압력을 받는다. 말레이시아 정부는 자유무역지대에서 여성의 야근은 특별한 이유가 있을 때에만 허용한다. 2005년 10월에는 10년 이상 일해 왔고 지금은 초등학교에 다니는 아이들을 둔 대부분의 중년 여성 노동자들이 조기 퇴직의 일차 대상이 된 일도 있었다.

삼성SDI 말레이시아에는 계약직과 정규직 노동자가 있다. 계약직 노동자들은 1년 후에 정규직으로 전환되는 것이 일반적 규정이다. 3~4년 전만해도, 계약직 지위는 입사 첫 서너 달의 훈련 기간에만 적용되었다고 한다. 엔지니어, 기술자, 관리직의 경우 6개월 후에 종신 고용이 확정된 사례도 있었다. 그러나 아시아 경제 위기 이후 계약직 노동자가 급격히 증가했다. 예전에는 노동자 대부분이 정규직으로 고용되었다. 정규직 노동자의 쿼터가 정해져 있어서 계약직 노동자는 정규직 노동자가 퇴직해서 자리가 날 경우에만 정규직으로 고용될 수 있는 것으로 알려져 있다. 계약직 노동자들의 고용 해지 통보는 2주 전만 이루어지면 된다.

---

5 1955년 노동법에 의한 '최저 고용 조건'
  - 유급 육아휴직 60일
  - 연 10일의 공휴일과 1951년의 공휴일법 8조가 지정한 공휴일에 대한 유급 휴가
  - 근무기간에 따른 유급 연가: 2년 미만: 8일, 2~5년: 12일, 5년 이상: 1일
  - 유급 병가: 2년 미만: 14일, 2~5년: 18일, 5년 이상: 22일, 입원 필요시: 최대 60일
  - 초과 근무 수당: 평일: 시급의 1.5배, 휴일: 시급의 2배, 공휴일: 시급의 3배
  - 일반 근무 시간: 일 8시간을 초과하지 않거나 주 48시간 미만

수많은 이주 노동자들이 삼성에 고용되어 있다는 것은 새삼스러운 일이 아니다. 그들 가운데 일부는 소개소나 하청업자를 통해 삼성 공장에 취업한 사람들이고, 일부는 청소부, 운전수, 경비 등의 일을 하는 사람들이다. 그러나 이 가운데 대다수의 이주 노동자들은 삼성 공장 지대 안에 있는 하청 공장에서 일한다.

이주 노동자들은 하청 공장, 혹은 삼성 공장 지대 안의 '협력사'에서 일한다. 한 협력사는 200여 명의 직원 가운데 약 50명을 버마인으로 고용했다. 2~3년 계약으로 고용된 버마, 베트남, 인도네시아 이주 노동자들은 오전 8시부터 저녁 7시 30분까지 현지 노동자보다 적은 임금을 받고 일해야 한다. 그들이 받는 복지 혜택 또한 현지 노동자들보다 적으며, 연차는 단 10일밖에 쓸 수 없다. 물론 그들도 정규직 노동자가 될 수 있지만 그들이 받을 수 있는 고용 허가서는 여전히 3년 미만으로 고정되어 있다. 삼성SDI의 이주노동자는 약 400명, 그리고 삼성코닝의 이주노동자는 500명이 넘는 것으로 추정된다. 대부분은 네팔, 버마, 캄보디아, 라오스, 인도네시아에서 2년 또는 3년의 계약 조건으로 온 이들이다. 이주노동자들도 정규직 노동자들과 똑같은 일을 한다.

이제부터는 말레이시아의 가내 하청 노동자에 대해서 알아보자. 솔직히 삼성에서 일하는 가내 하청 노동자의 규모를 파악하는 것은 매우 어려운 일이다. 제조되는 물품은 대부분 제2, 제3의 하청을 거치기 때문에 이 일에 종사하는 노동자 대부분은 자신들이 생산하는 물건이 최종적으로 어떤 제품이 되는지 알지 못한다. 물론 그들 가운데 일부는 자신들이 만드는 생산품이 삼성 제품을 만드는 데 쓰인다는 것을 안다. 하청 업체에 고용되는 대부분은 대표적 초국적기업에서 10년에서 20년의 하청 근무 경력을 가진 노동자들이다.

가택 노동자 대부분은 여성 노동자로 그 수가 점점 증가하고 있다. 그들은 말레이시아의 생계비 상승 때문에 무슨 일이든 닥치는 대로 해야만 한다. 예전에는 대부분의 일이 공장 내부에서 해결되었다고 한다. 그러나 지금은 공장 축소와 비용 절감 방식으로 많은 공정이 외부에 위탁되고 있다. 가내 하청 노동자 대부분은 미혼이었을 때나 젊었을 때에는 삼성 공장에서 일한 경력이 있는 사람들이다. 결혼을 하고 아이가 생기면 가족을 위해 일을 그만두어야만 하지만 동시에 가족의 생계를 위해 더 많은 돈이 필요하다. 따라서 이들 가운데 상당수가 가내 하청 일을 하게 되는데, 실제로 이들은 숙련공이다. 하청 업체 직원은 각 가정으로 재료를 배달하고 2~3일 후에 마무리된 물품을 다시 수거해 간다. 이런 일은 고용 보호나 고용 유지가 불안정하다. 모든 것이 그들의 계약이나 생산능력에 달렸다. 그들은 제품 하나당 2~3센트를 받는다. 일 16시간을 일하면 200~300링깃에서 최대 1,000~1,500링깃을 받을 수 있다. 평균수입은 400~700링깃 정도다. 대부분의 가택 노동자는 보조를 고용하고 이들은 대개 이주 노동자들이다. 그들은 가택 노동자의 집에 와서 일한다. 이런 방식으로 고용된 이주 노동자들은 심각한 저임금에 시달리게 된다.

가내 하청 노동자를 이용하는 것은 회사에 많은 이득이 있다. 첫째, 수도, 전기, 기타 생산에 필요한 비용을 절감할 수 있다. 둘째, 모든 계약은 개인적 신뢰에 기반하기 때문에 고용계약과 같은 공식적 절차가 필요 없다. 회사는 가내 하청 노동자가 일을 하는 동안 발생하는 사고에 대해서 책임질 필요가 없다. 그들은 대부분 마을 내의 개인적 인맥을 통해 일을 구하게 된다. 공식 문서나 하청 업체와의 서면 동의서조차 없는 많은 가내 하청 노동자들이 임금 체불이나 미납으로 고통받는다. 셋째, 대부분의 노동자들이 플라스틱, 화학 약품, 종이, 성분이 불분명한 물질 등을 취급하고 있기 때문에 미세 먼지와 화학 약품 냄새가 집안에 가득 차게 된다. 대부분은 환풍기를 사용하지만 그래도 오염된 공기를 마셔야 한다. 여러모로 다칠 위험이 있지만 스스로 치료해야 한다. 대부분은 바닥에 앉아서 일을 하기 때문에 목과 허리 통증으로 고생한다. 그러나 그들에게는 선택의 여지가 없다. 200~300링깃의 수입은 그만큼 중요하다. 이 수입이 없다면 아이를 유치원에 보낼 수 없기 때문이다. 그들에게는 고용 안전, 근로자 혜택, 고용보험 등이 전혀 보장되지 않는다.

가끔 특별 주문이 들어올 때는 하루 24시간을 일해야 할 때도 있다. 보통 여성들은 오전 6시에 일어나 아침을 준비하고, 아이들을 학교에 보내고, 10시부터 일을 시작해서 아이들이 학교에서 오는 오후 12시 반이나 1시까지 일을 한다. 그리고 다시 3시부터 6시까지 일을 한다. 저녁 식사 후에 10시 반부터 새벽 2시까지 일을 계속한다. 작업량이 많을 때는 가족들까지 일을 도와준다. 따라서 일은 가족 전체의 일이며 책임이 된다. 가족의 구성원으로서 아이들도 일을 해야 한다. 아들딸들까지 무료로 일을 해주는 셈이다. 가끔은 이웃들까지 도와야 한다. 그럼에도 그들은 공식적으로 '노동자'가 아니기 때문에 산업 재판에 소송을 제기할 수도 없고, 어떤 권리도 보장되지 않는다. 노동부에 항의할 수는 있겠지만 이는 더 이상 일거리를 받지 못한다는 의미밖에 없다. 그들은 자신들을 '최하층'으로 분류한다.

삼성과 말레이시아 정부 사이에 10년간 노동조합을 허용하지 않는다는 동의가 있었다는 사실은 앞에서도 이야기했듯 잘 알려진 일이다. 말레이시아 정부는 소위 '개척 분야'에 외국인 투자자 유치를 위해 노조 조직화로부터 보호해 준다. 1999년 삼성전자 노조 탄압 사례에서도 이것이 증명되었다.

1998년, 국제금속노동자협회 소속 전국협회인 전기산업노동조합EIWU이 삼성 노동자들의 조직화를 시도했다. 1999년 6월 14일, 전기산업노동조합은 삼성에 노동조합이 설립됐다고 발표했다. 그날 이후, 회사는 조합 가입을 철회하라는 요지의 문서를 노동자들에게 돌리며 조합 설립을 계속해서 방해했다. 경영진은 인력자원부와 노동조합 대표위원회Director General of Trade Union, DGTU에도 공문을 보냈다.

회사 측의 입장을 정당화하기 위해 그들은 삼성전자 말레이시아는 전기산업이 아니라 전자산업에 속한다고 주장했다. 당시 삼성전자의 주 생산품은 전자레인지, 마이크로파 전자관magnetron, 인쇄회로기판PCB 등이었다. 회사는 이들 가운데 어떤 것도 전기제품이 아니라고 주장했다. 이와 함께 관리직들은 전자레인지 생산은 전기제품으로 볼 수도 있겠지만 전자레인지는 전체 생산량의 2~3퍼센트 미만에 불과하다고 주장했다.[6] 그러나 노동자들에 의하면 당시 생산품의 90퍼센트 이상이 전자레인지였다고 한다. 2000년, 회사는 당당하게 삼성전자 말레이시아가 연간 80만 대의 전자레

---

6 현재 말레이시아의 유일한 전자레인지 제조사다. 2004년에는 삼성의 전자레인지 사업 세계 본부로 삼성전자 말레이시아(SEMA)가 선정되었다(http://www.samsung.com/my/aboutsamsung/samsungelectronicsmalaysia/index.htm).

인지를 생산했고 이들 모두가 수출되었다고 발표했다(Lee and Shin 2000, 204). 당시 일본 마쓰시타의 전기산업노동자조합 소속 회사도 주력 생산품으로 여전히 전자레인지를 생산하고 있었다.[7] 이에 따라 전기산업노동자조합은 7월 10일 IMF 제네바 사무실에 연락을 취했고 그들이 7월 14일 말레이시아를 방문해 이 일을 국제적으로 이슈화하려고 했다.

노동조합 대표위원회는 양측 모두에 이 논쟁의 개요를 설명하는 보고서를 제출하라고 요구했다. 말레이시아에서 이런 종류의 노조 설립 관련 분란이 일어나면 보통 2~3년의 결정 기간이 소요되며 이후에도 계속적인 조사가 필요하다. 그러나 추가 조사나 중재 대신, 말레이시아 정부(인력자원부)는 단 3개월 만에 전기산업노동조합이 삼성전자 노동자들을 대표할 권리가 없다고 판결했다.

지금까지, 비록 전자산업 분야 노조에 관한 법적 금지 조치(1988년 9월부터 허용)가 없었다 하더라도, 말레이시아 정부의 정책은 이 분야에서 노조 설립을 저지하는 데 성공했다. 말레이시아 노동조합법은 단독 사업체이거나 긴밀한 유사 사업체들 사이에서만 노동조합을 결성할 수 있도록 제한하고 있다. 노동조합 대표위원회는 1970년대에 전기산업노동조합이 전자 분야에서 노조를 조직할 수 없다고 결정한 일이 있다. 1980년대에도 전자산업 분야에서 노동조합을 조직하려던 움직임이 있었는데 이 또한 비슷한 이유로 실패했다. 1988년 9월, 정부는 전자산업 분야에서는 단지 전자산업 내의 노동조합만을 허용한다고 발표했다. 이에 따라 전국전자산업노동조합NETWU이 설립되었다. 그러나 이들 역시 전자나 전기 산업 노동자 모두를

---

7 샤프와 에릭슨 또한 전기산업노동조합의 회원이다.

214

대표하려고 한다는 이유로 거부당했다. 정부는 1980년대 말과 1990년대 초에 몇 개의 전자산업 내 노동조합을 허락했다. 현재 여섯 개 전자 회사의 노동자들이 그 산하에 있다. 그러나 정부는 여전히 국가의 최대 산업인 전자산업 분야에서의 전국 노동조합을 정책적으로 불법화하고 있다.

말레이시아 노동조합회의Malaysian Trades Union Congress, MTUC 간부에 따르면, 15만 전자산업 노동자들이 조직화 권리를 거부당했으며 단지 여덟 개의 노동조합이 결성되었을 뿐이다. 이 분야의 전국 노동조합 설립 금지 정책의 기원은 말레이시아 정부가 외국 전자산업 기업에 이들 공장의 노동자들이 노동조합을 결성하지 않도록 해주겠다고 약속했던 1972년까지 거슬러 올라간다. 1970년대와 1980년대에 노동조합 결성 노력은 미국 기업들의 강한 반발을 샀고 그 결과 정부는 노동조합을 더욱 강하게 압박하는 결과를 낳았다. ILO와 일반특혜관세제도 보고서의 압박이 높아지면서, 말레이시아 정부는 1988년 전자산업 분야 노동조합 금지 규정을 철회했다. 그러나 이는 단지 내부 노동조합만을 허가한 것이다. 현재까지 이들 노동조합은 노동자들에게 적절한 보호를 제공해 주고 있지 못하며, 노동자들은 계속해서 자발적인 선택에 의해 노동조합을 결성할 수 있는 권리를 박탈당하고 있다. 말레이시아는 또 노동자 조직의 권리와 결사의 자유를 포함하는 ILO 협약 87조의 비준을 거절했다.

4. 말레이시아 정부와 외국기업의 긴밀한 관계

연구를 진행하면서 우리 연구자들은 외국 투자가들과 말레이시아 정부가 너무나도 긴밀하고 효과적인 관계를 맺어 왔다는 사실에 끊임없이 놀라지 않을 수 없었다. 이런 관계가 정부와 기업 모두에게 이익이 된다면 이 관계는 계속 지속될 것이다. 지구화된 생산 체계에서 가장 상처받기 쉽고 힘없는 집단인 노동자들에게 이는 매우 심각한 사안이다. 노동자들은 최저임금과 불안정한 수익, 노동계약서 미체결, 그리고 이에 따른 고용 불안을 겪고 있으면서도 사회적 보장이나 사회적 보호, 협상 권한은 없다. 이들은 지속적으로 일자리 상실에 대한 두려움에 시달린다. 공장 밖에서는, 이주 노동자들과 가택 노동자들이 회사의 사업 비용 절감과 자본 위험 감소에 기여하고 있다. 공장 안에서는, 정규직 노동자들조차 회사로부터 언제든지 해고당할 수 있다는 우려를 안고 살아가고 있다. 노동자들은 자신들의 법적 권리를 기반으로 수많은 요구 사항을 가지고 있겠지만 매일의 노동으로 인한 피로와 두려움 때문에 현실적으로 자신들의 권리를 찾을 수 있는 적절한 방법을 찾지 못하고 있다.

이 연구가 삼성 노동자들에 대한 명확한 상을 제시하지는 못했을 것이다. 그럼에도 불구하고 우리는 이 연구가 최소한 노동자 연대의 기반을 넓히고 이를 통해 장래에 대응 전략을 수립할 수 있도록 제한적인 정보만이라도 제공할 기회가 되길 바란다. 우리는 삼성 노동자들이 가까운 미래에 그들의 권리를 되찾을 수 있기를 바란다.

참고문헌

1장

강준만. 2005. 『이건희 시대』. 인물과 사상사.

공공연맹. 2002. "공공연맹 비정규직 노동자 실태조사 결과." 공공연맹.

권혜자. 2001. "김대중 정부의 고용정책 평가." 권혜자 외 편. 『김대중 정부의 노동 관련 정책 평가』. 한국노총.

김동욱. 1988. "1970년대 노동정책에 관한 분석연구." 서강대학교 사회학과 석사학위 논문.

김민정. 2006. "삼성에서 비정규노동자 되기, 그리고 해고당하기." 대안연대회의 주최 삼성의 빛과 그림자 3차 워크숍 발제문(5월 16일).

김성환·이정미. 2002. "벼랑 끝에서 희망을 움켜쥐고." 김성환. 『삼성재벌 노동자 탄압 백서』.

김성희·박현미. 1999. "전자산업 대기업의 노사관계와 작업장 체제." 한국노총.

김유선. 2001. "비정규직의 규모와 실태." 한국노동사회연구소.

김윤환. 1983. "근대적 임금노동의 형성과정." 김윤환 외 편. 『한국노동문제의 인식』. 동녘.

김형기. 1997. 『한국 노사관계의 정치경제학』. 한울.

______. 1988. 『한국의 독점자본과 임노동, 독점자본주의하 임노동의 이론과 현상분석』. 까치.

민주노총. 2002. "비정규직 투쟁사례 분석 토론회 자료집." 민주노총.

서동혁·이경숙·김종기. 2004. "한국 전자산업의 글로벌화 영향 분석과 대응전략." 한국산업연구원.

서재진. 1991. 『한국의 자본가계급』. 나남.

송원근. 2006. "삼성재벌 경쟁력과 성장의 그늘." 대안연대회의 주최 삼성의 빛과 그림자 2차 워크숍 발제문(5월 2일).

안주엽·조준모·남재량. 2001. "비정규근로의 실태와 정책과제." 미발간 연구보고서. 한국노동연구원.

유범상. 2001. "1987년 노동자 대투쟁과 새로운 노동운동 지형의 형성." 최형기 외 편. 『1987년 이후 한국의 노동운동』. 한국노동연구원.

이상철·류재헌. 1993. "산업구조조정의 전개발전." 한국산업사회연구회 편. 『한국경제의 산업구조조정과 노동자계급』. 녹두.

이병천. 1999. "한국의 경제위기와 IMF체제: 종속적 신자유주의의 모험." 사회경제학회 편. 『신자유주의와 국가의 재도전』. 풀빛.

이병희·황덕순. 2000. "경제위기 이후의 노동시장 구조의 변화." 윤진호·유철규 편. 『구조
　　　조정의 정치경제학』. 풀빛.

이성태. 1990. 『감춰진 독점재벌의 역사』. 녹두.

이승협. 2006. "삼성 인적관리시스템과 헌신의 동원." 대안연대회의 주최 삼성의 빛과 그림
　　　자 2차 워크숍 발제문(5월 2일).

이종구 외. 2004. 『1960-1970년대 한국의 산업화와 노동자 정체성』. 한울.

이한구. 1997. "호암을 다시본다." http://www.hoamprize.org/korean/hoam/frame1.htm

인정식. 1946. 『조선의 토지문제』. 청수사.

임휘철. 1998. "산업경제." 한국사회과학연구소 편. 『다이어그램 한국경제』. 의암.

전국노동조합협의회. 1997. 『전노협 백서 1권』. 전노협.

조돈문. 2006. "인간존중 삼성재벌 무노조전략의 실제: 삼성노동자들의 노동조합 결성시도
　　　의 역사." 대안연대회의 주최 삼성의 빛과 그림자 1차 워크숍 발제문(3월 31일).

최인희. 2006. "삼성노동자의 삶: 관리의 문화와 노동자의 대응." 대안연대회의 주최 삼성의
　　　빛과 그림자 3차 워크숍 발제문(5월 16일).

한국기독교교회협의회. 1984. 『노동현장과 증언』. 풀빛.

한국경제신문 특별취재팀. 2002. 『삼성전자 왜 강한가?』. 한국경제신문사.

한국노동이론정책연구소 외. 2000. 『구조조정과 현장통제 대응전략』. 노동전선.

한국노동조합총연맹. 1979. 『한국노동조합운동사』. 한국노총

허상수. 2004. "산업노동자의초기형성과 적응: 1970년대 전자회사를 중심으로." 이종구 외
　　　편. 『1960-1970년대 한국의 산업화와 노동자 정체성』. 한울.

Burkett, Paul and Martin Hart-Landsberg. 2000. *Development, Crisis and Class
　　　Struggle: Learning From Japan and East Asia*. New York: St Martin's Press.

China Labour Bulletin. 2004. "Dagongmei: Female Migrant Labourers."

Chinese Bureau of National Statistics. 2002. *Chinese Statistical Yearbook*. Beijing:
　　　Chinese Statistics Press.

Cho, Yoon-je. 1998. "Financial Reform Experience of Korea." Working Paper No.
　　　98-04. Graduate School of International Studies. Seoul: Sogang University.

_____. 1999. "The Political Economy of the Financial Liberalization and Crisis in
　　　Korea." Working Paper No. 99-06, Graduate School of International Studies,
　　　Seoul: Sogang University.

Clarke, Simon. 1988. *Keynesianism, Monetarism and the Crisis of the State*.

Cambridge: Edward Elgar.

Cumings, Bruce. 1987. "The Origins and Development of the Northeast Asian Political Economy: Industrial Sectors, Product Cycle, and Political Consequences." in Frederic C. Deyo ed. *The Political Economy of the New Asian Industrialisation*. Ithaca: Cornell University Press.

______. 1997. *Korea's Place in the Sun: A modern History*. New York: Norton.

Gomez, E. T. and K. S Jomo 1997. *Malaysia's Political Economy: Politics, Patronage and Profits*. Cambridge: Cambridge University Press.

Haggard, Stephan. 1990. *Pathways from the Periphery: The Politics of Growth in the Newly Industrialising Countries*. Ithaca: Cornell University Press.

Haggard, Stephan and Chung-In Moon. 1991. "Institutional and Economic Policy: Theory and a Korean Case Study." *World Politics* Vol. 42, No. 2.

______. 1993. "The State, Politics, and Economic Development in Postwar South Korea." Hagen Koo ed. *State and Society in Contemporary Korea*. New York: Cornell University Press.

Hart-Landsberg, Martin. 1993. *The Rush to Development: Economic Change and Political Struggle in South Korea*. New York: Monthly Review Press.

Hart-Lansberg, M and P. Burkett. 2004. "China and Socialism: Market reforms and Class struggle." *Monthly Review* 56.

Hoam Foundation. 1997. "Ho-am, Byung Chull Lee."

Jeong, Joo-yeon. 1997. "The Recent Evolution of Korean Enterprise Bargaining: A Neglected Face of Korean Industrial Relations." *The Journal of Labour Studies* No. 14.

Kim, Eun Mee. 1997. *Big Business, Strong State: Collusion and Conflict in South Korean Development, 1960-1990*. New York: State University of New York Press.

______. 2000. "Globalisation of the South Korean Chaebol." Samuel Kim ed. *Korea's Globalisation*. Cambridge: Cambridge University Press.

Kim, S. Ran. 1996. "The Korean System of Innovation and the Semiconductor Industry: a Governance Perspective." Working Paper for the Science Policy Research Unit/Sussex European Institute. University of Sussex. U.K.

Kohil, Atul. 1994. "Where Do High Growth Political Economies Come From? The

Japanese Lineage of Korea's "Developmental State." *World Development* Vol. 22.

Koo, Hagen. 1993. "The State, Minjung, and the Working Class in South Korea." Hagen Koo ed. *State and Society in Contemporary Korea*. New York: Cornell University Press.

_____. 2000. "The Dilemmas of Empowered Labour in Korea." *Asian Survey* Vol. 40.

_____. 2001. *Korean Workers: The Culture and Politics of Class Formation*. Ithaca: Cornell University Press.

Lee, Honggue. 1993. "Globalization of the Korean Electronics Industry." working paper. Seoul: Korean Development Institute.

Lee, Kang-kook. 1998. "Change of the Financial System and Developmental State in Korea." a paper presented in World Institute for Development Economics.

Lee, Young-youn and Hyun-hoon Lee. 2000. "Korea: Financial Crisis, Structural Reform and Social Consequences." Tran Van Hoa ed. *The Social Impact of the Asia Crisis*. Basingstoke: Palgrave.

Lockwood, William. 1968. *The Economic Development of Japan: growth and structural change*. Princeton: Princeton University Press.

Ogle, George E. 1990. *South Korea: Dissent within the Economic Miracle*. London: Zed Books.

Park, Chung-hee. 1970. "The Dawn of a New Era: Inaugural address on 17th December 1963." Shin Bum-shik ed. *Major Speeches By Korea's Park Chung Hee*. Seoul: Hollym Corporation Publishers.

Republic of Korea. 1999. "Overcoming a National Crisis, The Republic of Korea Rises Up Again."

Samsung Electronics. 2005, *Annual Report*.

Silver, Beverly J. 2003. *Forces of Labor: Worker's Movements and Globalization since 1870*. Cambridge: Cambridge University Press.

Zhang, J. 2003. "Urban Xiagang, Unemployment and Social Support Policies." a paper presented in China Labor Market Policies Workshop. Beijing:World Bank Institute.

참고 웹사이트

Korea Export-Import Bank 2005 web data base.
　　　http://www.koreaexim.go.kr/kr/oeis/m03/s01.jsp
Samsung Electronics Korea Website. http://www.samsung.com/sec

2장

甘勇. 2005. "解讀·背景]勞動力轉移培訓新模式." 『湖北日報』.
　　　http://www.cnhubei.com/200503/ca793096.htm.
經濟觀察報. 2005. "中國三星新社長樸根熙 : 在中國建第二個三星." 5月14日.
　　　http://news.chinabyte.com/62/2005062.shtml.
顧振宇. 2006. "'夏普首推液晶八代線, 三星索尼, LG飛利浦緊隨其後."
　　　http://www.istis.sh.cn/list/list.asp?id=2794
國家統計局. 2003. "三資"企業已成爲我國高技術産業發展的主導力量.
　　　http://www.cas.ac.cn/html/Dir/2003/08/29/0143.htm.
國家統計局. 『中國統計年鑑』. 各年度.
國務院. 2006. "國務院關於推進天津濱海新區開發開放有關問題的意見."
南方都市報. 2006. "外企大廠近1/4是未成年"實習生." 4月19日.
南方周末. 2006. "外資發動新價格戰: 本土彩電廠商風光不再." 1月26日.
勞動及社會保障部. 2004. "中國的就業狀況和政策白皮書."
明叔亮·黃燕·鄭重·張路. 2004. "牌照經濟: 存在即合理." *China Internet Weekly*.
　　　http://www.ciweekly.com/article/2004/0804/A20040804330732.shtml.
商務部. 2002. "1999實施科技興貿戰略實現我國由貿易大國向貿易強國的轉變."
　　　http://www.mofcom.gov.cn/aarticle/bg/200207/20020700032466.html.
＿＿＿. 2005. "國家外管局出臺相關政策支援企業走出國門."
　　　http://fec.mofcom.gov.cn/aarticle/xiangmht/ar/200505/20050500368130.html.
＿＿＿. 2006. "2005我國高新技術産品進出口首次突破4000億美元."
商務部國際貿易經濟合作研究院. 2006. "2006年中國商務發展研究報告."
信息産業部. 2004. "加快推進電子資訊産業大公司戰略的指導意見."
　　　http://www.mii.gov.cn/art/2005/12/17/art_66_1778.html.

二十一世紀經濟報導. 2005. "天津樣本：99.1%外資貢獻調查." 5月9日.
　　　　http://finance.sina.com.cn/g/20050410/19491503730.shtml.
李玉泮. 2006. "外包風雲."
『人民日報』. "再就業工程關係國企改革成敗." 1998年2月16日.
趙玉川. 2006. "我國電子元器件製造業發展狀況及發展戰略的選擇."
　　　　http://www.sts.org.cn/fxyj/zcfx/documents/20060314.htm.
駐美中國領事館. 2005 "勞動和社會保障部部長:國企職工下崗高峰期已過."
周新軍. 2006. "津三星電子有限公司治理模式調查."
　　　　http://www.dongshihui.net/Article_Print.asp?ArticleID=836
朱玉泉·張濤·鄒蘭. 2005. "和諧天津:讓每一個人都沐浴在陽光下."
中國勞動力市場中心. 2004. "河北省衡水市勞動和社會保障局大力推進勞務輸出."
『中國朝鮮日報』. 2003. "中國的崛起⟨6·終⟩: 工會站在提高生產效率的前沿."
　　　　http://chn.chosun.com/site/data/html_dir/2003/10/07/20031007000012.html.
知識經濟. 2005. "三星供應鏈：起於列強夾縫之中."
　　　　http://info.ceo.hc360.com/2005/04/08081310647.shtml.
天津市國家統計局. 2005. "2005年天津市國民經濟和社會發展統計公報."
　　　　http://www.cpirc.org.cn/tjsj/tjsj_cd_detail.asp?id=6657
天津市政府外事辦公室. 2004. "天津韓資企業發展概況, 存在的問題及對策."
『天津日報』. 2006. "天津四類失業人員能領『再就業優惠證』."
天津政府. 2004. "天津市三資企業發展現狀, 存在問題及建議."
呂新奎. 2002. "電子工業改革開放20年的輝煌歷史篇章."
　　　　http://www.cnii.com.cn/20021111/ca103217.htm.
國際電子商情. 2006. "敏捷的巨人：三星電子構建垂直製造業務帝國." 7月1日.
　　　　http://www.esmchina.com/ART_8800069476_617671_12190e38200607.htm.
湖北信息網. 2006. "湖北總結幾種值得推介的貧困勞動力轉移培訓模式."
　　　　http://www.nmpx.gov.cn/jingyanjiaoliu/t20060217_41523.htm.

Bartlett, Duncan. 2005. "Nokia's battle to stay world's number one."
　　　　http://news.bbc.co.uk/2/hi/business/4257999.stm.
Chan, John. 2005. "Foreign Capital Pours into China's Banks."
　　　　http://www.countercurrents.org/economy-chan081005.htm.
Chang, Dae-oup and Jun-Ho Chae. 2004. "The Transformation of Korean Labour

Relations since 1997." *Journal of Contemporary Asia* Vol. 34-4.

Chang, Dae-oup. 2002. "Korean Labour Relations in Transition: Authoritarian Flexibility?" *Labour, Capital and Society* Vol. 35-1.

China Business News and Observer. 2006. "Samsung Aims to Sell $31 Billion in China in 2006."

Financial Times. 2006. "Samsung Q1 profits drop 25% on won strength." http://www.ft.com/cms/s/bb5a9c4e-cb66-11da-9015-0000779e2340.html.

Hart-Landsberg, Martin and Paul Burkett. 2004. "China and Socialism: Market Reforms and Class Struggle." *Monthly Review* Vol. 56-3.

ILO. 2002. "Skills Training in the Informal Sector in China." contributed by the Research Group of the Department of Training and Employment of the Ministry of Labour and Social Security. PRC under the InFocus Program on Skills Knowledge and Employability. ILO.

Kim, R. San. 1996. "The Korean System of Innovation and the Semiconductor Industry: A Governance Perspective." www.oecd.org/dataoecd/34/59/2098646.pdf.

Kim, Youngsoo. 1997. "Technological Capabilities and Samsung Electronics." International Production Network in Asia Working Paper 106, BRIE.

Liu, Baijia. 2006. "Samsung Aims to Buy More in China." *English China Daily.* http://english.china.com/zh_cn/business/news/11021613/20060424/13270029.html.

Moon, Ihlwan and Roberts, Dexters. 2002. "How Samsung Plugged into China." *Beijing Business Week Online* 4 March.

People's Daily Online (English). 2003. "Sony Sets China as its Second Largest Market by 2008." http://english.people.com.cn/200308/18/eng20030818_122509.shtml.

People's Daily Online (English). 2005. "Sony sets up R&D base in China." http://english.people.com.cn/200505/16/eng20050516_185269.html.

Shusong, BA. 2004. "The state-owned bank reform in China: policies and trends." in IFC meeting in Minsk.

Ure, John. 2002. "China's Telecommunication and IT: Planning and the WTO." Working Paper. Telecommunications Research Project. University of Hong Kong.

WTO. 2006. "Information Technology Agreement."

http://www.wto.org/English/tratop_e/inftec_e/inftec_e.htm.

Xia, Lin. 1998. "再就業工程關係國企改革成敗." *Xinhua News Agent Tianjin*.

Xiong, Bo. 2000. "彩電價格戰秋後算賬: 國有資産虧損147億." *China Youth News*.

Zhou, Dayong. 2003. "The SOE reform in China." Europa-University, Viadrina, Germany.

참고 웹사이트

天津濱海政府. http://www.bh.gov.cn/zsyz/2005-01/11/content_3546935.htm.

Samsung China. http://www.samsung.com.cn

Singapore Industrial Park. http://www.sipac.gov.cn/tzhj/t20031212_1251.htm.

Labour Action China interview

Interview with TSDI workers, May 2006

Interview with TSEC workers, May 2006

Interview with Tianjin Tongguan/Tianjin Display Monitor workers, May 2006

Interview with TSEM workers, May 2006

Interview with Tianjin Telecom Company workers, May 2006

Interview with Shenzhen SDI workers, 4 June 2006

Interview with Shenzhen Kejian workers, 11 June 2006

Interview with DSDI workers, 31 May, 2006

Interview with HSEC workers (1), 15 April, 2006

Interview with HSEC workers (2), 23 June 2006

3장

Adnett, Nick. 1996. *European Labour Markets: Analysis and Policy*. Longman: London.

Bensal, Dhiraj et al. 2004. "The Indian Electronics industry." http://www.calce.umd.edu.

Chakraborty, P. 1993. "Electronics industry in India." *Electronics For You*. New Delhi: GOI.

Chhachhi, Amrita. 1999. "Gender, Flexibility, Skill and Industrial Restructuring: The Electronics industry in India." Working Paper No. 296. Institute of Social

Sciences, The Hague.

Department of Information Technology. 2004. *Draft Paper on National Electronics/IT Hardware Manufacturing Policy.* New Delhi: GOI.

Government of India. 1946. *Industrial Employment (Standing Orders) Act.* New Delhi: GOI.

Government of India. 1947. *The Industrial Dispute Act* No. 14, New Delhi: GOI.

______. 1948. *The Employees State Insurance Act.* New Delhi: GOI.

______. 1948. *The Factories Act* No. 63 of 1948. New Delhi: GOI.

______. 1961. *The Maternity Benefit Act.* New Delhi: GOI.

______. 1970. *The Contract Labour (regulation and abolition) Act* Chapter VII. New Delhi: GOI.

______. 1976. *Equal Remuneration Act.* New Delhi: GOI.

______. 1979. *The Interstate Migrant Workmen(Regulation of employment and conditions of services) Act.* New Delhi: GOI.

Joseph, K. J. 1989. "Growth Performance of Indian Industries Under Liberalisation." *Economic and Political Weekly* Vol. 24, No. 33.

Kumar, Nagesh and K.J. Joseph. 2004. "National Innovation System and India's IT Capability: Are there any Lessons for ASEAN New Comers?" RIS Discussion Papers. New Delhi: RIS.

Lall Sanjaya. 1978. "Transnationals, Domestic Enterprises and Industrial Structure in Host LDCs: A Survey." Oxford Economic Papers New Series Vol.30, No.2.

Samsung India Electronics. 2000~2004. Annual Reports. www.Samsungindia.com.

Shrouti, A. and N. Kumar. 1994. *New Economic Policy, Changing Management Strategies:Impact on Workers and Trade Unions.* New Delhi: Maniben Kara Institute and Friedrich Ebert Stiftung.

참고 웹사이트

http://www.indembassy.or.kr
http://www.commerce.nic.in
http://www.dipp.nic.in
http://www.indiastat.com
http://www.instat.com

http://www.rbi.org.in

http://www.samsungindia.com

4장

Arnold, Dennis. 2006. "Free Trade Agreements in Southeast Asia." *the Journal of Contemporary Asia* Vol. 36, No. 2.

Asian Transnational Corporation Monitoring Network(ATNC Network) 2005a. *Workshop on Organising Flexible Labour: Workshop Minutes*. Bogor. Indonesia: Organized by Asia Monitor Resource Centre No. 20-22. unpublished.

______. 2005b. *Organizing Flexible Labour in Asia: Summary Report*. Bogor. Indonesia: Organized by Asia Monitor Resource Centre, No. 23-25.

______. 2005C. Workshop on Electronics Industry and Workers: Summary Report. Hong Kong: Co-organized by Asia Monitor Resource Centre and Hong Kong Christian Industrial Committee 28-31. March. unpublished.

Bangkok Post. 2005. "Tariff cuts will boost electrical and electronics sectors." *Bangkok Post* 8.

Board of Investment. 2005a. "New BOI Incentives to Dramatically Boost Thailand's Competitiveness and Drive Thailand to Become Electronics Hub of Southeast Asia." BOI Press Release, 9 December. http://www.boi.go.th

______. 2005b. "BOI Import Duty Exemptions Expanded to Non-Promoted Suppliers of Plastics, Electronics and Automotives." BOI Press Release.
http://www.boi.go.th/english/download/hot_topic/40/Raw.pdf

Felker, Greg. 2001. "Investment Policy Reform in Malaysia and Thailand." in K. S. Jomo ed. *Southeast Asias Industrialization: Industrial Policy, Capabilities and Sustainability*. New York: Palgrave.

Kim, Youngsoo. 1997. "Technological Capabilities and Samsung Electronics." Working Paper 106. presented in Berkeley Roundtable on International Economy, United States.

McKinsey. 2002. "Thailand: Prosperity through Productivity." *McKinsey Global*

Institute Reports.

Solidarity Center. 2005. *List of brief incidents at Samsung Electro-mechanics (Thailand) Co., Ltd*. Bangkok. unpublished.

Srimalee, Somluck. 2006. "Industrial Expansion: Samsung to Boost Local Refrigerator Production." *Bangkok Post* 8(February).

Toyota Thailand Worker's Union. 2005. "Confederation of All Toyota Thailand Worker's Union." unpublished power point presentation.

Treerapongpichit, Busrin. 2002. "Samsung Set to Expand Thai Base." *Bangkok Post*. 5 June.

United Nations Conference on Trade and Development(UNCTAD). 1999. *World Investment Report 1999*. Geneva: UNCTAD.

______. 2005. *A Case Study of the Electronics Industry in Thailand*. New York and Geneva: United Nations.

Wiriyapong, Nareerat. 2004. "New Expansion Plans set by Korean Firms." *Bangkok Post*. 12 January.

인터뷰

Bunjong Jaroenphol (Paper and Printing Labour Federation of Thailand) No. 1. 11 January 2006.

5장

Malaysian Industrial Development Authority(MIDA). 2004. *Business Opportunities Malaysia Electronics Industry 2004*. Kualar Lumphur.

Rasiah, Rajah. 2003. "Fostering Clusters In The Malaysian Electronics Industry." Working paper, Faculty of Economics and Administration. University of Malaya.

US Department of the State. 2005. "Background Note: Malaysia." http://www.state.gov/r/pa/ei/bgn/2777.htm.

Lee, Jang-Ro and Man-Soo, Shin. 2000. Korean Companies and New Market on Abroad. Muyuk.

Malaysian Industrial Development Authority. 2006. "Manufacturing-Investment 2006."
    http://www.mida.gov.my.

Roh, Moo-Hyun. 2006. "Speech at Kuala Lumpur, Malaysia."

US-ASEAN Business Council. 2003. "Business Guide Malaysia."
    http://www.us-asean.org/Malaysia/business_guide/Tax_System.asp.

YB Datuk Seri Dr Fong Chan Onn(Minister Of Human Resources Malaysia). 2005.
    Speech at Launching Ceremony of Samsung SDI(M) 15th Anniversary.

Ministry of Human Resources. 2006. "Minimum Conditions of Employment by The
    Employment Act, 1955." www.mohr.gov.my.

Samsung Malaysia. 2006. "About Samsung; Samsung Electronics Malaysia."
    http://www.samsung.com/my/aboutsamsung/samsungelectronicsmalaysia/ind
    ex.htm.